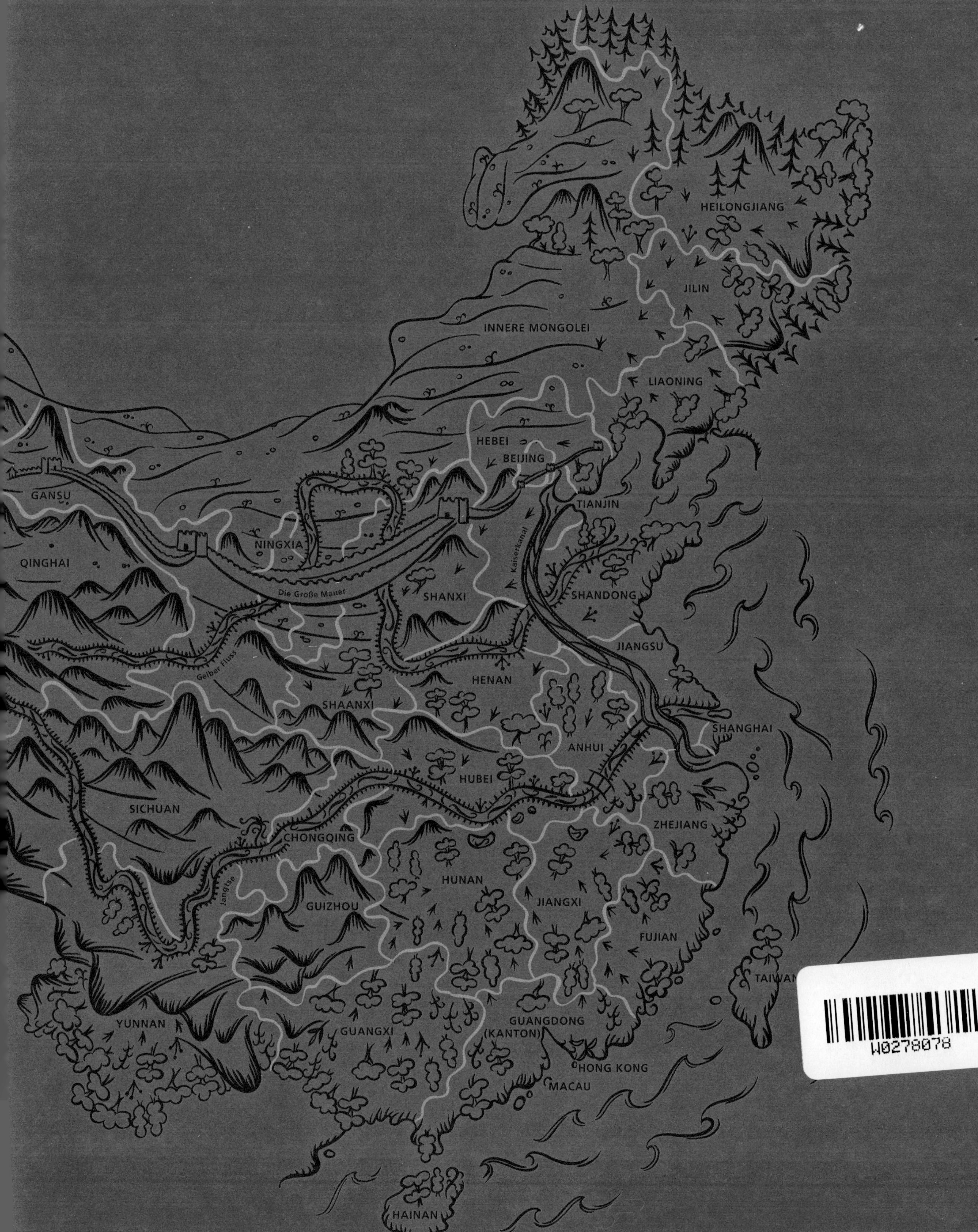

DIE KARTE ZEIGT CHINAS PROVINZEN

中
國

CHINA

CHINA

ALISON BAILEY | RONALD G. KNAPP | PETER NEVILLE-HADLEY
J.A.G. ROBERTS | NANCY S. STEINHARDT

VORWORT VON ANCHEE MIN

DK

DORLING KINDERSLEY
London, New York, Melbourne, München und Delhi

Lektorat Paula Regan
Projektbetreuung Corinne Asghar, Sam Atkinson, Victoria Heyworth-Dunne
US-Redaktion Christine Heilman

Bildredaktion Gulizar Cepoglu
Bildbetreuung Jenisa Patel
Gestaltung Anna Hall, Isabel de Cordova, Gadi Farfour, Philip Fitzgerald
DTP-Design John Goldsmid

Cheflektorat Debra Wolter
Chefbildlektorat Karen Self
Grafik Bryn Walls
Programmleitung Jonathan Metcalf

Herstellung Melanie Dowland
Bildrecherche Sarah Smithies

Fotografien Chistopher Pillitz
Zusätzliche Fotografien Chester Ong und Gary Ombler
Illustrationen Phil Gamble

Recherche und Interviews Zhou Xing Ping

Für die deutsche Ausgabe:
Programmleitung Monika Schlitzer
Projektbetreuung Silke Körber
Herstellungsleitung Dorothee Whittaker
Herstellung Mareike Hutsky

Bibliografische Information Der Deutschen Bibliothek
Die Deutsche Bibliothek verzeichnet diese Publikation in der Deutschen Nationalbibliografie; detaillierte bibliografische Daten sind im Internet über http://dnb.ddb.de abrufbar.

Titel der englischen Originalausgabe:
China

Übersetzung Dr. Klaus Binder, Marita Böhm, Angelika Feilhauer, Annette Wiethüchter

Redaktion Delius Producing München

ISBN 978-3-8310-1163-6

Colour reproduction by GRB, Italy
Printed and bound in Singapore by Star Standard

Besuchen Sie uns im Internet
www.dk.com

INHALT

目录

MENSCHEN EIN TAG IM LEBEN

KULTUR DER GEIST CHINAS

ARCHITEKTUR AUFBAU EINER NATION

VORWORT

前言

Im goldgewirkten Kleid, mit Jade verziert,
verschwindet sie kichernd und duftend in der Menge
Im Gedränge suche ich sie
hin und wieder, jedoch vergebens
Musik ertönt von einer Flöte
Der Mond ist voll und hell
Im Nachtwind blüht der Pflaumenbaum
Wehen Sternenschauer herab
Enttäuscht und traurig wende ich mich zum Gehen,
als sie im fahlen Licht der Laterne erscheint

Dieses Gedicht von Xin Qi-ji aus dem 12. Jahrhundert kam mir in den Sinn, als ich dieses Buch aufschlug. Die Bilder von meiner geliebten Heimat, ihren Bergen, Flüssen und Menschen weckten viele Erinnerungen. Ich wurde in China geboren und verbrachte dort 27 Jahre meines Lebens. China ist Thema all meiner Bücher, so etwa *Rote Azalee*, *Madame Mao* oder *Die letzte Kaiserin*. Seit vielen Jahren möchte ich meinen Freunden im Westen mein Vaterland beschreiben, aber es gelang mir nicht. Durch dieses Buch ist es nun möglich. Obwohl seine Macher keine Chinesen sind, fängt es doch das Wesen meines Landes ein. Beim Betrachten des Kapitels »Geografie« fragte ich mich, wie die Fotografen nur an diese Orte gelangten, wann sie aufstehen (oder wie lange sie aufbleiben) mussten, um das perfekte Licht (oder den perfekten Schatten) zu erhalten, und wie viele Aufnahmen sie wohl gemacht haben.

Ich glaubte, China zu kennen, aber die hier dargebotene Sichtweise überraschte mich. So hätte ich beispielsweise nie daran gedacht, traditionelle chinesische Süßigkeiten neben westlichen Getränken (S. 182–183) zu zeigen. Einen unerwarteten, aber großartigen Einblick bietet auch »Die Kunst des Pinsels« (S. 252–265). Schriftzeichen mischen sich hier mit Bildern von Bambus, Bergen, blühenden Pfirsichbäumen und Wolken, und gerade dadurch erklärt sich das Wesen chinesischer Kalligrafie. Als ich in der Kindheit zum ersten Mal einen Pinsel in die Hand nahm, sagte mein Lehrer: »Halte deinen Pinsel so gerade wie Bambus; lass deine Schriftzeichen still ruhen, wie ein Berg ruht; lenke deine Striche, und lass sie blühen wie schöne Pfirsichblüten und so unvorhersehbar sein wie die Wolken am Himmel.«

»Klassische Literatur« (S. 266–275) veranschaulicht die 4000-jährige Geschichte Chinas durch Weisheit, Ethik und Philosophie. Besonders gut gefällt mir, dass dieses Buch eine Einführung in *Geschichte der drei Reiche, Reise nach Westen, Die Räuber vom Liang-Shan-Moor* und *Der Traum der roten Kammer* gibt. Darum mag ich auch die Illustration, die den Helden der *Geschichte der drei Reiche* in seinem Boot zeigt, wie er stehend den Fluss überquert, um seinen Kaiser zu retten. Sie macht deutlich, welchen Stellenwert Loyalität gegenüber dem Kaiser hat und weshalb letztlich Mao Zedong, der Kaiser moderner Zeit, die Nation manipulieren und das Desaster der Kulturrevolution herbeiführen konnte.

Die Kapitel »Architektur« und »Menschen« machen Chinas Wandel in jüngerer Zeit deutlich. Die spektakuläre Architekturreise führt ebenso zu dem alten Hängenden Kloster wie zu dem modernen Jin-Mao-Turm in Shanghai. In »Menschen« berührte mich vor allem das Foto eines Mädchens, das sein Gesicht für einen Opernauftritt schminkt (S. 226). Das tat ich auch einmal. Ich erinnere mich an eine Zeit, in der meine Freunde und ich ganz besessen von Madame Maos Propagandaopern waren, die während der Kulturrevolution den Massen kommunistische Botschaften vermitteln sollten. Die Texte waren neu, die Melodien aber alt. Damals waren die Schulen in Lager zur Gehirnwäsche umfunktioniert worden, und Maos kleines rotes Buch war das einzige, das wir lesen durften. Meine Familie hatte nichts zu essen, und ich kämpfte mit Nachbarskindern um Essensreste in Abfalltonnen. Ich hatte Angst, und ich gab mich den Opern hin, weil ich nur durch sie meinem Leben entfliehen konnte. Indem ich eine wunderschöne Maske auf mein Gesicht malte, wurde ich zur Heldin. Der Gesichtsausdruck und die Apfelbäckchen des Mädchens auf dem Foto sagen mir, dass es sein Gesicht nicht schminkt, um Elend zu entfliehen. Es ist satt, und es freut sich des Lebens.

閔安琪

ANCHEE MIN

GEOGRAFIE

风景

CHINAS LANDESNATUR

Bei einer Fläche vergleichbar mit jener der USA und der doppelten Größe Europas überrascht es nicht, dass Chinas Landschaft ungemein vielfältig ist. Wenige Regionen der Welt wurden so stark durch Menschenhand verändert wie China. Jahrhunderte der Besiedlung haben ausgedehnte Gebiete in Kulturlandschaften verwandelt – sei es in eindrucksvolle Terrassenfelder oder himmelstürmende Megacities. Diese Eingriffe haben so nutzbare wie schöne Landstriche entstehen lassen. China kann in drei Höhenstufen unterteilt werden. Seine großen Flüsse entspringen im Westen auf der oberen Stufe, dem Tibet-Qinghai-Plateau, ehe sie durch die Schluchten, Täler und Ebenen der mittleren Stufe nach Osten fließen und an der Küste der flachen, fruchtbaren unteren Stufe ins Meer münden. Eine visuelle Reise durch die drei Höhenstufen offenbart die unglaubliche Vielfalt und Schönheit von Chinas Landesnatur – eine Schönheit, die viele Fotografen und Maler inspiriert hat.

Wenige Orte in China sind so atemberaubend wie das Tibet-Qinghai-Plateau. Mit seinen hohen Bergen und Hochebenen auf über 4000 Metern wird dieser Teil des Landes zu Recht auch »Dach der Welt« genannt. An der südlichen Grenze zu Nepal ragt zwischen einer ganzen Reihe von 8000ern der Mount Everest empor. Mit seinen langen Wintern und geringen Niederschlägen ist das Hochland noch weitgehend unerforscht und nur dünn besiedelt. Das einzige große, bevölkerungsreiche Zentrum liegt in der wärmeren, feuchteren Region um Lhasa und Shigatse.

高级阶梯

OBERE HÖHENSTUFE

BERGE, HOCHEBENEN, GRASLANDSCHAFTEN

DER JANGTSE IM TANGLHA-GEBIRGE, QINGHAI
Das ganzjährig in tief hängende Wolken und Nebel gehüllte Nyenchen-Tanglha-Massiv sammelt an seinen Hängen langsam Schnee und Eis. Das Schmelzwasser speist den Oberlauf des gewaltigen Jangtse.

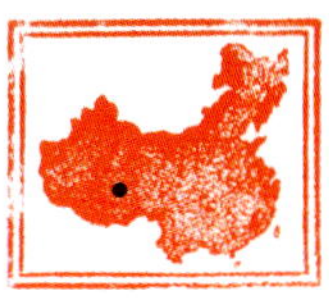

诗 Der Wind ... ist der Atem von Himmel und Erde. Er dringt in jeden Winkel;

unterscheidet nicht zwischen hoch oder tief, erhaben oder bescheiden, rührt alles an.

»Der Wind«, Song Yu (290–223 v. Chr.)

KHAM-REGION, SICHUAN

Tiefe Täler und starker Schneefall charakterisieren die kahle Landschaft im östlichen Teil des tibetischen Hochlandes. Von Sichuan aus führt hier eine Straße in die einsamen Gebiete Tibets.

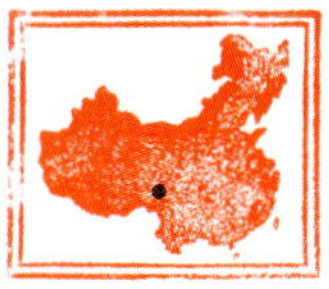

诗

Beim Felsenpalast, Frühlingswolken so weiß –
weiße Wolken sind gut für das grüne Moos;
teile sie und schreite auf steinigem Pfad;
wer käme hier schon vorbei?

»Der Felsenpalast«, Yuan Jie (719–772)

GANGGA, SICHUAN
Am östlichen Rand der tibetischen Hochebene bietet sich ein Kontrast schneebedeckter, mit Gras bewachsener und felsiger Landschaften. Der Gangga ist für seine faszinierenden Granitformationen bekannt.

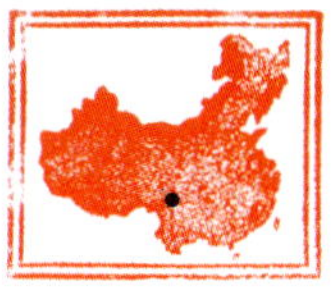

诗 Halb in den Bergen – ein Bergkloster.

Jetzt, als Mann auf dem Land, steige ich an einem Herbsttag zu ihm hinauf.

Es liegt genau in ihrer Mitte, umgeben von hübschen Felsen –

Einsam auf dem Gipfel, ganz weit oben.

»Aufstieg zu einem Bergkloster«, Dun Xunhe (846–904)

SAKYA-KLOSTER, TIBET
Eindrucksvoll eingebettet ins tibetische Vorgebirge: das buddhistische Sakya-Kloster. Die Sakya werden auch »bunte-Streifen-Sekte« genannt, da sie ihre Klöster mit grauen, roten und weißen Streifen bemalen.

诗 Abendwind, Morgenfrost: Sie machen die Einsamkeit wunderschön.

»Herbstpflanzen, Blumen, Bambus, Felsen«, Yun Shouping (1633–1690)

SONGZANLIN-KLOSTER, YUNNAN
Das Kloster Songzanlin wurde im 17. Jahrhundert in den Hang gebaut. Das Vorbild des »kleinen Potala-Palastes« war der Dalai-Lama-Palast in Lhasa. Heute beherbergt das buddhistische Kloster 1 200 Mönche.

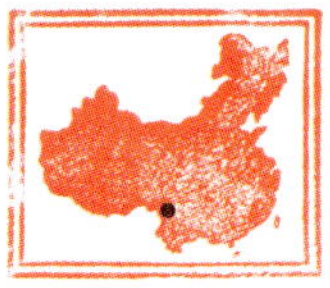

祈祷

Lass deine Liebe das Universum durchdringen,
seine Höhe und Länge, das ganze Ausmaß,
grenzenlose Liebe, ohne Hass und Feindschaft.

»Sutta Nipata«, Buddha

MEILI-SCHNEEBERGE, YUNNAN
Die heiligen Gipfel der Meili-Schneeberge sind für Buddhisten eine bedeutende Pilgerstätte. In den Bergen verstreut, stehen entlang der Pilgerwege Gruppen aus weiß getünchten Stupas oder Chörten (Kultbauten).

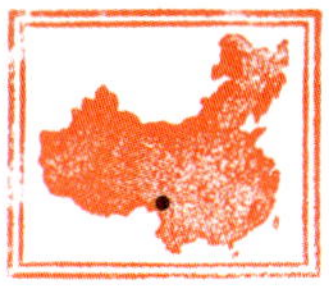

诗 Niemand kennt den Berg, auf dem ich wohne,

eingehüllt in weiße Wolken, auf ewig einsam und still.

»Kalter Berg«, Han Shan (Mitte 7. Jh.)

KHAMPA DZONG, TIBET

Diese imposante Festung, die direkt in den Felsen gebaut wurde, bietet einen großartigen Ausblick auf die Schneefelder des Himalaja. Einst lag sie an einer wichtigen Handelsroute zwischen Indien und Tibet.

诗 Der Suche nach Einsamkeit werde ich nicht müde;

Ziellos schlendere ich auf abgelegenen Pfaden dorthin, wo ich noch nie war,

Je öfter ich die Richtung wechsle, desto wilder wird der Weg.

»Auf der Suche nach Einsamkeit«, Chao Yi (1727–1814)

TIBETISCHES HOCHLAND NAHE BURANG

Am Fuße der Gangdise-Bergkette im Westen der tibetischen Hochebene gibt es nur ausgedehnte Felslandschaften. Hier ist Ackerbau unmöglich, die Menschen halten Schafe, Yaks und Ziegen.

诗

Schaust du in die Stille hinab, siehst du keinen Freund;

Hebst du deinen Blick ins All empor, hörst du kein Echo.

Es ist, als würde ein einziger Ton angeschlagen –

er klingt, doch Musik ist es nicht.

»Poetische Beschreibung der Literatur«, Lu Ji (261–303)

TIBETISCHE WÜSTE

Berühmt ist Tibet für einige der höchsten Berggipfel der Welt, daher sind die einsamen gelbbraunen Wüsten im Westen des Landes ein überraschender, weniger bekannter Teil vom »Dach der Welt«.

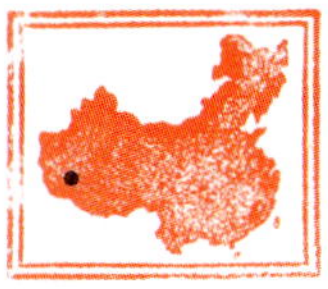

歌 Ein Weg, bestreut mit etwas Rot;

Eine weite Ebene, bedeckt mit frischem Grün.

»Schreiten auf duftendem Gras«, Yan Shu (991–1055)

ZHONGDIAN, YUNNAN

Zhongdian oder »Shangri-La« erstreckt sich zwischen schneebedeckten Bergen, Bergseen und malerischen tibetischen Dörfern. Die Esels-Wolfsmilch, die hier die Wiesen bedeckt, färbt sich im Herbst tiefrot.

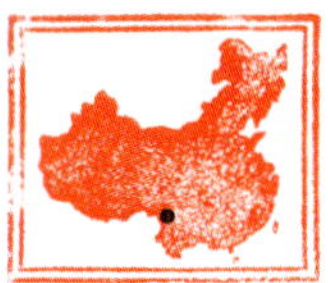

引语

Der Wissende freut sich am Wasser, der Fromme am Gebirge.

Der Wissende ist bewegt, der Fromme ruhig.

Der Wissende hat viele Freuden, der Fromme ein langes Leben.

»Die Analekten«, Konfuzius (551–479 v. Chr.)

JIUZHAIGOU, SICHUAN

Das »Tal der neun Dörfer«: Jiuzhaigou ist für seine zerklüftete Berglandschaft, seine Mischwälder und die türkisblauen Seen berühmt. Es ist Weltnaturerbe der UNESCO und Biosphärenreservat.

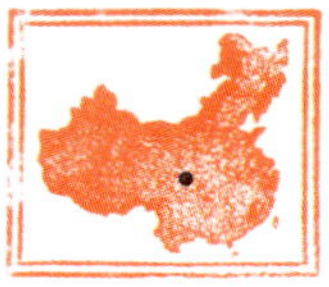

引语

Dies sind die Grundregeln der Landwirtschaft:

Wähle die rechte Zeit, pflüge den Boden,

kümmere dich um seine Feuchte und Fruchtbarkeit,

hacke zeitig, ernte früh.

Grundregeln der Landwirtschaft, Fan Shenzhi (1. Jh.)

DORF NAHE GUI'DE, QINGHAI
Dieses Dorf mit seinen Wohnhöfen liegt am Oberlauf des Gelben Flusses. Seine Bewohner bauen Feldfrüchte an, die Trockenheit vertragen, wie Weizen, Gerste, Dicke Bohnen und Kartoffeln.

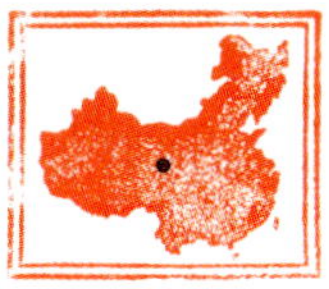

诗 Dem Wind trotzend, steigen Seevögel empor, Vögel des Nordens entfliehen hier der Kälte: Wenn sich Knospen öffnen, kehren sie nach Norden zurück,

Doch der Frost treibt sie immer wieder nach Süden. Begrüßungen hallen weit über den Sternenfluss, während Gefährten entlang der Flüsse und Seen schlafen.

»Heimstätten in den Bergen«, Xie Lingyun (385–433)

QINGHAI-SEE, QINGHAI

Das Wasser in Chinas größtem See ist unglaublich klar. An seinen Ufern liegen in dieser semiariden Region ausgedehnte Acker- und Weideflächen. Die Felsen locken Tausende von Zugvögeln an, so auch diese Kormorane.

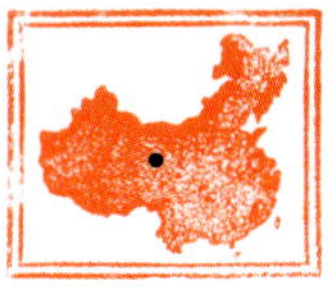

Die mittlere Höhenstufe Chinas ist ein Land großer Kontraste. Im Norden liegen die ariden Wüsten und semiariden Steppen von Xinjiang und der Inneren Mongolei mit ihren heißen Sommern und eisigen Wintern. Die wärmeren Provinzen Sichuan, Guizhou und Yunnan im Süden sind die Heimat der berühmten Terrassenfelder. Hier gibt es große Becken und schmale Täler. Das Rote Becken in Sichuan ist von hohen Gebirgszügen umgeben, die es vor kalten Nordwinden schützen und von der unteren Höhenstufe trennen.

中级阶梯

MITTLERE HÖHENSTUFE

WÜSTEN, STEPPEN UND FLUSSBECKEN

ZHANGJIAJIE, HUNAN

In dem Naturreservat, auch Wulingyuan genannt, finden sich rund 3000 schmale Stelen und Erhebungen aus Sandstein; dazwischen Schluchten, Bäche, Tümpel, Wasserfälle, Höhlen und natürliche Brücken.

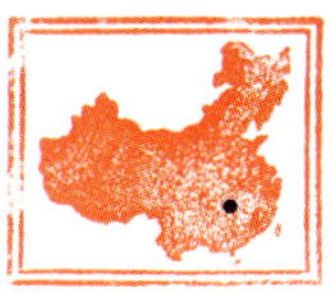

歌

Wenn das Eis auf dem Teich drei Fuß dick ist

und sich über tausend Meilen weißer Schnee erstreckt,

wird mein Herz noch immer wie Kiefer und Zypresse sein,

doch dein Herz – was ist mit ihm?

»Winter« aus *Vier Lieder des Ziye*, Ziye (ca. 265–420)

TIANCHI-SEE IM TIAN-SHAN-GEBIRGE, XINJIANG
Das kristallklare Wasser des »Himmelssees« ist Schmelzwasser aus dem Tian-Shan-Massiv. Der sichelförmige See liegt in der riesigen Region, die vor allem für Wüsten und Steppen bekannt ist.

散文

Unsere genügsame Gegend wird Berg der Flammen genannt.

Sie ist über mehr als 800 Meilen mit Flammen bedeckt,

und nirgendwo wächst ein Halm. Wenn du auf diesen Berg gehst, wirst du zerfließen, selbst wenn dein Schädel aus Bronze und dein Körper aus Eisen ist.

»Die Reise nach Westen«, Wu Cheng'en (ca. 1590)

BRENNENDE BERGE, BURQIN, XINJIANG

Aus der Ferne sehen die Brennenden Berge von Burqin wie ein Feuermeer aus. Mit ihren leuchtenden rötlichen Farben flackern sie wie Glut, wenn die Sonnenstrahlen auf die verwitterten Felsen fallen.

诗 | Der alte Palast – ein Ruinenhaufen.

Die Straße – verschwunden. Die Landschaft ebenso. Was Menschen geschaffen haben – zerstört.

»Weg vorbei an einem verfallenen Palast«, Wen Tingyun (813–870)

GOACHANG, XINJIANG

Bis ins 14. Jahrhundert war Goachang ein reiches Zentrum der Seidenstraße. Die Stadt lag am Fuße der Brennenden Berge und bestand aus einem inneren und äußeren Bezirk sowie einem Palastkomplex.

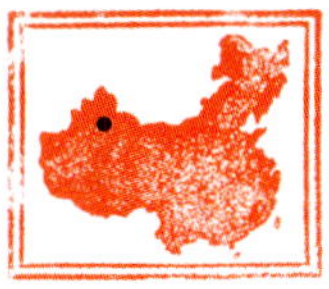

诗

Durch wie viele Gebirge und Meere
winden sich die hohen Brüstungen der langen Mauer
schier ohne Ende?
Unsere Augen folgen ihr Hang für Hang

Und wir begreifen
Wie sie die Drachenherzen unserer Großväter verschlang.
Und für wen haben sie die Mauer letztendlich gebaut?

»Die Große Mauer«, Nalan Xingde (1655–1685)

GROSSE MAUER BEI BEIJING
Zwischen Simatai und Jinshanling verläuft einer der großartigsten Abschnitte der Großen Chinesischen Mauer. Die Bergkette, über die er führt, hebt und senkt sich wie ein sich windender Drache.

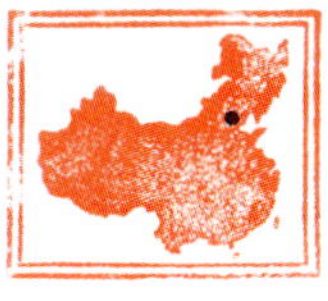

圣歌

So wie der sanfte Regen die Bäche füllt, sich in die Flüsse ergießt und in den Ozeanen wieder zusammenfließt, so möge die Kraft jedes Moments deiner Güte fließen, um alle Wesen zu erwecken und zu heilen – die hier sind, die vorher waren und die noch kommen werden.

Traditioneller buddhistischer Spruch zur Segnung und Heilung

LESHAN-BUDDHA, SICHUAN
Diese im Südwesten Sichuans am Zusammenfluss dreier Flüsse in eine Felswand gehauene Statue ist der größte Buddha der Welt. Die Arbeiten daran begannen im Jahr 713 und dauerten 90 Jahre.

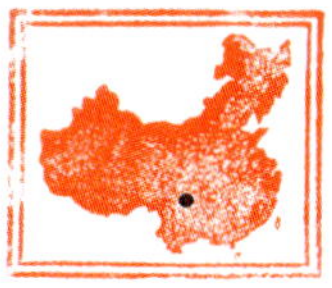

引语

Der Meister sprach: »Gewöhnliche Speise zur Nahrung, Wasser als Trank und den gebogenen Arm als Kissen: auch dabei kann man fröhlich sein;

aber ungerechter Reichtum und Ehren dazu sind für mich nur flüchtige Wolken.

Gespräche, Konfuzius (551–479 v. Chr.)

TERRASSENFELDER, YUANYANG, YUNNAN
In den bergigen Regionen Yunnans haben die Minderheiten der Hani und Yi Terrassenfelder für den Reisanbau angelegt. Wenn diese im Frühjahr unter Wasser stehen, ähneln sie silbernen Treppen.

诗

Wie schön ist die Frühlingsbrise am Pavillon auf dem See,

Weidenruten und Efeuranken legen den Abschied in Fesseln.

Die gelben Pirole rasten hier oft, sie scheinen mich gut zu kennen:

Ehe sie vom Pavillon fortfliegen, rufen sie vier-, fünfmal.

»Abschied am Pavillon auf dem See«, Long Li (7.–8. Jh.)

SCHWARZER-DRACHEN-TEICH, YUNNAN
Der Schwarze-Drachen-Teich mit dem Yulong (Jadedrachenberg) im Hintergrund ist eine zauberhafte Kulisse für Gebäude der Naxi-Minderheit wie für den Mondpavillon und die weiße Marmorbrücke.

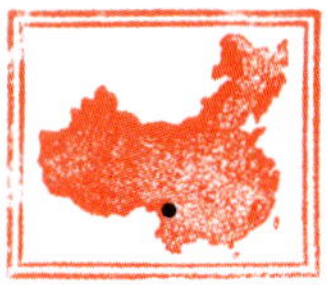

诗 Im Lichtgewölbe der untergehenden Sonne verschwimmen die Stimmen der Vögel mit der Stimme des Wildbachs.

Der Pfad unterhalb des Bachs windet sich in die Ferne; beglückende Einsamkeit, wirst du jemals vergehen?

»Die Magnolieneinfriedung«, Pei Di (geb. 716)

SCHWANENSEE, BAYANBULAK, XINJIANG
Chinas einziges Naturreservat für Schwäne im Bayanbulak-Grasland umfasst Hunderte miteinander verbundener Seen und Wasserläufe. Es liegt in einer Hochlandsteppe in der Autonomen Region Xinjiang.

诗

Du fragst, weshalb ich in dem grünen Berg wohne;

Ich lächele und antworte nicht, denn mein Herz ist sorgenfrei.

Wie die Pfirsichblüte, die flussabwärts und ins Unbekannte treibt,

So habe ich eine eigene Welt, die abseits fern von den Menschen liegt.

»Grüner Berg«, Li Bai (702–762)

RAPSFELDER, LUOPING, YUNNAN
Inmitten der Karstlandschaften im Osten Yunnans liegen ausgedehnte Rapsfelder. Die goldene Blüte im Februar und März ist Grundlage für die Bienenzucht, eine wichtige Einnahmequelle in dieser Region.

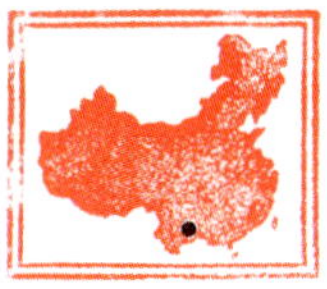

诗

Uns gegenüber liegen rote Hügel, eine Bedrohung im Westen,

und im Süden leuchten grell und schrecklich feurige Berge.

»Die Roten Berge«, Bao Zhao (gest. 466)

JUNGGAR-BECKEN, XINJIANG

Für das Junggar-Becken ist Grasland charakteristisch. Manche Teile sind jedoch mit zerklüfteten Bergkämmen übersät. Die bunten Felsen wurden vom Wind in unregelmäßige Formen gebracht.

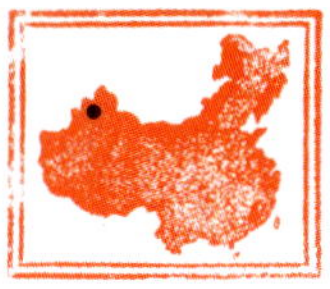

诗

Im tiefen Wald entdecke ich niemanden;

Der Mond berührt mich mit seinem Licht.

»Die Bambus-Einsiedelei«, Wang Wei (701–761)

WOLONG-NATURRESERVAT, SICHUAN
Der Riesenpanda ist ein Wahrzeichen Chinas. Im Naturreservat des Wolong-Tals wird das vom Aussterben bedrohte Tier wissenschaftlich erforscht, um seine Vermehrung zu gewährleisten.

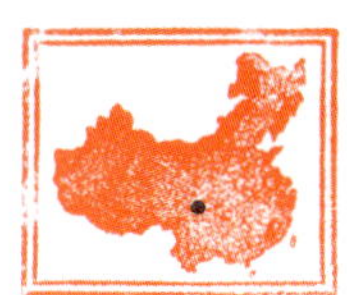

诗

Pflanzen und Bäume wissen, das Ende des Frühlings naht
Hundert rosa und lila Blumen wetteifern mit ihrem Duft
Weidenkätzchen und Ulmenfrüchten fehlen solche Mittel
Doch sie wissen, wie man den Himmel mit Schnee erfüllt.

»Spätfrühjahr«, Han Yu (768–824)

BIRKENWALD, HEILONGJIANG
Dichte Birken und die reiche Vegetation in den Wäldern von Heilongjiang sind die Lebensgrundlage für die Oroqen, eine ethnische Minderheit, die von Viehzucht und Jagd lebt.

诗

Mein neues Reich ist ein Land der Bambushaine: Im Frühjahr bedecken ihre Triebe Täler und Hügel.

Der Förster schneidet einen Arm voll und bringt sie hinab zum Verkauf auf dem Morgenmarkt.

»Bambussprossen essen«, Bai Juyi (772–846)

BAMBUSWALD, CHANGNING, SICHUAN
Die Berge des südlichen Sichuan sind von einem in China einzigartigen Meer aus Bambus bedeckt. Die schnell wachsende Pflanze wird für zahlreiche Produkte von Baugerüsten bis hin zu Körben verwendet.

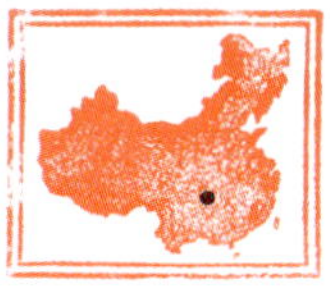

低级阶梯

Zu Chinas unterer Höhenstufe gehören die fruchtbaren Ebenen des Songhua-Flusses und des Liao-Flusses in der Mandschurei wie auch die des Gelben Flusses und des Jangtse. Letztere sind Chinas Haupttransportwege und haben zudem die produktivste Agrarregion des Landes entstehen lassen. Im Süden werden zerklüftete Gebirgszüge durch Täler getrennt, in denen Reis und Tee wachsen. Auf der unteren Höhenstufe liegen auch die wichtigsten Industriegebiete und pulsierende Städte wie Beijing und Shanghai, die China zu einem modernen Land machen.

UNTERE HÖHENSTUFE

HÜGEL UND KÜSTENEBENEN

HONGKONGS SKYLINE VOM VICTORIA PEAK
Viele von Hongkongs eindrucksvollen Gebäuden wurden auf aufgeschüttetem Land errichtet. Dieser Blick über den Victoria Harbour zeigt im Hintergrund die Halbinsel Kowloon mit den New Territories.

诗 Verborgene Drachen locken mit geheimnisvoller Gestalt,
In der Ferne hallen die Rufe fliegender Gänse,
Im Himmel ruhend, beschämt mich das Schweben der
Wolken, am Flusse liegend, erfüllt mich seine unergründliche
Tiefe mit Demut. »Erklimmen des Turmes am Teich«, Xie Lingyun (385–433)

HUANGSHAN, ANHUI
Die steil aufragenden Granitgipfel, vom Wind gekrümmten Bäume und hängenden Wolken des Huangshan (Gelber Berg) im Süden der Provinz Anhui sind ein beliebtes Motiv chinesischer Malerei.

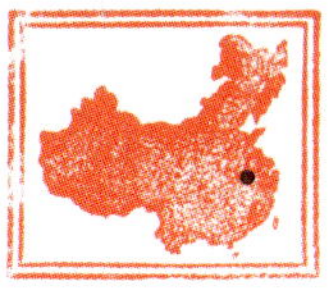

引语

Beim Schneiden von Halmen zur Mittagszeit
Tropft Schweiß auf die Erde.
Bedenkst du, dass jedes Korn in deiner Schale die Frucht harter Arbeit ist?

Halme schneiden am Mittag, Zheng Zhanbao

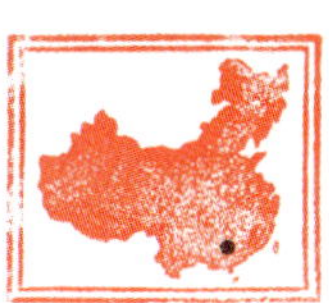

BERGE BEI GUILIN, GUANGXI
Auf den abgeernteten Reisfeldern erinnern nur die Halmreste im schlammigen Boden an die prächtig wachsenden Pflanzen. Im Hintergrund eine verwitterte Karstlandschaft mit bizarren Formen.

歌

Donner grollt um Bäche und Berge,

Dunkle Wolken bringen warme Tage;

Aus schattigen Büscheln beginnen Triebe ihre Köpfe zu heben.

Mädchen mit silbernen Haarnadeln singen einander zu –

Wessen Korb zeigt, dass es am meisten gepflückt hat?

Beim Heimkommen haftet noch der Duft an ihren Händen.

Die beste Ernte wird zuerst dem Beamten angeboten.

»Das Teepflücken. Eine Ballade«, Gao Qi (1336–1374)

TEEPLANTAGEN, FUJIAN

Auf den Hügeln von Fujian und denen der Nachbarprovinzen wird der Tee von Hand geerntet. Subtropisches Klima und gute Erde bieten ideale Wachstumsbedingungen für Teesträucher.

诗

Ein Regenhut aus Bambusrinde, ein Mantel aus Lotusblättern,

Nichts beschäftigt seinen Geist, er bleibt nah am Steg.

Sein Boot hat wohl keinen festen Ankerplatz –

Wohin wird er heute Abend mit seiner Angelrute gehen?

»Das Lied der Fischer«, Gao Shi (um 716–um 765)

FISCHFANG, INSEL MEIZHOU, FUJIAN
Die Provinz Fujian ist für ihr Fischereiwesen, vor allem die Hochseefischerei bekannt. In den Buchten entlang der Küste werden auch Fische gezüchtet. Die Zuchtbereiche sind mit Netzen und Stäben markiert.

歌

Welch schöner Abend, an dem ich zur Insel im Fluss gekommen bin!

Welch schöner Tag, an dem ich mit Euch, mein Fürst, das Boot teile!

»Lied des Bootsmanns von Yue«, unbekannter Verfasser

KAISERKANAL, WUXI, JIANGSU
Auf seinem knapp 2000 Kilometer langen Weg von Beijing nach Hangzhou ist der Kaiserkanal die Lebensader für Städte wie Wuxi, die auf die Reistransporte kleiner und großer Boote angewiesen sind.

诗

Gestampfte Erde zu Wällen aufgetürmt,

Erschreckende Reihen aus Türmchen und Leuchttürmen,

Höher als die Fünf Berge,

Breiter als die Drei Deiche.

Steil wie eine hohe Klippe,

steigt sie in die Höhe wie eine Wolkenbank.

»Die trostlose Stadt«, Bao Zhao (414–466)

SKYLINE VON SHANGHAI

Dieser Blick nach Osten zeigt die Gebäude und Viertel des »alten« Shanghai im Vordergrund. Jenseits des Huangpu-Flusses sind die futuristischen Bauten des »neuen« Stadtbezirks Pudong zu sehen.

GESCHICHTE

历史 DIE ENTWICKLUNG CHINAS

Früher erschien die chinesische Geschichte als schwer durchschaubare Abfolge von Dynastien. Doch die Entdeckung der Terrakotta-Armee des ersten Kaisers von China im Jahr 1974 brachte Licht in die dunkle Vergangenheit. Inzwischen ist bekannt, dass das Han-Reich in puncto Macht und kulturelle Entwicklung mit dem Römischen Reich auf gleicher Augenhöhe stand und zur Tang- und Song-Zeit auf technologischem und künstlerischem Gebiet weltweit führend war. In der Ming-Zeit wurden spektakuläre Seefahrten unternommen. Unter den Qing erreichte China schließlich seine größte Ausdehnung. Mit der Ankunft von Missionaren und Händlern, später mit den westlichen Imperialmächten kam es zu Umbrüchen, die schließlich das Ende des Kaiserreichs besiegelten. Die Kommunistische Partei versuchte das Land in einen sozialistischen Staat zu verwandeln. Nach dem Tod Mao Zedongs 1976 schlug Deng Xiaoping einen neuen Kurs ein, der China praktisch zur Supermacht werden ließ.

史前史

Um 8000 v. Chr. entstanden jungsteinzeitliche Kulturen in China, die durch Ackerbau, die Domestizierung von Tieren und die Verwendung von Töpferwaren geprägt waren. Dazu kam es auch, weil sich in Ostasien das Klima erwärmte und feuchter wurde. Der Übergang zur Sesshaftigkeit fand nicht nur, wie man früher glaubte, in einer Region in der Nordchinesischen Ebene statt, sondern unabhängig voneinander an mehreren Orten. Nach der chinesischen Überlieferung gab es drei alte chinesische Dynastien: Zunächst die Xia, dann die Shang und schließlich die Zhou. Chinas Bronzezeit begann um 3000 v. Chr. und erreichte ihren Höhepunkt unter den Shang, die im 2. Jahrtausend v. Chr. am Mittellauf des Gelben Flusses herrschten.

YANGSHAO ca. 5000–3000 v. Chr.
Für die Yangshao-Kultur am Gelben Fluss waren bemalte Gefäße aus rotem Ton typisch. Sie wiesen symbolhafte Ornamente auf, die zunächst aus Fischen und menschlichen Gesichtern, später auch aus abstrakten Mustern bestanden.

Dekoriertes Keramikgefäß, Yangshao-Kultur

bi-Scheibe aus Jade

REIS ca. 5000 v. Chr.
Der erste eindeutige Beleg für den Nassanbau von Reis wurde 1973 von Archäologen bei dem Jungsteinzeitdorf Hemedu in Südwestchina gefunden.

JADE ca. 3500 v. Chr.
Schon in der Jungsteinzeit spielte Jade in China eine wichtige Rolle. Damals fertigte man daraus rituelle Objekte wie diese *bi*-Scheibe als Symbol für den Himmel und rechteckige *cong*-Röhren als Symbol für die Erde.

Longshan-Keramik >
In der Longshan-Kultur wurden Krüge mit drei Füßen, zylindrischem Hals und gebogener Tülle hergestellt.

5000 | 4900 | 4800 | 4700 | 4600 | 4500 | 4400 | 4300 | 4200 | 4100 | 4000 | 3900 | 3800 | 3700 | 3600 | 3500 | 3400 | 3300 | 3100

Dorf der Jungsteinzeit

Chinas bekannteste jungsteinzeitliche Siedlung ist Banpo nahe Xi'an. Sie war zwischen 4500 und 3750 v. Chr. bewohnt. Jedes Haus in dem Dorf, das aus etwa 100 Gebäuden bestand, hatte einen Mittelpfeiler, der ein Strohdach trug. Der Boden war teilweise mit weißem Ton gestrichen, der auch zum Bau von Öfen, Schränken und Bänken diente. Auf dem Dorffriedhof von Banpo wurden sechs Brennöfen und zahlreiche Keramikscherben gefunden. Erwachsene waren in Einzelgräbern bestattet, oft mit einem Keramikgefäß neben dem Körper, Kinder nahe den Häusern in Tongefäßen. Die Dorfbewohner bauten mit Steinwerkzeugen Hirse an, hielten Schweine, Hunde, Schafe und Rinder, fischten und gingen auf die Jagd.

< **Rekonstruiertes Dorf**
Eine moderne Rekonstruktion von Banpo ist Teil eines Museums nahe dem Originalort.

SEIDENHERSTELLUNG
ca. 3750 v. Chr.
Die ältesten Beweise für die Seidenherstellung in China sind Seidenraupenkokons, die in den Ruinen von Banpo gefunden wurden. Bis zur Han-Zeit wurde das Geheimnis der Seidenherstellung streng gehütet, und die Ausfuhr von Seidenraupen war verboten. Etwa um 300 n. Chr. waren die Herstellungsverfahren aber auch in Indien und Korea bekannt.

DIE URSPRÜNGE CHINAS

JUNGSTEINZEIT UND BRONZEZEIT BIS 1122 V. CHR.

Die Shang

Die Shang-Dynastie entstand zu Beginn des 2. Jahrtausends v. Chr. entlang des Gelben Flusses im nördlichen China. Nach der Überlieferung verlegten die Shang ihre Hauptstadt sechsmal. Zwei der Städte waren Zhengzhou in der Provinz Henan und Anyang, etwa 150 Kilometer weiter östlich. Zhengzhou hatte eine 6,5 Kilometer lange Stadtmauer aus gestampftem Lehm. Sie umschloss große Gebäude und Bezirke, in denen Keramik, Wein, Bronzegegenstände und Textilien hergestellt wurden. In Anyang befand sich das zeremonielle und administrative Zentrum der späten Shang-Zeit.

Die wichtigste Entdeckung an beiden Orten waren Rinderknochen, die zur Weissagung benutzt wurden, indem man durch ein erhitztes Bronzewerkzeug erzeugte Risse deutete. Viele dieser Knochen tragen Inschriften, die die frühe Entwicklung der chinesischen Schrift belegen. Die Königsgräber in Anyang wurden schon vor langer Zeit geplündert, doch 1976 entdeckte man das unberührte Grab der Prinzessin Fu Hao, Gemahlin eines Shang-Königs. Neben den mumifizierten Überresten der Prinzessin fand man auch die von 16 Menschenopfern sowie ungewöhnlich viele Grabbeigaben, darunter 1,6 Tonnen schwere Bronzegegenstände, die auf den hohen Status der Prinzessin schließen lassen.

Grabbeigaben
Aus Fu Haos Grab stammt auch dieser kunstvoll mit Elfenbein und Türkisen verzierte Becher.

GELBER FLUSS
ca. 2600 v. Chr.
In der späten Jungsteinzeit veränderte der Gelbe Fluss mindestens zweimal seinen Lauf und verursachte dadurch riesige Schäden und wirtschaftliche Probleme.

XIA-DYNASTIE
ca. 2200–1800 v. Chr.

SHANG-DYNASTIE
ca. 1766–1122 v. Chr.

3000 2700 2600 2500 2400 2300 2200 2100 2000 1900 1800 1700 1600

LONGSHAN-KULTUR ca. 3000–2000 v. Chr.
Die Longshan-Kultur im mittleren und unteren Jangtsetal stellte auf Töpferscheiben schwarze Keramik her. Zudem kannte man Orakelknochen, Jadeschnitzereien und aufwendige Bestattungen.

BEFESTIGTE SIEDLUNGEN
ca. 2500 v. Chr.
Erstmals wurde gestampfte Erde für den Bau von Mauern um Longshan-Dörfer verwendet, wobei man dünne Erdschichten in einem Holzrahmen stampfte. Die Erde wurde dadurch hart wie Zement.

BRONZEBEARBEITUNG ca. 1800 v. Chr.
Unter den Shang wurden Ritual- und Haushaltsgegenstände aus Bronze hergestellt wie etwa Trinkgefäße (*jue* und *gu*) und Dreifüße *(ding)*, die oft mit Tierdarstellungen verziert waren.

XIA-DYNASTIE ca. 2200–1800 v. Chr.
Unter Historikern galt die Xia-Dynastie lange als mythisch. Kürzlich in Erlitou, Henan, entdeckte palastartige Gebäude und Gräber schreibt man heute jedoch eben dieser Dynastie zu. Die Abfolge der insgesamt 17 Xia-Herrscher ist in den *Historischen Aufzeichnungen* festgehalten und konnte später durch Inschriften auf Orakelknochen bestätigt werden.

Bronzeplatte
Bronzeplatte aus der Xia-Dynastie, verziert mit kunstvollen Einlegearbeiten in Form von Drachenschuppen.

Bronze-Lebensmitteltrog *(feng ding)*, Shang-Zeit

周朝至秦朝

Ende des 12. Jh. v. Chr. wurde die Shang-Dynastie von den Zhou geschlagen, worauf diese das »Mandat des Himmels« und damit das Recht auf Herrschaft für sich in Anspruch nahmen. Die Zhou-Dynastie wird in die Westlichen Zhou (1122–771 v. Chr.) und die Östlichen Zhou unterteilt, Letztere gliedert sich noch einmal in die Frühlings- und Herbstperiode (722–481) und die Zeit der Streitenden Reiche (475–221). Das Zhou-Reich zerfiel rasch in 170 unabhängige Staaten, deren Zahl sich später durch Kriege auf sieben reduzierte. Während der Zhou-Zeit entstanden die wichtigsten chinesischen Philosophien, und es kam zum Aufstieg des Herzogtums Qin, das 316 die Feldzüge einleitete, die zur Entstehung des ersten geeinten China führten.

WESTLICHE ZHOU
1122–771 v. Chr.

Der große Philosoph Konfuzius (Kong Fuzi)

MANDAT DES HIMMELS ca. 1105 v. Chr.
Nach Konfuzius wurde das Mandat des Himmels vom Herzog von Zhou, dem Bruder des ersten Zhou-Herrschers, formuliert, um den Sturz der Shang-Dynastie zu rechtfertigen. Der Herzog behauptete, dass der Himmel einem törichten Herrscher die Autorität nehmen und einem anderen geben würde, wodurch die Zhou ihr Anrecht auf den Herrscherthron erworben hätten. Auch spätere Dynastien legitimierten so ihre Machtübernahme.

Zeit der hundert Schulen

Konfuzius (551–479 v. Chr.) war der einflussreichste Denker einer Zeit, in der viele konkurrierende Schulen entstanden. Kern seiner Lehre bildete die »kindliche Pietät«, die Gehorsam gegenüber den Eltern und ihre Versorgung im Alter beinhaltete. Herrschern riet er, Untertanen wohlwollend zu behandeln und gute Beamte zu beschäftigen. Sein heftigster Gegner war Mozi (470–391 v. Chr.), der nicht wie Konfuzius pflichtbewusste Ehrung, sondern allgemeine Nächstenliebe forderte. Nach Menzius (Mengzi; 372–289 v. Chr.) darf das Volk rebellieren, wenn sein Herrscher ungerecht regiert. Er glaubte an das Gute im Menschen, während Xunzi (298–ca. 220 v. Chr.) meinte, er sei von Natur aus böse und müsse Tugendhaftigkeit erlernen. Im Daoismus, dessen ältester Text – das *Daode Jing* – Laotse (Laozi) verfasst haben soll, war der Idealherrscher ein erleuchteter Weiser. Im Mittelpunkt seiner Lehre stand das Prinzip des Nicht-Handelns *(wu wei)*, nach dem Dinge sich selbst ordnen.

1100 · 950 · 900 · 850 · 800 · 750 · 700

Gold- und silberverzierter Wagenbeschlag in Form eines Rinderkopfes, Zhou-Zeit

ZHOU-STREITWAGEN
ca. 1122 v. Chr.
Streitwagen mit zwei Pferden kamen in der Shang-Dynastie nach China und waren unter den Westlichen Zhou weit verbreitet. In der Frühlings- und Herbstperiode wurden sie durch Vierergespanne ersetzt.

Himmlischer Streitwagen Zhou-König Mu Wang fährt mit einem Streitwagen ins Paradies, wo er ein Gott zu werden hofft.

DER KALENDER 841 v. Chr.
Im Jahr 841 wurde König Li durch die Zhou vom Thron vertrieben. Ab diesem Datum begann der Historiker Sima Qian mit einer allgemein akzeptierten Datierung der chinesischen Geschichte.

FEUDALGESELLSCHAFT ca. 800 v. Chr.
Zhou-Herrscher gaben ihren Gefolgsleuten Lehen und forderten dafür militärische Unterstützung. Im 8. Jh. v. Chr. hielten etwa 200 Lehnsherren halb unabhängige Gebiete mit einem Feudalsystem. Ihre Einsetzung wurde durch einen Titel bestätigt, der auf Bronzegefäßen festgehalten ist.

FRÜHLINGS- UND HERBSTPERIODE
722–481 v. Chr.

DAS ZEITALTER DER IDEEN

ZHOU- UND QIN-DYNASTIE, 1122–206 V. CHR.

Zhou-Glocke mit Drachenmotiv

< Reihenglocken
Zu den Instrumenten im Grab des Fürsten Yi gehörten 65 Glocken, die fünf Musiker mit Holzhämmern anschlugen.

MUSIKINSTRUMENTE
433 v. Chr.
In der frühen Zhou-Zeit wurden bereits kunstvolle Musikinstrumente benutzt, von denen viele, wie etwa große Reihenglocken aus Stein, so schwer waren, dass sie nicht gleichzeitig gespielt und in einer Prozession getragen werden konnten. Fürst Yi, ein Zhou-Adeliger, der zu Beginn des 5. Jh. v. Chr. starb, wurde mit mehr als 120 Musikinstrumenten beerdigt.

HAN FEI
ca. 280–233 v. Chr.
Der Philosoph Han Fei entstammte dem Adel. Seine Lehre vom Legalismus, niedergeschrieben im *Han Feizi*, befasste sich mit der Macht und den Pflichten von Herrschern. Im Qin-Staat wurde der Legalismus bei Hofe sehr populär.

AUFSTIEG DER QIN
260 v. Chr.
Bei Changping fügten die Qin der Armee der Zhou eine vernichtende Niederlage zu. Dies machte sie zur stärksten Macht unter den verbliebenen sog. Streitenden Reichen.

QIN-DYNASTIE
221–206 v. Chr.

EISEN-TECHNOLOGIE
ca. 650 v. Chr.
Ab dem 7. Jh. v. Chr. war in China die Eisenherstellung bekannt. Vermutlich stammte das Wissen aus dem Westen.

LANDREFORMEN
594 v. Chr.
Bis zu Beginn des 6. Jh. v. Chr. erhielten Bauern ein Stück Land zur Eigenbewirtschaftung, mussten aber auch für ihren Herrn arbeiten; danach kam es zu Reformen.

ERSTE MÜNZEN
ca. 500 v. Chr.
Unter den Shang dienten Kaurimuscheln und Stoffstücke als Währung. Am Ende der Frühlings- und Herbstperiode gab es Metallgeld – zunächst in Form von Ackergeräten.

ZEIT DER STREITENDEN REICHE
475–221 v. Chr.

Zhou-Münzen in Messer- und Spatenform

Neue Waffen

Unter den Shang wurden Schlachten unter Adeligen mit Streitwagen ausgetragen, doch in der Zhou-Zeit änderte sich die Kriegsführung. 685 v. Chr. rekrutierte Guan Zhong aus dem Qi-Reich Zivilisten für das Militär, indem er die Soldaten direkt aus den Dörfern holte. Während der Zeit der Streitenden Reiche wurden die Streitwagen durch Reiterei ersetzt, die durch Fußtruppen unterstützt wurde. In *Die Kunst des Krieges* (ca. 500 v. Chr.), dem ältesten bekannten Werk über Militärstrategie, hält Sunzi fest, ein General dürfe den Sieg mit allen Mitteln sichern und solle seinen Männern Augen und Ohren verbinden, um zu gewährleisten, dass sie in seinem Sinn handeln. Kriegsführung basiere immer auf Täuschung, schrieb er. Im 5. Jh. v. Chr. trugen Soldaten bronzene Hellebarden, Eisenschwerter und Schwerter mit einer Schneide aus einer Bronzelegierung. Wichtigste Waffe war ein Bogen, mit dem man Geschosse mit dreieckigen Bronzeköpfen abfeuerte, die Rüstungen durchschlagen konnten.

Bronzedolch mit Scheide

Uneingeschränkter Herrscher Nach der Einigung Chinas war Qin Shihuang entschlossen, den Staat vollständig unter seine direkte Kontrolle zu bringen und das gesamte Reich gleichzuschalten.

Der erste Kaiser

Im Jahr 221 v. Chr. hatte König Zheng von Qin die Gebiete rund um sein Reich erobert und den ersten geeinten chinesischen Staat geschaffen. Er nahm den Titel Qin Shihuang an, erster Kaiser von Qin. Während seiner ereignisreichen elfjährigen Regierungszeit förderte er eine Reihe technologischer Neuerungen zur Verbesserung der Infrastruktur und Verteidigung des neuen Reiches.

Aufbau des Reiches

Zum Ausbau des Transportwesens befahl der Kaiser den Bau von Landstraßen und der 800 Kilometer langen »Geraden Straße« von der Hauptstadt Xianyang in die Innere Mongolei. Kanäle entstanden, unter ihnen auch der »Magische Kanal«, die erste Wasserstraße, die an Höhenlinien entlanggeführt wurde, um den Bau teurer Tunnel und Schleusen zu vermeiden. Im Süden ging der Kanal in den Jangtse über, und zunächst diente er dazu, Getreide für militärische Feldzüge nach Süden zu transportieren. Er ist bis heute in Gebrauch.

Um China vor Barbaren im Norden zu schützen, verband der kaiserliche General Meng Tian bereits vorhandene Mauern zu einem riesigen, 5000 Kilometer langen Wall an der nördlichen Grenze des Reiches. Ende des 15. Jh. bildeten die Überreste das Fundament der Chinesischen Mauer.

Willkür und Unsterblichkeit

Spätere Historiker nannten Qin Shihuang grausam und größenwahnsinnig, was vor allem auf zwei Ereignisse zurückgeht: Nachdem 213 Hofgelehrte seine Regierungsform kritisiert hatten, ließ er die meisten Bücher aus den kaiserlichen Archiven verbrennen, und wer nicht kooperierte, wurde zu Zwangsarbeit verurteilt. Ein Jahr später ließ er angeblich 450 Gelehrte lebendig begraben, weil sie gegen seinen Wahn, unsterblich werden zu wollen, protestiert hatten.

Im Jahr 210 v. Chr. starb der Kaiser auf einer Expedition nach Penglai – der »Insel der Unsterblichen«. Er wurde in einem riesigen Grabkomplex, dessen Bau er zwei Jahre zuvor angeordnet hatte, beigesetzt, bewacht von einer Armee aus Tonsoldaten. Diese wurde erst 1976 entdeckt und zeugt vom Reichtum und der Macht des Kaisers. Die Armee brachte ihm letztlich tatsächlich Unsterblichkeit ein, wie er sie sich zu Lebzeiten gewünscht hatte.

Kaiserliche Münzen Die Qin-Währung bestand aus runden Kupfermünzen, in die ein quadratisches Loch gestanzt war. Diese Form behielt die chinesische Währung bis zu Beginn des 20. Jh.

引
语

Im Staat eines klugen Herrschers gibt es keine Bücher, aber die Gesetze dienen als Lehrer. Worte früherer Könige gelten nicht, vielmehr fungieren die Beamten als Lehrer.

Han Fei (gest. 233 v. Chr.) über das absolute Gesetz von Königen

Die Terrakotta-Armee ∧ >
Eine Legion von mehr als 8000 lebensgroßen Soldaten- und Pferdefiguren aus Ton hält Wache vor dem noch nicht freigelegten Grab des Qin Shihuang. Jeder Soldat ist einzigartig und trug einmal echte Waffen.

Das Qin-Reich wurde durch einen Aufstand unter Führung des ehemaligen Bauern Liu Bang zerstört. Als Kaiser Gaozu gründete Liu Bang die Han-Dynastie und festigte die zentrale Herrschaft. Unter Wendi (180–157 v. Chr.) gelangte das Reich zu neuer Stabilität und großem Wohlstand, während Wudi (141–87 v. Chr.) Chinas Einfluss in Zentralasien und Korea ausbaute und die Verwaltung reformierte. Nachdem Wang Mang vorübergehend die Macht an sich gerissen hatte, führte ein Abkömmling der Han die Dynastie fort. Die sog. Späteren Han setzten die territoriale Expansion fort. Im 2. Jh. n. Chr. brach die Dynastie jedoch aufgrund innerer Streitigkeiten und wegen Angriffen des Stammes der Xianbei im Norden zusammen.

汉朝

LACKARBEITEN 206 v. Chr.
Obwohl bei den Shang bereits bekannt, gewannen Lackarbeiten erst zu Beginn der Han-Periode an Bedeutung. Lackarbeiten aus dieser Zeit sind dunkelbraun und mit einem roten Vogel oder einem anderen Tier verziert.

HAN-DYNASTIE
206 v. Chr.–220 n. Chr.

Lackschale mit Widmung

KONFUZIANISCHE WERTE 196 v. Chr.
Obwohl Gaozu konfuzianische Gelehrte zunächst gering achtete, gab er 196 v. Chr. einen Erlass heraus, der ihre Einstellung in der Verwaltung unterstützte.

NEUE HAUPTSTADT 194 v. Chr.
Die Han-Hauptstadt Chang'an (heute Xi'an) wurde in Nord-Süd-Ausrichtung angelegt. Sie bestand aus 108 Bezirken, die je mit einer Mauer umgeben waren.

Tod und ewiges Leben

In der Han-Zeit entstanden neue Vorstellungen über den Tod. Sie spiegeln sich in der Art der Grabbeigaben, wie man sie etwa im Grab der Marquise von Dai gefunden hat, die um 168 v. Chr. in Mawanddui in Hunan bestattet wurde. Ihr mumifizierter Körper war mit Talismanen geschmückt, die ihr die Reise ins Paradies ermöglichen sollten. Darunter auch eine Seidenmalerei, die den Weg ihrer Seele darstellt: zunächst zur Zauberinsel Penglai und von dort zu den Toren des Paradieses. Die zunehmende Komplexität des Glaubens an ein Leben nach dem Tod wird in Bronzespiegeln deutlich, die man in Gräbern aus dieser Zeit fand und die möglicherweise der Weissagung dienten. Sie tragen Muster, die den römischen Buchstaben T, L und V ähneln, und sind außerdem mit einem Ornament aus zwölf Symbolen verziert, das vermutlich die Zeiteinteilung darstellt, wie auch mit den *Fünf Sätzen* (s. S. 241). Sie sollten ihrem Besitzer die Zuversicht geben, in Harmonie mit dem Kosmos zu stehen.

200 — 190 — 180 — 170 — 160 — 150 — 140 — 130

KAISER GAOZU 206 v. Chr.
Liu Bang bewies, das auch ein Bauer Kaiser werden konnte. Zunächst akzeptierte er die Existenz zehn unabhängiger Königreiche, die später unter seinen Verwandten aufgeteilt wurden. Gaozu formte eine bürokratische Regierung, in der der Kaiser von drei Beamten unterstützt wurde und diese wiederum von neun untergeordneten Ministern.

Liu Bang, späterer Kaiser Gaozu

BÄUERLICHE ÖKONOMIE 180 v. Chr.
Unter Wendi kamen viele für die chinesische Landwirtschaft typische Elemente auf, etwa komplexe Bewässerungsmethoden für Intensivkultur und ein freier Bauernstand, der Grundgüter im Überfluss erzeugte, aber auch die Anfälligkeit für Naturkatastrophen und hohe Anforderungen durch den Staat.

Ziegel mit einer bäuerlichen Szene, Han-Zeit

WUDI 141–87 v. Chr.
In Wudis Regierungszeit kam es neben einer aggressiven Expansion nach Zentralasien, Vietnam und Korea zu Reformen, die auch die Korruption bekämpften. Im Alter war Wudi besessen von der Suche nach Unsterblichkeit.

ALCHEMIE 133 v. Chr.
Auf der Basis daoistischer Texte versuchten chinesische Alchemisten aus den Elementen des Universums ein Lebenselixir herzustellen. Wudi hoffte dieses Elixir zu finden und dadurch Unsterblichkeit zu erlangen.

CHINA NIMMT GESTALT AN

DIE HAN-DYNASTIE, 206 V. CHR.–220 N. CHR.

Seidenbanner aus dem Grab der Marquise von Dai, das Himmel und Erde zeigt.

STAATSMONOPOL
119 v. Chr.
Kaiser Wudi errichtete Staatsmonopole für die Herstellung und den Verkauf von Eisen und Salz und schuf so eine wichtige Einnahmequelle, aber auch die Basis für einen florierenden Schwarzmarkt.

110

KOREA 108 v. Chr.
Wudis Armeen schlugen das koreanische Königreich Go-Joseon und richteten vier Kommandaturen ein, von denen eine bis 313 n. Chr. in chinesischer Hand blieb.

KAISERLICHE AKADEMIE 124 v. Chr.
Die von den Han bei Chang'an gegründete Akademie hatte zunächst 50 Studenten, die konfuzianische Klassiker studierten und nach dem Examen Anrecht auf einen Posten als Beamter hatten. Das Geburtsrecht verschwand allmählich, doch die Absolventen besetzten nur die unteren Ebenen der Bürokratie.

Die Seidenstraße

Die Seidenstraße war ein 8000 Kilometer langer Handelsweg, der Chang'an (heute Xi'an) und Westasien verband und bereits 200 v. Chr. benutzt wurde. Um die Kontrolle über die Straße zu halten, mussten die Chinesen sie militärisch sichern. 138 v. Chr. entsandte Han-Kaiser Wudi General Zhang Qian, um die zentralasiatischen Yuezhi zu unterwerfen und Chinas Einfluss auf das Pamir-Gebirge auszudehnen. Im Jahr 91 n. Chr. führte Ban Chao eine Armee bis an die Küste des Kaspischen Meeres und schickte einen Botschafter ins Römische Reich.

Handel und Kultur

Seide war im Römischen Reich sehr begehrt und das wertvollste Handelsgut, das auf der Seidenstraße transportiert wurde. Allerdings versuchte der römische Senat, die Herstellung von Kleidung aus Seide zu verbieten, da ihr Import Unsummen verschlang. Überdies wurde die Seidenstraße zu einer wichtigen Route für Technologietransfer und die Verbreitung religiöser Ideen. Dunhuang, wo sich die Seidenstraße bei der Wüste Taklamakan in eine Nord- und Südroute teilte, wurde ein Zentrum des Buddhismus wie auch buddhistischer Kunst und Literatur.

Die größte Bedeutung erreichte die Seidenstraße unter den Tang (618–907): Chang'an war die größte Stadt der Welt, Karawanen mit exotischen Waren aus Zentralasien kamen ebenso in die chinesische Hauptstadt wie Anhänger des Zoroastrismus und Nestorianismus. Mit dem Aufstieg des Islam verlor die Seidenstraße ab dem 7. Jh. an Bedeutung, doch als im 13. Jh. die mongolischen Eroberungen für weitgehende politische Stabilität sorgten, wurde sie wieder mehr genutzt und eine wichtige Route für Kaufleute wie Marco Polo.

^ Seidenstraßen-Stadt
Die Ruinen von Jiaohe an der nördlichen Seidenstraße. Unter den Han war Jiaohe Hauptstadt eines unabhängigen Königreiches.

v Himmlisches Pferd
Bronzenes Ferghana-Pferd aus der Späteren Han-Zeit.

v Fünffarbige Seide
Diese Seide aus dem 6. Jh. beweist, dass auch nach der Han-Zeit noch kostbare Waren gehandelt wurden.

Die Gelehrte Ban Zhao

Sima Qian, der berühmte Historiker

GRABSTATUEN ca. 100 v. Chr.
Im 1. Jh. v. Chr. begannen die Han an wichtigen Plätzen Statuen zu errichten. Aus ihnen entstanden später »Seelenstraßen« aus Steinmonumenten, die zu den Standorten kaiserlicher Gräber führten.

DER GROSSE HISTORIKER 85 v. Chr.
Auf der Basis von Archivmaterial stellte der Historiker Sima Qian das *Shih-Chi (Historische Aufzeichnungen)* zusammen, ein Werk über die chinesische Geschichte.

KAISERLICHE KÜCHEN 7 v. Chr.
Die Bedeutung des Essens im alten China wird daran deutlich, dass in den Palastküchen der Han-Zeit mehr als 3000 Sklaven arbeiteten.

DER ERSTE ZENSUS 2 n. Chr.
Chinas erste Volkszählung ergab eine Bevölkerung von 57 671 400 Menschen.

BAN ZHAO 45–115 n. Chr.
Chinas erste Historikerin Ban Zhao schrieb *Vorsichtsmaßregeln für junge Frauen,* mit denen sie Frauen zu Demut und Gehorsam gegenüber ihren Männern aufforderte und Witwen eine erneute Heirat verbat. Konfuzianer priesen Ban Zhao als Chinas größte Gelehrte.

100 | 80 | 60 | 40 | 20 | v. Chr. – n. Chr. | 20 | 40

90 | 70 | 50 | 30 | 10 | 10 | 30 | 50

Konkubinen und Eunuchen

Bereits im 8. Jh. v. Chr. beschäftigten chinesische Kaiser kastrierte Männer als Palastbedienstete. Einige dieser Eunuchen verrichteten niedere Dienste wie etwa Putz- und Küchenarbeiten, andere hatten die Rolle von Unterhaltern. Die ältesten Eunuchen bewachten die Harems mit den kaiserlichen Konkubinen. Diese waren nicht mit dem Kaiser verheiratet, konnten ihm aber legitime Erben schenken. Während der Han-Dynastie nahm die Zahl der Konkubinen erheblich zu (und damit auch die der Eunuchen), und im 1. Jh. n. Chr. lebten im Palast etwa 3000 Eunuchen. Sie übten beträchtliche Macht aus, was die Fähigkeit der kaiserlichen Regierung zu Reformen schwächte. Später machten konfuzianische Historiker (vielleicht zu Unrecht) Eunuchen-Minister für den Niedergang der Han verantwortlich.

< Eine schöne Konkubine bricht auf
Wang Zhao Jun, eine von Chinas »Vier Schönheiten«, reist ab, um die Braut eines Xiongnu-Kaisers zu werden.

WANG MANG 9–23 n. Chr.
Wang Mang regierte zunächst für den Kindkaiser Ruzi, riss aber zu Beginn des 1. Jh. n. Chr. den Han-Thron an sich. Wang verbot privates Landeigentum und führte das Monopol für Salz und Eisen wieder ein. Zudem ordnete er ein Experiment an, um die Behauptung eines Mannes zu prüfen, er könne in einem Federkleid weite Strecken fliegen und die Bewegungen der feindlichen Xiongnu-Nomaden in Zentralasien ausspionieren. 23 n. Chr. wurde Wang gestürzt und von Rebellen ermordet.

MEHRSTÖCKIGE GEBÄUDE 25 n. Chr.
Die Holzhäuser der Han-Zeit bestanden bereits aus mehreren Stockwerken und hatten einen Innenhof für Vieh. Auf den mittleren Ebenen befanden sich Wohnräume, oben ein Wachturm. Diese Bauweise wurde später für buddhistische Pagoden übernommen.

Keramikturm >
Diese in einem Grab gefundene Keramik aus der Han-Zeit ist das einen Meter hohe Modell eines dreistöckigen Gebäudes.

Papierherstellung
Zur Papierherstellung wurde Bambus mit Kreide in Wasser gekocht.

Erfindung des Papiers

Der erste Papiermacher Chinas soll ein Hofeunuch namens Cai Lun gewesen sein, der 50–121 n. Chr. lebte. Er mischte die innere Rinde eines Maulbeerbaumes und Bambusfasern mit Wasser und zerstampfte sie dann mit einem Holzwerkzeug. Anschließend ließ er die Pulpe in einem Tuch abtropfen und stellte aus ihr Papier her. Bald wurde seine Erfindung für Dokumente und Bücher verwendet. Chinesische Papiermacher entwickelten beschichtetes, farbiges und sogar insektenresistentes Papier. Um das Jahr 600 wurden Drucktafeln aus Holz erfunden, 740 erschien in China die erste Zeitung. Im 3. Jh. gelangte die Kunst der Papierherstellung nach Korea und Vietnam, 610 nach Japan. Im 8. Jh. war sie bereits auf dem Weg in den Westen.

Modell von Zhang Hengs Seismografen

DER SEISMOGRAF 132 n. Chr.
Dem Astronomen Zhang Heng wird die Erfindung eines Seismografen zugeschrieben, bei dem es sich um eine Art Urne mit einem Pendel in der Mitte handelte. Bei einem Erdbeben begann es zu schwingen und Hebel zu betätigen, worauf einer von acht Drachen außen am Gerät eine Bronzekugel in das Maul einer Kröte fallen ließ und so die Richtung anzeigte, in der die Erde bebte.

100 120 140 160 180 200 220
90 110 130 150 170 190 210

BAN CHAO 91 n. Chr.
Ban Chao unternahm einen Feldzug gegen die Xiongnu und stellte damit die chinesische Herrschaft über das Tarimbecken wieder her. 91 n.Chr. wurde er zum Protektor der zentralasiatischen Gebiete Chinas und drang 98 mit seiner Armee bis ans Kaspische Meer vor.

DIE SCHUBKARRE ca. 100 n. Chr.
Obwohl schon aus dem 1. Jh. v. Chr. Beschreibungen von schubkarrenähnlichen Geräten existieren, findet sich die älteste chinesische Darstellung einer Schubkarre auf einem Wandfries in einem Grab in Sichuan aus dem 2. Jh.

DER OCHSENPFLUG 72 n. Chr.
Der Ingenieur Wang Jin, für seine hydraulischen Projekte am Gelben Fluss berühmt, erfand eine verbesserte Form des Ochsenpfluges. Durch die Form seiner gusseisernen Pflugschar war der Widerstand geringer, sodass der Pflug statt von zwei von nur einem Ochsen gezogen werden konnte.

DAS ERSTE WÖRTERBUCH ca. 100 n. Chr.
Das *Shuowen jiezi* ist das erste chinesische Zeichenwörterbuch und eines der ältesten Wörterbücher der Welt. Es wurde von Xu Shen zusammengestellt, der es 121 n. Chr. dem Kaiser vorlegte. Das Buch enthält sowohl die Aussprache der Schriftzeichen als auch ihre Bedeutung. Bis heute sind alle chinesischen Wörterbücher nach Xu Shens System aufgebaut.

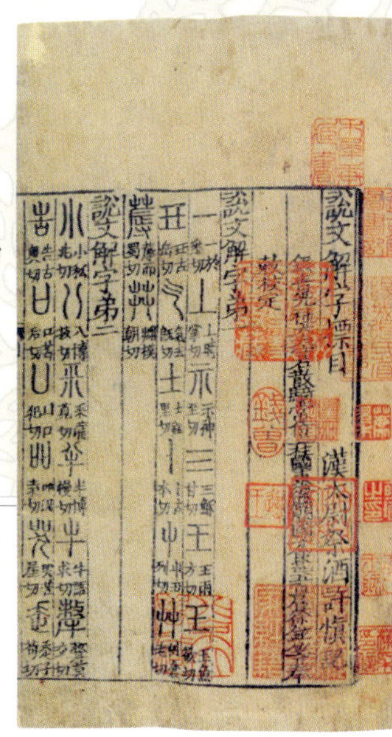

Seite aus dem ersten chinesischen Wörterbuch

TEILUNG DES REICHES

ERSTE PERIODE DER SPALTUNG UND DIE SUI-DYNASTIE, 220–618

三国至隋朝

Von 220 bis 589 gab es in China keine Zentralregierung. Die Westlichen Jin einten das Land nach 280 für kurze Zeit, doch ab 316 waren Norden und Süden erneut geteilt. Im Norden dauerte die Periode der sogenannten Sechzehn Reiche bis 384, dann gründeten die Tabgatsch die Nördliche Wei-Dynastie mit Luoyang als Hauptstadt. 534 spaltete sich die Dynastie, und es folgte eine weitere Periode der politischen Teilung, bis Wendi 589 Nord- und Südchina wiedervereinigte. Obwohl dies eine Zeit politischer Schwäche war, gab es auch positive Entwicklungen, etwa daoistische Versuche in der Alchemie und den Beginn der Landschaftsmalerei.

^ Eine Höhle für Buddhas
Das Grottensystem in Longmen nahe Luoyang beherbergt mehr als 100 000 buddhistische Statuen und Bilder und etwa 40 Pagoden.

Anfänge des Buddhismus in China

Der Buddhismus erreichte China vom indischen Subkontinent aus Ende des 2. Jahrhunderts. In Luoyang und andernorts entstanden buddhistische Gemeinden, auch die Übersetzung buddhistischer Schriften ins Chinesische wurde begonnen. Im Süden fand der Buddhismus erste Anhänger unter Chinesen, die sich vom Neodaoismus angezogen fühlten, dessen Konzept vom Sein und Nichtsein Ähnlichkeiten mit buddhistischen Lehren aufwies. Im Norden fand die Religion offizielle Unterstützung. 310 kam der Mönch Fotudeng aus Zentralasien nach Luoyang und genoss den Schutz der Späteren Zhou-Dynastie. Der erste Herrscher der Nördlichen Wei Daowu ernannte Faguo zum Verwalter der buddhistischen Gemeinden. Kaiser Wu von den Nördlichen Wei (424–451) wurde von konfuzianischen Beratern dazu gebracht, buddhistische Mönche zu verfolgen, doch nicht über einen langen Zeitraum. 460 begann die Arbeit an den buddhistischen Höhlentempeln in Yungang, in den 490er-Jahren der Bau der Longmen-Höhlentempel.

Buddha aus der Zeit der Nördlichen Wei

220 · 230 · 240 · 250 · 260 · 270 · 280 · 290 · 300 · 310 · 320 · 330 · 340 · 350

ZEIT DER DREI REICHE 220–280
Mitte des 3. Jh. trugen die drei Königreiche Wei, Shu Han und Wu blutige Kämpfe um die Macht gegeneinander aus. Die chinesische Überlieferung romantisiert diese Zeit, die daher auch der Ursprung zahlreicher Volkssagen und Helden ist.

< Höfische Szene
Szene aus *Geschichte der drei Reiche* (s. S. 268), einem in dieser Zeit angesiedelten Roman.

GU KAIZHI 344–406
Der Begründer der traditionellen chinesischen Malerei Gu Kaizhi war auch Dichter und Kalligraf. Seine Gemälde sind lediglich als Kopien erhalten. Sein bekanntestes Werk, *Ermahnung der Hofdamen*, beschreibt, wie sich Damen von hohem Stand benehmen sollten.

WANG XIZHI 353
Das bekannteste Werk des berühmten Kalligrafen Wang Xizhi ist das Vorwort zu seinem *Zusammentreffen im Orchideenpavillon*.

Kopie einer Kalligrafie von Gu Kaizhi

Heiliger Kampf Mönche des Shaolin-Klosters üben sich in der speziellen Kampfkunst dieser Schule.

Offizielle Siegel Bronzesiegel, mitunter in Form von Tieren, dienten zum Stempeln offizieller Dokumente.

TINTENSIEGEL ca. 600

Ursprünglich wurden chinesische Siegel vom Kaiser oder seinen Beamten für offizielle Dokumente benutzt. Im 6. Jh. verbreiteten sich Siegel unter Künstlern und Kalligrafen, die damit die Urheberschaft ihrer Werke dokumentierten. Der häufige Gebrauch von Siegeln trug zur Entwicklung von Drucktafeln aus Holz und letztlich zur Herstellung von Büchern bei.

DAS SHAOLIN-KLOSTER 495

Ende des 5. Jh. gründete der buddhistische Mönch Batuo, der zu dieser Zeit bereits mehr als 30 Jahre in China gepredigt hatte, in der Provinz Henan das Shaolin-Kloster. Im Laufe der folgenden 100 Jahre wurde es für seine Kampfkunst bekannt. Das Kloster existiert noch heute und hat verschiedene Äbte, die Kampfkunst und kontemplativere Disziplinen lehren.

DER KAIHUANG-KODEX 583

Ehe Wendi die Sui-Herrschaft über ganz China etablierte, verfasste er den einfach formulierten Kaihuang-Kodex, der zum Vorbild für spätere Gesetzessammlungen wurde.

440 460 480 500 520 540 560 580 600 620

430 450 470 490 510 530 550 570 590 610

LANDVERTEILUNGSSYSTEM 485

Unter der Nördlichen Wei-Dynastie erhielt jeder gesunde Mann ein Lehen von 7,5 Hektar, von dem ein Teil nach seinem Tod an den Staat zurückfiel.

NÖRDLICHE WEI-DYNASTIE 493

Nach dem Sieg über die Xiongnu erlangte die Nördliche Wei-Dynastie von Ende des 4. Jh. an nach und nach Macht über den Norden Chinas. Obwohl die Wei viele nichtchinesische Sitten beibehielten – etwa Regierungsbeamten kein Gehalt zu zahlen –, wurden sie nach Verlegung ihrer Hauptstadt nach Luoyang 493 zunehmend sinisiert.

SUI-DYNASTIE 589–618

TIBET ca. 600

Zu Beginn des 7. Jh. wurde Tibet geeinigt. König Songtsen Gambo (620–649) setzte ein Programm zur Sinisierung durch und dehnte den Einfluss Tibets bis ins heutige Sichuan aus.

Reiterei der Nördlichen Wei

Kaiserliche Reisen
Kaiser Yangdi bereiste sein Reich auf dem Kaiserkanal mit luxuriösen Schiffen, bei denen es sich praktisch um schwimmende Paläste handelte.

Der Kaiserkanal

Im Jahr 605 befahl Yangdi, zweiter Kaiser der Sui-Dynastie, den Bau eines »Großen Kanals«. Die Realisierung des ehrgeizigen Projekts, das mehrere ältere Kanäle und fünf Flüsse verbinden sollte, dauerte über sechs Jahre. Danach beschleunigte der Kanal die Kommunikation und den Transport von Waren im gesamten Reich erheblich, und in der Tang-Zeit sollte er die Grundlage für Chinas Wohlstand bilden.

Die Gesamtlänge des Kanals betrug etwa 2400 Kilometer. Entlang seiner Ufer wurden an wichtigen Punkten Straßen und Poststationen gebaut wie auch riesige Getreidespeicher, von denen einer über 1,2 Millionen Kubikmeter Getreide fasste. Einige Abschnitte des Kanals dienten für den Transport von Reis nach Norden und die rasche Bewegung von Truppen während militärischer Unternehmungen wie etwa bei der Invasion Koreas im Jahr 612.

Der Bau des Kanals – zu dem auch die Konstruktion von Schleusen gehörte, die Schiffen die Durchquerung flacher Flussabschnitte erlaubten – gelang durch technische Höchstleistungen. Möglich wurde er nur durch ungeheure staatliche Gelder und den Einsatz Tausender Männer und Frauen, von denen viele während der Arbeiten starben. Dadurch führte das Projekt zur Destabilisierung der kurzlebigen Sui-Dynastie.

Spätere Entwicklung

Entlang des Kanals entstanden große Städte wie Kaifeng, ab 960 Hauptstadt der Song, mit einer Bevölkerung von 600000–700000 Menschen, was sie vermutlich zur weltgrößten Stadt der damaligen Zeit machte. Im 13. Jh. wurde zwischen Hangzhou und der neuen Hauptstadt der Yuan-Dynastie Beijing ein weiterer Kanalabschnitt gebaut, über den Marco Polo staunend berichtete.

Im 15. Jh. waren große Abschnitte des Kanals verschlammt und damit unpassierbar geworden. Nun musste Getreide auf dem See- oder Landweg transportiert werden. 1411 ordnete Ming-Kaiser Yongle die Instandsetzung des Kanals an. 300000 Arbeiter leisteten 100 Tage Schwerstarbeit, um 210 Kilometer des Kanals zu säubern und 38 Schleusen zu bauen. Nach Abschluss der Arbeiten konnten jährlich 300000 Tonnen Getreide auf 3000 flachen Barken nach Beijing transportiert werden.

Kanalschiffer
Neben großen Getreidetransportschiffen fuhren auf dem Kaiserkanal auch zahllose kleinere Boote der Einheimischen.

引
语

Dann wird er zu einem prächtigen Kanal ohnegleichen, geschmückt mit Schleusen und Brücken von einzigartiger Handwerkskunst und Schönheit, und nach einem langen Weg … fließt er sanft in den Gelben Fluss.

Gesandschaftsreise nach China, Lord Macartney (1737–1806)

Intakter Kanal
Dieser Abschnitt des Kaiserkanals in der Provinz Jiangsu ist einer von mehreren noch schiffbaren Teilen der Wasserstraße.

唐朝

Im Jahr 618 wurde die Sui-Dynastie von den Tang verdrängt und damit eine Zeit der politischen, kulturellen und ökonomischen Blüte eingeläutet. Unter Taizong (626–649) dehnten sich die Reichsgrenzen bis nach Zentralasien aus. Unter Xuanzong (712–756) florierten Literatur und bildende Kunst, und die Hauptstadt Chang'an wurde zum Zentrum einer kosmopolitischen Welt. 755–763 erschütterte der Aufstand des An Lushan das Reich. Obwohl er niedergeschlagen wurde, erholten sich die Tang niemals ganz von den Folgen. 874 brach ein neuer Aufstand unter der Führung von Huang Chao aus, der ebenfalls scheiterte, die Tang aber dennoch schwächte. Im Jahr 907 gründete ein einstiger Anhänger Huang Chaos die Liang-Dynastie.

Silbergefäß mit Papageiendekor, Tang-Zeit

SILBERARBEITEN 618
Während der frühen Tang-Zeit kamen viele Silberschmiede aus Persien nach China. Ihr Geschick und chinesische Traditionen der Metallbearbeitung ließen Gold- und Silberwaren höchster Qualität entstehen.

DIE ERSTEN CHRISTEN 635
Nestorianische Christen aus Syrien, nach deren Glauben Jesus eine menschliche und eine göttliche Natur besaß, kamen nach China und machten Kaiser Taizong mit ihren Lehren bekannt. Ihre erste Kirche entstand 638 in Chang'an. 781 wurden nestorianische Lehren in einen Stein gemeißelt. Als der Nestorianismus und andere fremde Religionen ab 845 unterdrückt wurden, vergrub man ihn.

ANKUNFT DES ISLAM 651
Als der erste offizielle muslimische Gesandte Chang'an erreichte, wurde er von Kaiser Gaozong empfangen. Obwohl er den Kaiser nicht zum Islam bekehren konnte, erlaubte dieser den Muslimen in China zu missionieren und eine Moschee zu errichten.

620 · 630 · 640 · 650 · 660 · 670 · 680

TANG-DYNASTIE
618–907

TAIZONG 626–649
Die Regierung von Kaiser Taizong gilt als Goldenes Zeitalter und sein Verhältnis zu seinen Ministern als musterhaft. Taizong gründete staatliche Schulen mit formellen Aufnahmeprüfungen für die Studenten. 657 schlug sein General Su Dingfang am See Issyk-Kul die Westtürken und dehnte Chinas Einfluss bis an die Grenzen Persiens aus.

Porträt der Kaiserin Wu

Kaiserin Wu

Kaiserin Wu war die Gemahlin von Kaiser Gaozong und die einzige Frau, die China jemals als Kaiserin regierte. Nach Gaozongs Tod 683 lenkte sie seine schwachen Nachfolger, bis sie 690 den Thron bestieg und eine eigene Dynastie gründete. Unterstützung fand sie dabei vor allem außerhalb des traditionellen Adels. Sie förderte den Buddhismus und den Bau einer Halle des Lichts, in der angeblich ausschweifende religiöse Riten unter Leitung des Abtes, des Liebhabers der Kaiserin, praktiziert wurden. Ihre extravaganten Bauvorhaben und kostspieligen Feldzüge gegen die Qidan und die Tibeter leerten die Staatskasse. 697 verliebte sie sich in die Zhang-Brüder, die mit wilden Kostümierungen für Skandale sorgten und die Autorität gestandener Minister untergruben. 705 wurden sie hingerichtet, und die Kaiserin musste abdanken. Sie starb noch im selben Jahr.

DER BUDDHISMUS ERREICHT TIBET 650
Es heißt, dass Songtsen Gampo, der Tibet von 618 bis 650 regierte, den Buddhismus nach China brachte. Er soll buddhistische Lehrer empfangen und die Übersetzung buddhistischer Schriften angeordnet haben. Zudem war er mit zwei buddhistischen Prinzessinnen aus Nepal bzw. China verheiratet und erbaute den Jokhang-Tempel in Lhasa.

Buddhaskulptur nahe Lhasa

EIN GOLDENES ZEITALTER

DIE TANG-DYNASTIE, 618–907

Fremde Mode >
Diese Keramikfiguren verraten ausländische Einflüsse, etwa durch das Blumenmuster auf dem Kleid der Prinzessin (Mitte).

< Nestorianische Stele
Diese Tafel, die von einem Mönch in Chang'an errichtet wurde, erzählt die Geschichte des chinesischen Nestorianismus.

MANICHÄISMUS 694
Im 7. Jh. kamen Anhänger des iranischen Propheten Mani, der im 3. Jh. gelebt hatte, nach China. Unter den Tang florierte ihre Religion, die Elemente aus Christentum, Zoroastrismus und Buddhismus verband, unter den Ming wurde er jedoch verboten.

690 700

Kosmopolitische Tang

Unter der Regierung von Xuanzong nahmen Chinas Auslandsbeziehungen erheblich zu. Der chinesische Einfluss in Zentralasien war auf seinem Höhepunkt, und Chang'an mit einer Bevölkerung von mehr als einer Million wurde zur weltgrößten Stadt. Über die Seidenstraße kamen Karawanen persischer und sogdischer Händler. Aus dem Tarimbecken wurden Pferde importiert, aus Byzanz Kelchgläser, aus Xinjiang Jade, aus Samarkand Kristalle und aus Turfan Baumwolle. Die Chinesen ihrerseits exportierten Seide, Tee, Papier und Keramik. Aus Korea und Japan kamen Studenten nach Chang'an, um Konfuzianismus und Buddhismus zu studieren. Einige meldeten sich zu den staatlichen Prüfungen, andere nahmen chinesische Namen an und dienten bei Hof. Zu den Religionen der Tang-Hauptstadt gehörten Buddhismus, Daoismus, Zoroastrismus, Nestorianismus und Islam. Harfenisten und Tänzer aus Zentralasien gaben bei Hof Vorstellungen, chinesische Dichter ließen sich von türkischen Volksliedern inspirieren. Auch in Tang-Gräbern gefundene Figuren belegen die Kontakte der Tang zum Ausland, denn viele zeigen Ausländer mit langen Nasen und bärtigen Gesichtern.

< Karawanenmusik
Diese für die Tang-Zeit typische Keramik stellt Musikanten aus Zentralasien dar.

Schwindende Autorität

Die hoch entwickelte Kultur der Tang beruhte weitgehend auf ihrer Vorherrschaft in Zentralasien. 630 unterwarf China die Osttürken, und nach einem Sieg beim Issyk-Kul 657 beherrschte es die Westtürkei, musste aber im 7. und 8. Jahrhundert gegen tibetische Expansionsversuche ankämpfen. Gravierender waren die Vorstöße muslimischer Armeen nach Zentralasien, die auf die Eroberung Persiens in den 630er- und 640er-Jahren folgten. Anfang des 8. Jahrhunderts hatten sie Taschkent erreicht. Ein unsicherer Frieden verhinderte vier Jahrzehnte lang eine direkte Konfrontation mit den Chinesen, bis 751 ein Aufstand gegen die muslimische Herrschaft in Samarkand zur einer Intervention der Chinesen und ihrer katastrophalen Niederlage am Talas führte. Die Tang verloren die Kontrolle über die zentralasiatische Seidenstraße, die Einnahmen sanken, und Chinas kultureller Fokus verlagerte sich wieder nach innen.

< Tang-Schale
Diese Porzellanschale mit Fuß wurde nahe Xi'an in einem Grab aus dem Jahr 667 gefunden.

PORZELLAN ca. 700
Verschiedene Keramikarten, die in der Tang-Zeit hergestellt wurden, könnten als Porzellan bezeichnet werden. Ein frühes Beispiel ist Xing-Ware aus Hebei. Zu Ende der Tang-Zeit wurde in Hebei auch Dingzhou-Ware produziert, die der Vorläufer der berühmten Ding-Ware der Song-Dynastie war.

Der Aufstand des An Lushan

Als in den 740er-Jahren Kaiser Xuanzong seiner Konkubine Yang Guifei verfiel, wurde ihr Cousin Yang Guozhong bei Hof ein mächtiger Mann. Sein Gegenspieler war An Lushan, ein Statthalter an der nördlichen Grenze, der den Kaiser durch seine Erfolge für sich eingenommen hatte und überdies ein Günstling der Yang Guifei war. 755 lancierte An Lushan einen Aufstand, da er einen Angriff von Yang Guozhong fürchtete, und der Kaiser musste aus Chang'an fliehen. Auf der Flucht erzwang der Kommandant der kaiserlichen Eskorte die Hinrichtung von Yang Guifei. An Lushan wurde im Jahr 757 ermordet, doch der Aufstand konnte erst 763 niedergeschlagen werden.

< Hof im Exil
Die Flucht des Kaisers aus Chang'an beendete für die Tang das Goldene Zeitalter.

700 · 710 · 720 · 730 · 740 · 750 · 760 · 770 · 780 · 790 · 800

Weißes Licht in der Nacht von Han Gan

TANG-KUNST UNTER XUANZONG 740–60
Unter Xuanzong machte die bildende Kunst erhebliche Fortschritte. Wu Daozi (700–760) schuf eine chinesische Form der buddhistischen Skulptur, der Dichter und Maler Wang Wei (701–761) brachte die Landschaftsmalerei weiter. Han Gan (ca. 715–781) malte das Bild *Weißes Licht in der Nacht,* das das Lieblingspferd des Kaisers darstellt.

TANG-DICHTUNG 700–800
Die Tang-Dichtung wurde zu einem Vorbild, mit dem sich spätere Dichter gern maßen, das sie aber nie übertrafen. Die berühmtesten Vertreter waren der populäre Li Bai (702–762) und Du Fu (712–770), den sein Versagen bei der Beamtenprüfung lebenslang deprimierte.

< Li Bai
Die Dichtung des exzentrischen Li Bai nimmt oft Bezug auf den Mond und die Liebe zum Wein.

TEEKLASSIKER 780
Lu Yu schrieb *Das klassische Buch vom Tee,* das schildert, wie man damals Tee anbaute und trank. Zuerst wurden Teeblätter zu einem Block gepresst, von dem man dann zur Zubereitung von Tee einen Span abhobelte. Diesen übergoss man in einer Schale oder Tasse mit kochendem Salzwasser.

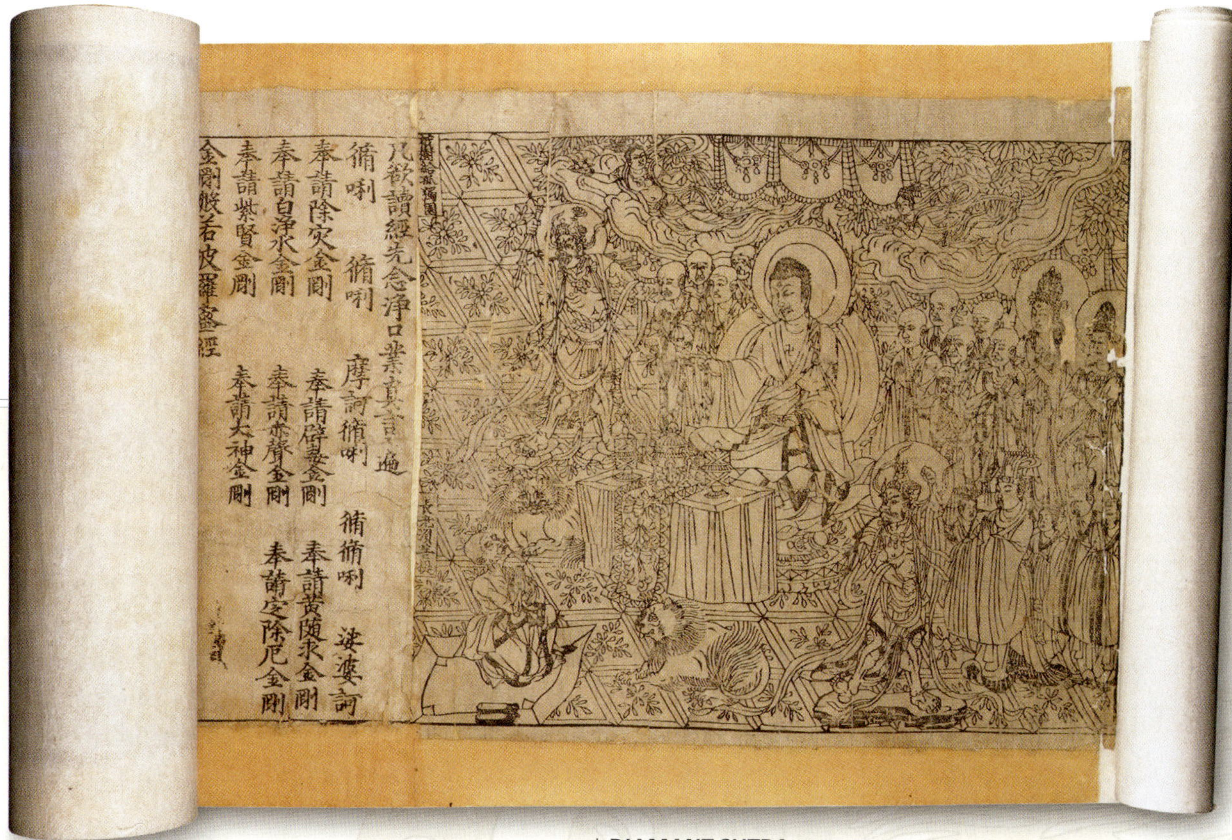

Scharf wie ein Diamant >
Das *Diamant-Sutra* trägt seinen Namen, weil es hieß, dass seine Lehren die irdische Illusion wie ein Diamant durchschneiden würden.

Der Stelenwald in Xi'an

DIE NEUN KLASSIKER 837
Die Neun Klassiker sind konfuzianische Texte, zu denen *Das Buch der Wandlungen, Das Buch der Urkunden* und *Das Buch der Lieder* gehören. Sie wurden auf 114 Steintafeln gemeißelt, die noch heute im Stelenwald von Xi'an zu sehen sind.

DUAN CHENGSHI 853
Die älteste bekannte Version des Aschenputtel-Märchens schrieb Duan Chengshi auf, vermutlich basierend auf einem Volksmärchen.

DIAMANT-SUTRA 868
Das *Diamant-Sutra,* das älteste gedruckte Werk der Welt, wurde in Dunhuang am Ende der Seidenstraße gefunden. Es entstand 868 und besteht aus sieben vergilbten, im Holzdruck bedruckten Papierstreifen, die zu einer fünf Meter langen Rolle zusammengeklebt sind.

820 840 860 880 900

810 830 850 870 890

HAN YU 819
Der konfuzianische Gelehrte Han Yu, ein Gegner des Buddhismus, protestierte beim Kaiser gegen die Verehrung einer Buddha-Reliquie und setzte so ein Zeichen für die wachsende Ablehnung dieser Religion in China.

AUFLÖSUNG BUDDHISTISCHER KLÖSTER 845
Die Kritik am Reichtum und Einfluss der Buddhisten fand ihren Höhepunkt darin, dass Kaiser Wuzong den Grund und Boden der Klöster einforderte. Statuen wurden eingeschmolzen, mehr als 4600 Klöster sowie 40000 Tempel und Schreine zerstört, 250000 Mönche und Nonnen wurden säkularisiert.

NIEDERGANG DER TANG 874
Die Tang taten wenig, um Hungersnöte zu lindern und einen Aufstand niederzuschlagen, der ihren Sturz herbeiführte. Der Entwicklung der Tang ist für Dynastien typisch. Die ersten Kaiser waren fähige und gute Regenten, sodass die Wirtschaft blühte, aber ihre Nachfolger waren schwach und ließen sich von Höflingen manipulieren. Schließlich stürzten Rebellen die alte Ordnung und gründeten eine neue Dynastie.

< Teekiste
Dieser vergoldete Teebehälter lässt ahnen, welche Rituale sich in der Tang-Zeit um das Teetrinken rankten.

< Heiliger Berg
Einst standen auf dem Wutai Shan in Shanxi über 350 buddhistische Tempel. Davon existieren heute noch 47.

DIE MACHT VERLAGERT SICH

ZWEITE PERIODE DER SPALTUNG UND DIE SONG-DYNASTIE, 907–1279

宋朝

Nach dem Niedergang der Tang erlebte China eine weitere Periode der Uneinigkeit. Im Nordosten herrschte die Liao-Dynastie der Qidan, der Süden spaltete sich in zehn Königreiche. Im Norden folgten bis 950 fünf Dynastien aufeinander, ehe Zhao Kuangyin die Song-Dynastie gründete, die Mitte des 11. Jh. große Teile Chinas beherrschte. 1125 schlugen die Jurchen aus der Mandschurei die Liao, die noch Teile des Nordostens regiert hatten, und gründeten die Jin-Dynastie. Die Jin drangen in den Norden Chinas vor und drängten 1127 die Song in den Süden ab, wo diese bis 1279 als Südliche Song weiter existierten. Ungeachtet ihrer militärischen Schwäche war die Song-Dynastie eine Zeit hervorragender künstlerischer Leistungen.

Hauptstadtleben
Diese Szene auf der Qingming-Rolle von Zhang Zeduan zeigt das umtriebige Leben in der Song-Hauptstadt Kaifeng.

Weinkrug
Blauweiße Qingbai-Ware war eine Nachahmung von weißem Porzellan aus Jingdezhen.

900 · 910 · 960 · 970 · 980 · 990 · 1000

LIAO-DYNASTIE 907–1125
Die Liao-Dynastie wurde 907 von Abaoji gegründet, einem Führer der mongolischen Kitan. Er legte in der Provinz Liaoning eine Hauptstadt im chinesischen Stil an. Die Dynastie beherrschte bis 1125 einen Teil des chinesischen Nordens, wobei sie dort eigene Sitten beibehielt, im Süden aber chinesische Beamte beschäftigte.

KAIFENG 960
Die Song verlegten ihre Hauptstadt nach Kaifeng. Die Stadt lag am Kaiserkanal und war daher leichter mit Reis zu versorgen als Chang'an. Im 11. Jh. war es die größte Stadt der Welt und ein wichtiges Handelszentrum. 1127 besetzten die Jurchen Kaifeng und nahmen den letzten Kaiser der Nördlichen Song gefangen.

SONG-DYNASTIE
960–1279

KANALSCHLEUSE 984
Qiao Weiyue erfand eine aus zwei auseinanderliegenden Toren bestehende Schiffsschleuse, die erstmals im Kaiserkanal gebaut wurde.

PORZELLAN 1004
Jingdezhen nahe Kaifeng wurde zum Zentrum der Porzellanherstellung. Produziert wurde u. a. Ju-Ware mit einer bläulich schimmernden Glasur und Ding-Ware, durchscheinendes Porzellan mit zarten Mustern.

BEAMTENPRÜFUNGEN 1002
In diesem Jahr nahmen 14500 Kandidaten an den Prüfungen in Kaifeng teil. Unter den Song wurde das bereits unter den Han eingerichtete Prüfungssystem verstärkt genutzt.

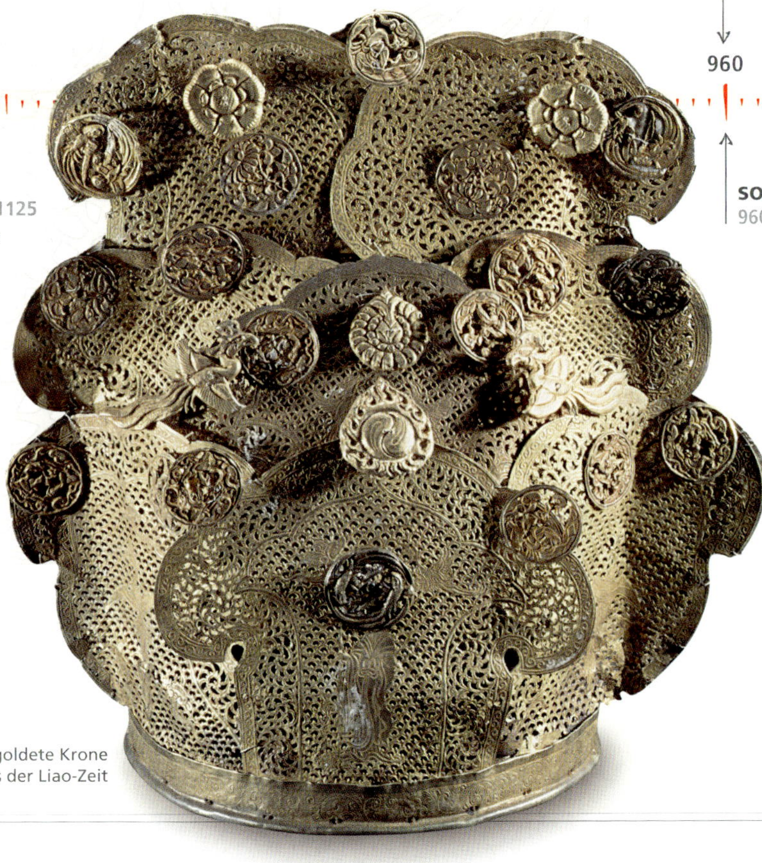

Vergoldete Krone aus der Liao-Zeit

Gelehrte Beamte
In der Song-Zeit nahm die Zahl der Beamten, die durch staatliche Prüfungen ausgewählt wurden, zu.

Fliegende Geister Ein Fresko in den Mogao-Grotten zeigt fliegende *apsaras*, himmlische Nymphen.

Feuerwerk Schießpulver wurde für zivile wie militärische Zwecke verwendet, etwa für festliches Feuerwerk.

SCHIESSPULVER 1044
Unter den Song wurde erstmals eine Formel für Schießpulver veröffentlicht, 200 Jahre früher als in Europa. Schon ein daoistischer Text aus dem 9 Jh. führt die Bestandteile von Schießpulver auf, enthält aber keine exakten Mengenangaben.

BEVÖLKERUNGSWACHSTUM 1020
Chinas Bevölkerung war auf etwa 100 Millionen Menschen angewachsen, von denen zwei Drittel im Süden des Landes lebten.

MOGAO-GROTTEN BEI DUNHUANG ca. 1035
Zwischen dem 4. und 11. Jh. schlugen buddhistische Mönche bei Dunhuang einen Tempelkomplex in die Felsen und schmückten ihn mit Malereien. Später brachten die Mönche Dokumentenrollen und Seidenmalereien in einer Höhle in Sicherheit, die zuvor als Kapelle gedient hatte. Die Sammlung füllte die ganze Höhle. Erst im Jahr 1900 wurden die Höhle und ihr Inhalt wiederentdeckt.

WANG ANSHI 1068
Der Gelehrte Wang Anshi wurde von Kaiser Shenzong mit der Durchführung von Reformen beauftragt. Er errichtete ein Monopol für Tee, um die Armee zu finanzieren, trieb die Steuerschulden reicher Familien ein und gab Bauern zinsfreie Kredite.

1020 1040 1060 1080

1010 1030 1050 1070 1090

PAPIERGELD 1024
Nachdem Kaufleute aus Sichuan erfolgreich Geldscheine eingesetzt hatten, gab die Regierung Papiergeld heraus, das drei Prozent Nutzungsgebühr kostete. Es war drei Jahre lang gültig.

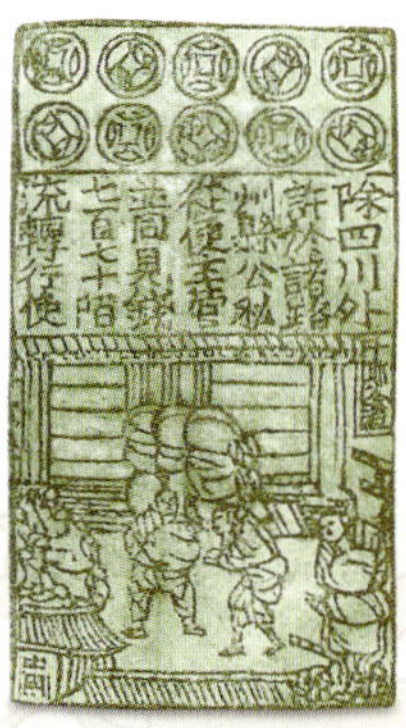

Wechsel eines Song-Händlers

BEWEGLICHE LETTERN 1045–1058
Das erste Druckverfahren mit beweglichen Lettern wurde von Bi Sheng erfunden. Der Druck mit geschnitzten Holztafeln war bereits Ende des 9. Jh. aufgekommen, Bi Shengs Verfahren erlaubte aber die mehrfache Verwendung der Lettern.

DER KOMPASS 1044
Der erste Schwimmkompass der Welt bestand aus einem fischförmigen Magnet, der in einer Schale mit Wasser schwamm und nach Süden zeigte.

WASSERUHR 1090
Die astronomische Uhr des Ingenieurs Su Song war ein zwölf Meter hoher Turm mit einer Bronzekugel, die die Bewegungen von Sonne, Mond und Sternen nachahmte. Angetrieben wurde sie durch ein Wasserrad mit 3,30 Metern Durchmesser.

WACHSTUM DER LANDWIRTSCHAFT 1012
Zur Zeit der Südlichen Song wurden durch neue Züchtungen, etwa rasch reifendem Champa-Reis aus Vietnam, sowie ausgedehntere Bewässerung und arbeitssparende Geräte die landwirtschaftlichen Erträge gesteigert.

Modell der astronomischen Uhr von Su Song

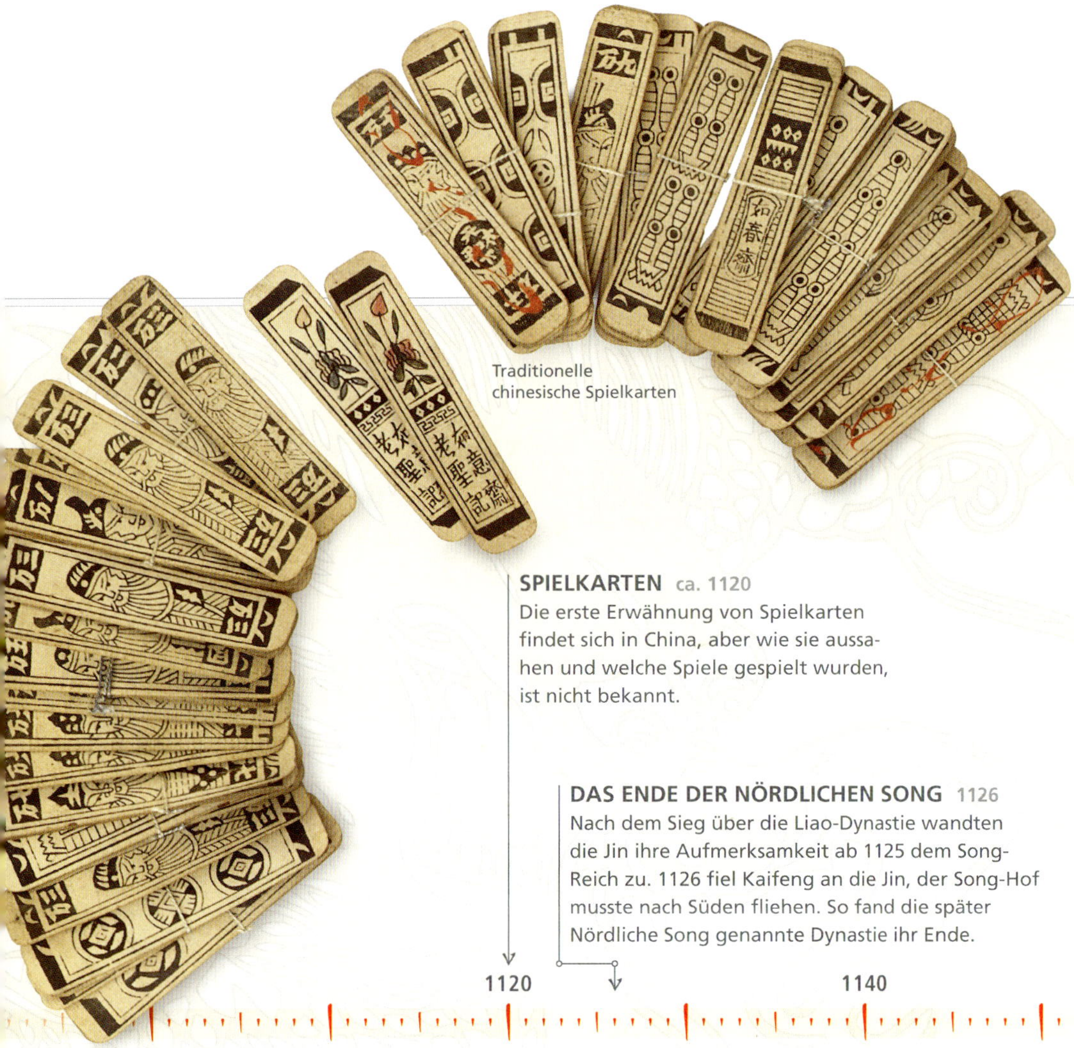

Traditionelle chinesische Spielkarten

Song-Malerei

Dichter, Maler und Staatsmann Su Dongpo (1036–1101) sagte einmal, dass sich ein Gelehrter, der eine Landschaft malt, die Formen von Bergen und Bäumen leihen würde, um seine Gefühle auszudrücken. Während der Song-Dynastie erreichte vor allem die Landschaftsmalerei neue Höhen. Zu den herausragenden Landschaftsmalern dieser Zeit gehören Fan Kuan (tätig 990–1020), Mi Fu (1051–1107) und Xia Gui (1195–1224).

Unter Song Huizong, dem letzten Kaiser der Nördlichen Song, erlebte die Tier- und Pflanzenmalerei eine Blüte. Unter den Südlichen Song florierte chan-buddhistische Malerei, deren berühmtester Vertreter Muqi Fachang (ca. 1200–1270) war, der die bekannten *Sechs Kakipflaumen* malte.

Ausschnitt aus Xia Guis *Fernansicht von Flüssen und Bergen*

SPIELKARTEN ca. 1120
Die erste Erwähnung von Spielkarten findet sich in China, aber wie sie aussahen und welche Spiele gespielt wurden, ist nicht bekannt.

DAS ENDE DER NÖRDLICHEN SONG 1126
Nach dem Sieg über die Liao-Dynastie wandten die Jin ihre Aufmerksamkeit ab 1125 dem Song-Reich zu. 1126 fiel Kaifeng an die Jin, der Song-Hof musste nach Süden fliehen. So fand die später Nördliche Song genannte Dynastie ihr Ende.

1120 1140 1160 1180

1110 1130 1150 1170 1190

DIE JIN-DYNASTIE 1115–1234
Die Jurchen waren ein halbnomadisches Volk, das im 10. Jh. von den Liao unterworfen worden war. 1115 erhob sich ihr Führer Aguda und gründete die Jin-Dynastie. Auf dem Höhepunkt seiner Macht umfasste das Jin-Reich Nordchina, die Mandschurei und die Innere Mongolei. In chinesischen Gebieten beschäftigten die Jin chinesische Beamte und nahmen chinesische Sitten an.

HANGZHOU 1135
Im Jahr 1135 gab Kaiser Gaozong das nördliche China auf und etablierte seine Hauptstadt in Hangzhou am Ende des Kaiserkanals. Unter den Südlichen Song wurde Hangzhou zur größten Stadt der Welt und das Zentrum von Chinas wichtigster Seidenregion. Das Florieren der Wirtschaft förderte den Einsatz neuer Handelsmethoden wie etwa die Verwendung von Papiergeld.

SEEHANDEL 1162
Unter Kaiser Xiaozong wurde der Seehandel wichtiger Bestandteil der Wirtschaft, und Zölle stellten eine bedeutende Einnahmequelle für ihn dar. Der bereits erfundene Kompass sowie die Entwicklung großer Dschunken mit vier bis sechs Masten machten den Handel mit fernen Ländern möglich.

Blick auf den Westsee in Hangzhou

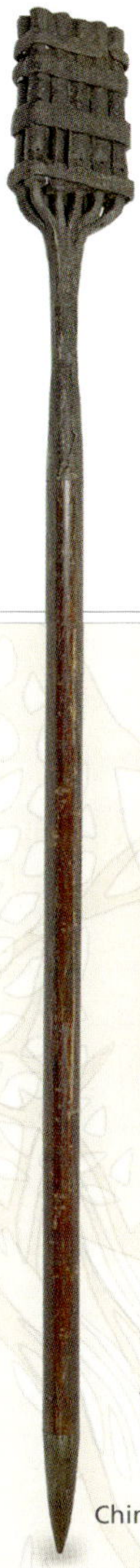

Chinesische Feuerlanze

Kriegerkönig Dschingis Khans Feldzüge in China führten zur Zerstörung des Jin-Reiches.

Dschingis Khan

Die Mongolen waren Nomaden, die in der heutigen Mongolei lebten. Temudschin wurde um 1167 als Sohn eines mongolischen Stammesführers geboren. Wie *Die geheime Geschichte der Mongolen* berichtet, beanspruchte er die Führung seines Stammes, nachdem sein Vater vergiftet worden war. Temudschin stellte eine disziplinierte Armee aus Einheiten von jeweils 1 000 Mann auf und entwickelte mit berittenen Kämpfern neue Taktiken. 1206 erhielt er den Titel Dschingis Khan, Großkhan aller Mongolen. 1210 fiel er in das Königreich Xi Xia (heute Gansu) ein und schnitt Chinas Handelsrouten nach Nordwesten ab, 1215 besetzte er die Jin-Hauptstadt. Im Verlauf des folgenden Jahrzehnts richtete Dschingis Khan seine Aufmerksamkeit auf Zentralasien. 1226 kehrte er zurück, um Xi Xia zu zerstören, starb aber im folgenden Jahr.

DIE BELAGERUNG VON KAIFENG 1232–1233

Unter Dschingis Khans Sohn Ugedai belagerten die Mongolen auf ihrem Feldzug zur Zerstörung des Jin-Reiches Kaifeng. Die Jin setzten zur Verteidigung die neueste Technologie ein – Schießpulverraketen und Vorläufer von Flammenwerfern, sogenannte Feuerlanzen –, aber im folgenden Jahr fiel Kaifeng.

GUO SHOUJING 1276

Guo Shoujing (1231–1316) war ein herausragender Astronom, der Kublai Khan von einer Kalenderreform überzeugte. Zu diesem Zweck entwickelte er astronomische Instrumente und baute Observatorien. Seine endgültige Berechnung der Länge eines Jahres weicht nur 26 Sekunden von der heutigen Berechnung ab.

Guo Shoujings Sternwarte in Dengfeng

1200 · 1210 · 1220 · 1230 · 1240 · 1250 · 1260 · 1270 · 1280

NEOKONFUZIANISMUS 1200

Die verschiedenen Richtungen des Konfuzianismus soll der Philosoph Zhu Xi (1130–1200) zusammengeführt haben, der auch die Bedeutung des *dao* hervorhob, des »Weges«, dem Menschen durch Selbstkultivierung und das Studium der konfuzianischen Klassiker folgen sollten. Zhu Xi forderte, das der Untertan dem Herrscher, das Kind den Eltern, die Frau dem Mann und der jüngere dem älteren Bruder Gehorsam zollt.

Der neokonfuzianische Philosoph Zhu Xi

Frauen der Song-Zeit

Einige Historiker meinen, dass die Freiheit der Frauen unter den Song eingeschränkt war, und verweisen dabei auf die Mode der eingebundenen Füße, die Ächtung einer Wiederverheiratung von Witwen und die allgemeine Beschneidung der Rechte der Frauen. Ursprünglich banden jedoch wohl nur Tänzer und Konkubinen ihre Füße ein, was andere Frauen in der Folge imitierten. Zudem erlaubte das Gesetz die Wiederverheiratung von Witwen. Dies stand allerdings nicht in Einklang mit der Loyalität der Frau gegenüber der Familie, in der sie lebte, weshalb es starke Vorbehalte dagegen gab. Die Song-Gesetze gestanden Töchtern auch die Hälfte des Erbanteils eines Sohnes zu, was wiederum im Widerspruch zum neokonfuzianischen Ideal der Nachfolge durch einen Sohn und zudem zu mongolischem Gesetz stand. Die Frauenrechte wurden beschnitten, nachdem die Südlichen Song 1279 durch die Mongolen gestürzt worden waren.

Song-Frauen bei der Seidenherstellung Frauen hatten unter den Song mehr Rechte als unter einigen späteren Herrschern, blieben aber auf ihre traditionelle Rolle beschränkt.

CHINA UNTER DEN MONGOLEN

DIE YUAN-DYNASTIE, 1279–1368

元朝

Im Jahr 1260 ernannte Möngke Khan, Großkhan der Mongolen, seinen Bruder Kublai zum Statthalter von Nordchina. 1268 griff dieser die Südlichen Song an. 1279 besiegte er sie schließlich und gründete die Yuan-Dynastie, die nun ganz China regierte. Nachdem ein Taifun 1281 die Invasion Japans vereitelt hatte, konzentrierte sich Kublai bis zu seinem Tod 1294 auf die Herrschaft in China. Sein Enkel Timur Khan, der bis 1307 regierte, setzte viele positive Ansätze von Kublais Regentschaft fort, doch sein Nachfolger Kulüq Khan griff wieder hart durch. Toq-Temür Khan, der 1329 an die Macht kam, war ein Förderer des Buddhismus. Unter der Herrschaft des jungen Ukhaatu Khan wurden die Yuan geschwächt, 1368 floh das Kaiserhaus in die Mandschurei.

MONGOLISCHES GESETZ 1279

Kublai Khan teilte die Bevölkerung in vier Gruppen ein. Die oberste bildeten die Mongolen, zur zweiten gehörten die *semu ren* (Zentralasiaten). Ihnen folgten Chinesen aus dem Norden, die unterste Klasse stellten Chinesen aus dem neu eroberten Süden. Für Mongolen und Fremde galt die *jassa,* der Gesetzeskodex des Dschingis Khan, für Chinesen galten ihre eigenen Gesetze.

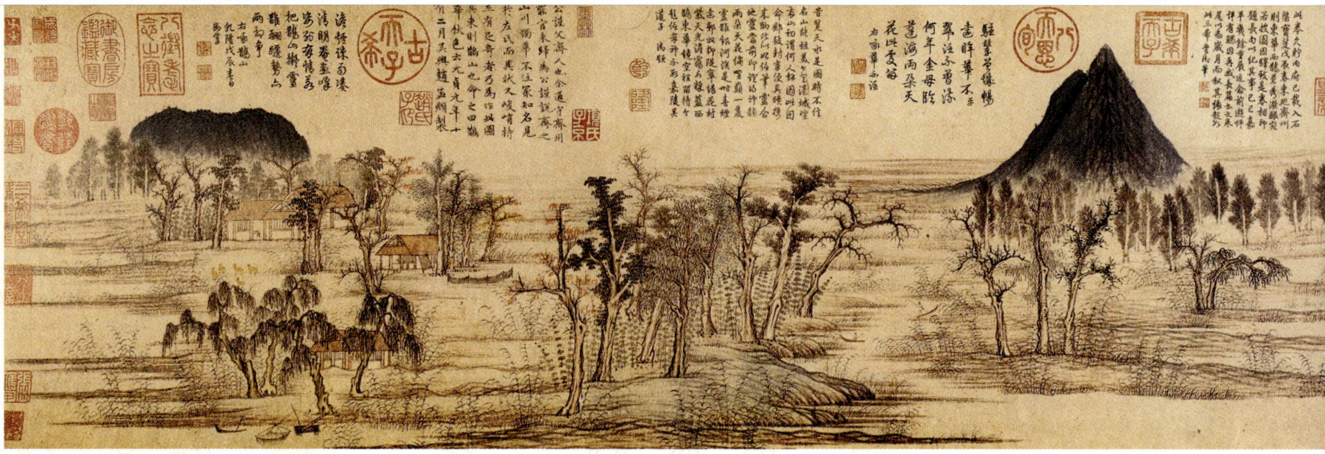

Bildrolle *Herbstfarben auf den Bergen Qiao und Hua* von Zhao Mengfu

YUAN-DYNASTIE 1279–1368

ZHAO MENGFU 1322

Der Gelehrte und Maler Zhao Mengfu war während der Yuan-Dynastie Hofmaler und für seine Pferdedarstellungen bekannt, vor allem aber für die Wiederbelebung der Landschaftsmalerei.

BERUFSVERBOT 1328–1340

Bayan, der Kanzler Ukhaatu Khans, verwehrte Chinesen die Beamtenlaufbahn, eine der antichinesischen Maßnahmen zum Schutz der kulturellen Identität der Mongolen.

1280 1290 1300 1310 1320 1330 1340

MISSIONIERUNG 1295

Während der stabilen Mongolenherrschaft konnten europäische Missionare nach China einreisen, unten ihnen der Franziskaner Johannes von Montecorvino.

< Abschied
Diese Miniatur aus dem 14. Jh. zeigt, wie der Papst Missionare vor der Abreise nach China segnet.

< Ton-Schauspieler
Der Stellenwert des Dramas in der Yuan-Zeit ist durch Tonfiguren belegt.

DIE BEULENPEST 1337

In diesem Jahr trat in mehreren chinesischen Gebieten der Schwarze Tod auf und tötete Millionen Menschen. Es dauerte zehn Jahre, bis sich die Pest nach Europa ausgebreitet hatte.

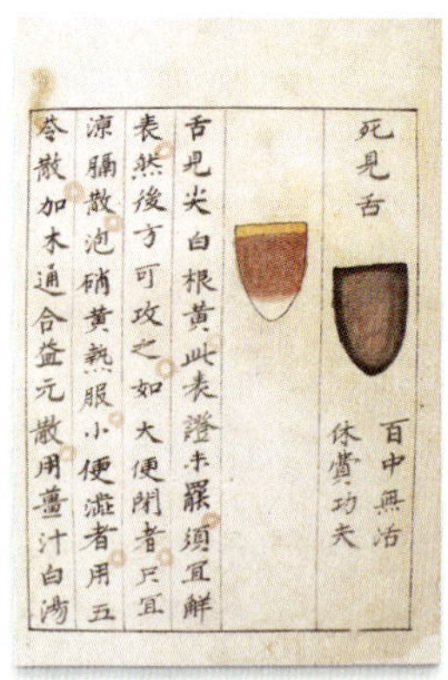

Pestsymptom >
Ein medizinisches Dokument zeigt die verräterische schwarze Zunge eines Pestkranken.

YUAN-DRAMA 1279

Ende des 13. Jh. entstand das Drama als literarisches Genre. Die Stücke wurden für die Aufführung in Beijing geschrieben. Viele Dramatiker der Yuan-Dynastie waren gebildete Südchinesen, denen die Beamtenlaufbahn nicht offenstand.

IBN BATTUTA 1340

Der Marokkaner Ibn Battuta bereiste die gesamte islamische Welt von Westafrika über Indien bis nach China. Seine Reisebeschreibungen gehören neben denen Marco Polos zu den ausführlichsten jener Zeit.

Staatsgeschäfte > Kublai Khan mit Ratgebern und Schriftgelehrten auf dem Gemälde eines persischen Künstlers.

NIEDERGANG DER MONGOLEN 1356
Die Gründe für den Sturz der Yuan-Dynastie sehen viele unter anderem im Hass der Chinesen auf die Mongolen, die sie rücksichtslos beherrschten, und im Schwinden ihrer militärischen Macht. Vielleicht hätte die Dynastie länger überdauert, wäre es nicht zu Katastrophen wie dem Hochwasser am Gelben Fluss gekommen und der Rekrutierung Tausender Arbeiter zur Instandsetzung des Kaiserkanals. Aufstände brachen aus, und 1368 musste der Hof in die Mandschurei fliehen.

1350

Porzellanvasen aus der Yuan-Dynastie

BLAU-WEISS-PORZELLAN 1350
Zu Beginn des 14. Jh. entstand im südchinesischen Jingdezhen eine Form der Porzellanmalerei, bei der die Flächen vor dem Auftragen der Glasur mit dem typischen Kobaltblau bemalt wurden. Die mit einem Drachen verzierte Tempelvase oben rechts ist ein besonders prächtiges Beispiel für diesen Porzellantyp.

Kublai Khan

Im Jahr 1260 wurde Kublai, Enkel des Dschingis Khan, zum Großkhan gewählt. Seine Hauptstadt Kaiping in der Inneren Mongolei legte er im chinesischen Stil an. Später in Shangdu umbenannt, wurde es im Westen als Xanadu bekannt. 1268 fiel Kublai im Süden Chinas ein und nahm nach fünfjähriger Belagerung die strategisch wichtige Stadt Xiangyang ein. Als 1275 eine große Song-Armee geschlagen wurde, brach der Widerstand der Song.

Kublai gab seiner Dynastie den Namen Da Yuan, »Uranfang«. Er behielt viele Elemente der Song-Regierung bei, verzichtete aber auf die Wiedereinführung der Beamtenprüfung, sodass Chinesen von Verwaltungsposten ausgeschlossen blieben. Chinesen und Mongolen hatten verschiedene Rechtssysteme, wobei für Letztere die Strafen besonders hart waren. Ein verurteilter Mongole wurde tätowiert und erhielt zudem sämtliche Strafen, die die *jassa,* der mongolische Gesetzeskodex, vorschrieb.

Fremdeinflüsse und spätere Jahre

Um chinesischen Einflüssen entgegenzuwirken, besetzte Kublai Schlüsselpositionen mit Ausländern. So verbrachte der venezianische Kaufmann Marco Polo, der schon bei einer ersten Reise mit seinem Vater nach China gekommen war, 17 Jahre am Yuan-Hof und wurde von Kublai auf diplomatische Missionen etwa nach Birma geschickt und für zwei Jahre als Steuerinspektor nach Hangzhou. In seinem Reisebericht, den er nach seiner Rückkehr verfasste, gab er eine genaue Schilderung von Kublais Hof, von Cathay (Nordchina) und Hangzhou, das er Quinsai nannte. Kublai beschäftigte in Finanzenwesen, Medizin, Astronomie und Architektur auch Muslime. Der bekannteste war Ahmed Fanakati, der im Süden Chinas ein verhasstes Salzmonopol errichtete und zwei Jahrzehnte lang die Finanzen des Großkhans regelte.

Nach erfolgreichen Invasionen Yunnans und Koreas versuchte Kublai 281 in Japan einzufallen, aber ein *kamikaze* (Götterwind) zerstörte seine Flotte. Das Fehlschlagen späterer Militäraktionen führte zu finanziellen Problemen und einer hohen Inflation. Kublais letzte Jahre wurden durch den Tod seiner Lieblingsfrau und seines Sohnes Dschingkim überschattet. Als Kublai 1294 starb, brach ein Streit um seine Nachfolge aus, der zugunsten von Kublais Enkel Timur entschieden wurde.

Venezianischer Tatar > Marco Polo im Gewand der Tataren, die zum Mongolenreich gehörten.

明朝

Im Januar 1368 bestieg Zhu Yuanzhang den Thron, kurz bevor der Mongolen-Hof aus China floh. Er nannte seine neue Dynastie Ming (Helligkeit) und nahm den Titel Hongwu an. Seine Herrschaft währte bis 1398. Zu diesem Zeitpunkt hatte er seine Dynastie, die dauerhafteste der chinesischen Geschichte, fest etabliert. Sein vierter Sohn, Kaiser Yongle, wurde für Überseeexpeditionen bekannt. Nach Yongles Tod 1424 begann der langsame Niedergang der Dynastie, die 1644 endgültig zusammenbrach. Die Ming-Zeit gehört zu den großartigsten Epochen der chinesischen Kulturgeschichte. Herausragende wissenschaftliche Werke entstanden, neue literarische Genres kamen auf, und auch Kalligrafie und Malerei waren von Innovationen geprägt.

DIE GARDEN MIT DEN BROKATKLEIDERN 1382
Hongwus Regierung wurde durch eine Geheimpolizei, die Garde, und harte Strafen gestützt. Beamte, die mehr als 60 *tael* Silber als Bestechungsgeld angenommen hatten, wurden enthauptet, ihre Köpfe auf Stangen aufgespießt.

Exotisches Tier >
Zheng He brachte bis dahin unbekannte Tiere wie diese Giraffe nach China.

Weg der Seelen, Ming-Gräber

DIE GELBEN LISTEN 1381
Hongwu ordnete an, alle Haushaltsregister zu zertifizieren, in »Gelben Listen« zu sammeln und für das ganze Land ein Grundbuch anzulegen.

MING-DYNASTIE
1368–1644

ZHENG HE 1405–1421
Yongle entsandte sechs Schiffsexpeditionen. Die erste leitete Großeunuch Zheng He; sie bestand aus 317 Schiffen und lief mehrere indische Häfen an. Später erreichte Zheng He Hormus und erkundete die afrikanische Küste bis Malindi.

DIE MING-GRÄBER ca. 1420
Die Ming-Kaiser beschäftigten Feng-Shui-Experten als Ratgeber für die Anlage ihrer kaiserlichen Gräber. Der Platz wurde nach Feng-Shui-Regeln ausgesucht, was bedeutete, dass vom Norden herabsteigende böse Geister fern gehalten werden mussten. Deshalb wurde ein von Bergen umgebenes stilles Tal mit dunkler Erde und ruhigem Wasser ausgewählt.

1360 1370 1380 1390 1400 1410 1420 1430 1440 1450 1460

SCHLACHT VON TUMU 1449
In diesem Jahr begann Esen Khan, Führer der mongolischen Oiraten, einen groß angelegten Feldzug gegen China und schlug die Ming-Armee bei Daitong. Ermutigt von dem einflussreichen Eunuchen Wang Zhen führte der 22-jährige Kaiser Zhenghong einen Gegenangriff. Bei Tumu geriet seine Armee in einen Hinterhalt und Zhenghong wurde gefangen genommen. Obwohl es den Oiraten nicht gelang Peking einzunehmen, setzte die Schlacht den Expansionstendenzen der Ming-Dynastie ein Ende.

Hongwu, der Bauernkaiser

Zhu Yuanzhang wurde 1328 während des Niedergangs der Mongolen-Dynastie geboren. Nach dem Tod seiner Eltern während einer Hungersnot schloss er sich der Rebellenbewegung »Rote Turbane« an, baute eine eigene Armee auf, nahm Nanjing ein und gründete 1368 unter dem Namen Hongwu die Ming-Dynastie. Seine Zentralregierung bestand aus einem Großsekretariat mit zwei Kanzlern, einem Büro für militärische Angelegenheiten und einer Zensur, die die Arbeit kaiserlicher Beamter überwachte. Untersekretariate verwalteten die Provinzen. 1380 beschuldigte Hongwu seinen Kanzler Hu Weiyong der Verschwörung und ließ ihn mit 30 000 seiner Anhänger hinrichten. Danach übernahm er selbst den Posten.

Unter Hongwu wurde die Beamtenprüfung wiederbelebt und für bestimmte Gruppen eine Quotenregelung eingeführt. In einer Bürokratie mit 15 000 Beamten wurden während seiner Regierungszeit lediglich 871 neue *jinshi*, Absolventen der Prüfungen, eingestellt.

Kaiser Hongwu

FRÜHE NEUZEIT IN CHINA

DIE MING-DYNASTIE, 1368–1644

< **Bollwerk gegen Nomaden**
Von den Türmen der Großen Mauer wurden Feinde per Rauchzeichen gemeldet.

St. Dominic in Macao

DIE GROSSE MAUER 1474
Nach der Schlacht von Tumu mangelte es den Ming an Soldaten, um die Steppenränder vor einfallenden Nomaden zu schützen. Deshalb entschieden sie sich dafür, in der Region des Ordos-Plateaus, in der die Bedrohung am größten war, mit dem Bau der Großen Mauer zu beginnen.

WANG YANGMING 1506
Der Neokonfuzianer Wang Yangming war der Auffassung, dass der Geist die Welt forme. Wegen Beleidigung eines Eunuchen wurde er vom Hof verbannt.

PORTUGIESEN IN CHINA 1514–1560
Drei Jahre nachdem die Portugiesen China erreicht hatten, sandten sie 1517 Tomé Pires dorthin. Er landete in Kanton und reiste anschließend nach Beijing. In den 1550er-Jahren richteten die Portugiesen eine Handelsstation in Aomen (Macao) ein, mussten aber Kontakt zur einheimischen Bevölkerung vermeiden.

1480 1490 1500 1510 1520 1530 1540 1550 1560

DIE GELEHRTEN 1487
Der achtteilige Aufsatz war eine streng regulierte Aufgabe und Pflichtbestandteil der Beamtenprüfung. Gelehrte oder Dichter-Maler, auch Literati genannt, die die Prüfung bestanden, erlebten einen bemerkenswerten sozialen Aufstieg. Dieser ging einher mit umsichtigem Landerwerb. Ihr Status und die strenge Tradition der Beamtenprüfung untermauerte den Konservativismus in China.

< **Bürokraten**
Ein Militär- und ein Zivilbeamter, Zwillingsaspekte der Ming-Administration.

DER GARTEN VON SUZHOU 1513
Ursprünglich war der Garten des »Bescheidenen Beamten« in Suzhou ein Klostergarten. Später übernahm ihn Wang Xianchen, Beamter unter Zhengde, der ihn zusammen mit dem Künstler Wen Zhengming mit künstlichen Inseln, reich verzierten Brücken und Pavillons kunstvoll gestalten ließ. Der Garten von Suzhou gilt als einer der vier schönsten Chinas.

Blick auf den Garten von Suzhou

JAPANISCHE PIRATEN 1550er-Jahre
Im 16. Jh. führten Beschränkungen des Außenhandels zum Aufkommen japanischer *wokou* (Piraten), die in den 1550er-Jahren an der Küste von Zhejiang Stützpunkte errichteten. Die Chinesen versuchten sie zu vertreiben, was aber erst gelang, als sich das Land wieder öffnete.

< Zeitlose Stadt
Seit Entstehung dieser Seidenmalerei vor 400 Jahren hat sich die Verbotene Stadt wenig verändert.

Beijing und die Verbotene Stadt

Im Jahr 1406 beschloss Ming-Kaiser Yongle, seine Hauptstadt von Nanjing nach Beijing nahe der einstigen Yuan-Hauptstadt Dadu zu verlegen. Von dort aus wollte er größere Kontrolle über den Norden des Landes gewinnen. Um die Nahrungsmittelversorgung für Beijings Bevölkerung zu sichern, ließ er den Kaiserkanal instand setzen und ausbauen. Die Arbeiten dauerten bis 1415. Überdies wurden riesige Mengen Bauholz und Ziegel sowie Tausende von Arbeitern und Künstlern für den Bau der neuen Stadt gebraucht. 1417 waren die Hauptgebäude des riesigen Palastkomplexes fertiggestellt, und Yongle siedelte in die neue Hauptstadt über.

Stadt in der Stadt

Der Grundriss Beijings wurde wie der vieler älterer Hauptstädte als Abbild des Kosmos geplant. Die zwölf Meter hohe und 22,5 Kilometer lange Stadtmauer war nach Süden, Westen, Osten und Norden ausgerichtet und verfügte über neun Tore. So umfriedet, schloss die Kaiserstadt ihrerseits den Palast ein, Verbotene Stadt genannt, weil ihn niemand ohne kaiserliche Erlaubnis betreten oder verlassen durfte. Dieser größte Palastkomplex der Welt besaß 9999 Räume. Seine glasierten Dachziegel waren gelb und hatten damit die kaiserliche Farbe. Im Zentrum des Palasts fungierte der Kaiser auf seinem Thron als Mittler zwischen Himmel und Erde.

In der Verbotenen Stadt

Hinter dem nach Süden liegenden Mittagstor befand sich der äußere Hof mit der Halle der höchsten Harmonie, in der der Kaiser bei offiziellen Anlässen auf seinem Drachenthron saß, sowie die Halle der Wahrung der Harmonie, die für Bankette diente. In inneren Hof lag die Residenz der kaiserlichen Familie, Konkubinen und Eunuchen. Dazu gehörten der Palast der himmlischen Reinheit für Audienzen und die Halle der Pflege der Persönlichkeit, wo der Kaiser seinen Regierungsgeschäften nachging. Hinter dem inneren Hof lagen die westlichen Paläste und der kaiserliche Garten.

Nach dem Sturz der letzten Dynastie im Jahr 1911 wurde der größte Teil der kaiserlichen Schätze 1949 aus der Verbotenen Stadt nach Taiwan gebracht. Die Stadt selbst, einst der privateste Ort in ganz China, ist heute ein öffentliches Museum.

Drachenthron >
Mehr als 500 Jahre war der Drachenthron Dreh- und Angelpunkt kaiserlicher Macht.

引
语

Das Passieren der Tore der Verbotenen Stadt ohne offizielle Genehmigung wird mit hundert Stockschlägen bestraft ... Tod durch Erdrosseln ist die Strafe für jeden Fremden, der in kaiserlichen Gemächern angetroffen wird.

Chinesische Gesellschaft, R. K. Douglas, (1901)

Dächer der Verbotenen Stadt
Gelbe Dachziegel durften nur kaiserliche Gebäude schmücken. Die Dächer anderer Gebäude waren grün oder rot gedeckt.

Regierung der Eunuchen

Eunuchen waren neben dem Kaiser die einzigen erwachsenen Männer, die den kaiserlichen Harem betreten durften und damit direkten Zugang zum Thron hatten. Während der Ming-Dynastie waren Eunuchen für die kaiserlichen Finanzen verantwortlich und konnten zudem Beamte entlassen oder kaiserliche Erlasse aufsetzen. Wie unter früheren Dynastien konspirierten Eunuchen häufig mit kaiserlichen Konkubinen, um auf diese Weise die Regierung beeinflussen oder Staatsgelder unterschlagen zu können. Kaiser Hongwu versuchte, ihre Macht zu beschneiden, und verfügte daher 1384 die Hinrichtung aller Eunuchen, die sich in Regierungsgeschäfte einmischten. Das Gesetz war allerdings nicht lange wirksam, denn 1420 setzte Kaiser Yongle Eunuchen zur Führung der Geheimpolizei ein. Liu Jin, ein Eunuch unter Kaiser Zhengde, machte sich so unbeliebt, dass seine Feinde ihn nach seiner Hinrichtung zerstückelten und roh verspeisten. Auch spätere Ming-Kaiser konnten den Einfluss der Eunuchen nicht schwächen.

< Mächtiger Eunuch
Wei Zhongxian konspirierte mit der Amme Kaiser Tianqis, erlangte aber nicht die Macht.

Der Jesuitenpater Matteo Ricci

DER MANDSCHU-STAAT 1589
Der Ming-Kaiser adelte Nurhaci (1559–1626), der die Jurchen geeint hatte, die Vorfahren der Mandschu. Nurhaci ordnete sein Volk in Bannern (benannt nach den gemusterten Fahnen, die jede Gruppe trug), die die zerstörerische Reiterei der Mandschu bildeten, beschäftigte chinesische Beamte und gründete 1616 in der Mandschurei die Jin-Dynastie (später Qin genannt).

URBANISIERUNG UND HANDWERK 1621
Unter den Ming erlebten Städte und Handwerk eine Blüte. Die Porzellanstadt Jingdezhen und die Seidenstadt Hangzhou hatten über eine Million Einwohner. In und um Shanghai arbeiteten laut dem Jesuitenpater Alvaro Semedo 200 000 Webstühle.

SINISIERUNG DER MANDSCHU 1631
Nurhacis Sohn Abahai führte bei den Jurchen Institutionen nach chinesischem Vorbild ein. 1635 gab er seinem Volk den Namen Mandschu und wählte den Dynastienamen Qing, was »klar« bedeutet.

NIEDERGANG DER MING 1644
Nach einer langen Schlacht fielen Rebellen unter Li Zicheng in Beijing ein. Der Ming-Kaiser erhängte sich. Li wurde dann von den Mandschu vertrieben, die die Qing-Dynastie gründeten.

1590 1630

1570 1610 1650

MATTEO RICCI 1598
Nach seiner Ankunft in Beijing nutzte der Jesuit Matteo Ricci seine Kenntnisse der chinesischen Klassiker, um bei Hof Eingang zu finden. Die Verbotene Stadt durfte er aber erst nach drei Jahren betreten. Ricci übersetzte den Katechismus ins Chinesische.

KURTISANEN-KULTUR 1643
Obwohl der Konfuzianismus weibliche Keuschheit propagierte, gab es in der Ming-Zeit zahlreiche Kurtisanen – Edelprostituierte. Theaterstücke handelten von Romanzen zwischen begabten Gelehrten und ergebenen Kurtisanen. Die berühmteste Kurtisane war Liu Rushi. Sie wurde die Konkubine des Künstlers Qian Qianyi, mit dem sie Gedichte und Bücher verfasste.

BUCHKUNST ca. 1600
In der Ming-Zeit erschienen die berühmten Romane *Geschichte der drei Reiche, Die Reise nach Westen* und *Die Räuber vom Liang-Shan-Moor* sowie das *Bencao Gangmu*, eine medizinische Enzyklopädie.

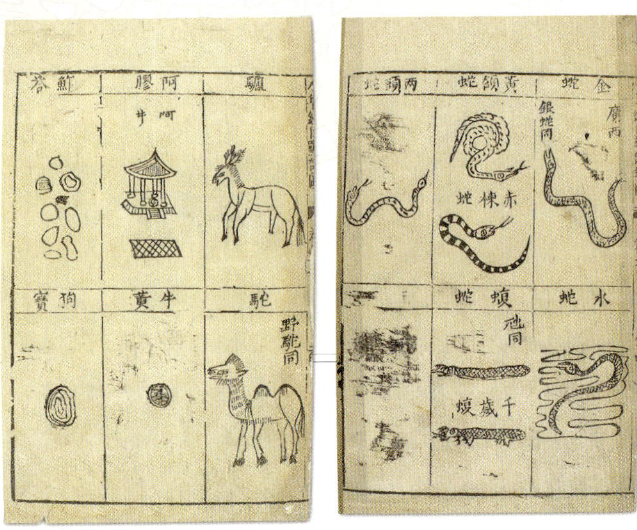

< Medizinisches Werk
Das *Bencao Gangmu* über den medizinischen Nutzen von Schlangen, Kamelen und Eseln.

Terrakotta-Kurtisanen >
In feine Gewänder gekleidete Kurtisanen, die anmutig einen Teller und eine Dose halten.

Seidenherstellung
Der seit der Han-Dynastie bestehende internationale Seidenhandel erreichte unter den Ming neue Höhepunkte.

Handel mit Seide und Porzellan

Nachdem portugiesische Entdecker im 15. Jh. den Seeweg um das Kap der Guten Hoffnung gefunden hatten, stieg Europa in den ostasiatischen Seehandel ein. Der Ming-Hof hatte Ende des 15. Jahrhunderts seine Schiffsexpeditionen nach Südasien und Afrika eingestellt und seine Aufmerksamkeit stattdessen auf das eigene Land gerichtet. Fremde Händler wurden seither im besten Fall als Ärgernis, im schlimmsten Fall als Piraten betrachtet. 1525 wurde der Seehandel per Erlass verboten, was allerdings nicht die Nachfrage nach chinesischen Waren wie Seide und Keramik drosselte. Ausländische Kaufleute ignorierten den Erlass und schufen einen blühenden Schwarzmarkt.

Europäische Händler

Durch die spanische Eroberung der Philippinen im Jahr 1565 erhielt der Handel in Ostasien weiteren Auftrieb, ebenso der Galeonenhandel, der wenig später zwischen Manila und Mexiko begann und bei dem spanische Schiffe hochwertige chinesische Güter wie Seide und Porzellan im Tausch gegen spanisches Silber transportierten. Auch in Europa gab es eine unersättliche Nachfrage nach Blau-Weiß-Porzellan, auch Kraak-Porzellan genannt (eine Verballhornung von »Karracke«, dem Schiffstyp, der zum Transport benutzt wurde). Die Nachfrage nach Waren aus China – und Gewürzen vom indonesischen Archipel – führte zur Gründung von Handelsgesellschaften wie der niederländischen Ostindien-Kompanie. Die Holländer verdrängten die Portugiesen nach und nach, bis diese weitgehend auf ihren Außenposten in Macao beschränkt waren, den sie seit 1557 beherrschten. Als die Niederländer 1602 und 1604 auch noch zwei portugiesische Karracken mit mehr als 200 000 Porzellanstücken kaperten, heizte das die Nachfrage nach chinesischem Porzellan in Europa nur noch weiter an.

Zu Ende der Ming-Zeit wurde ein großer Teil der Kraak-Ware in den Töpfereien von Jingdezhen hergestellt. Dortige Werkstätten begannen Keramik für den Export zu produzieren, etwa Schalen mit lateinischen Inschriften und Flakons mit europäischen Familienwappen. Dies waren die Vorläufer der Mode chinesischen Porzellans mit europäischen Wappen, das während der Qing-Zeit in rauen Mengen hergestellt wurde.

Rangabzeichen
Seide wurde zwar exportiert, aber auch in China noch verwendet. Dieses Abzeichen schmückte die Kleidung von Beamten.

Ming-Porzellan
Sowohl Teller als auch Krug stammen aus Jingdezhen und zeigen typische Ming-Motive.

DIE DREI KAISER

FRÜHE QING-DYNASTIE, 1644–1800

清朝

Die Qing schufen eine gelungene chinesisch-mandschurische Herrschaftsform, in der einstige Ming-Beamte neben Mandschus ihre Posten behielten, wenngleich jene die hohen Posten besetzten und im ganzen Land Militärposten etablierten. Mandschufrauen trugen eine typische Haartracht, banden ihre Füße nicht ein und durften keine Han-Chinesen heiraten. Unter der Regentschaft der kompetenten Kaiser Kangxi (1662–1722), Yongzheng (1723–1735) und Qianlong (1736–1795) erreichte das chinesische Reich seine größte Ausdehnung und umfasste nun auch Taiwan und Xinjiang. Kaiser Qianlong verfasste selbst Gedichte und förderte die Künste. Zu seiner Zeit erreichte die Literatur neue Höhen.

AUFSTAND DER DREI FEUDALFÜRSTEN 1673
Die drei Feudalfürsten waren chinesische Kollaborateure, die den Mandschu bei der Übernahme der Macht geholfen hatten. Als Gegenleistung erhielten sie fast unabhängige Lehen in Südchina. Als ihnen 1673 der Machtverlust drohte, erhoben sie sich. Nach dem Tod ihres Führers Wu Sangui aus Yunnan 1678 brach der Aufstand jedoch zusammen.

Kaiser Kangxi

Als Kangxi 1660 den Thron bestieg, war er noch minderjährig, daher regierte ein Stellvertreter sieben Jahre lang für ihn. Im Erwachsenenalter herrschte er nach Art chinesischer Kaiser, was dazu führte, dass die Mandschu im Verlauf seiner Regierungszeit als legitime chinesische Dynastie akzeptiert wurden. Als gewissenhafter Monarch las er am Tag bis zu 50 offizielle Dokumente. Er besuchte Konfuzius' Geburtsstätte und brachte dort angemessene Opfer dar, bereiste das Land, hörte die Klagen der Menschen an. Im Großen und Ganzen folgte seine Regierung den Sitten der Ming, aber Kangxi reformierte den kaiserlichen Haushalt und schuf ein System der vertraulichen Kommunikation mit Informanten in den Provinzen.

Von einem Mandschu-Kaiser wurden aber auch militärische Qualitäten erwartet. In den 1670er-Jahren schlug Kangxi einen großen Aufstand nieder und führte zwei Jahrzehnte später mehrere Feldzüge gegen die mongolischen Dsungaren. Kangxis letzte Jahre wurden durch die Sorge um seine Nachfolge überschattet. Der legitime Erbe galt als geisteskrank, und Kangxi wollte keinen anderen benennen. Daher glaubt man, dass sein Nachfolger Yongzheng den Thron gewaltsam an sich riss.

Kaiser Kangxi auf dem Thron

QING-DYNASTIE
1644–1911

1640 1650 1660 1670 1680 1690 1700 1710 1720

Der Zopf

Im Jahr 1645 wurden alle männlichen Chinesen per Erlass aufgefordert, sich als Zeichen ihrer Unterwerfung die mandschurische Haartracht zuzulegen, also die Stirn auszurasieren und das übrige Haar zu einem langen Zopf geflochten zu tragen. Bei Weigerung drohte die Hinrichtung.

Während des Vordringens der Mandschu nach Süden fügten sich die meisten Provinzstädte ihren Forderungen, wie etwa die Steuerregister auszuhändigen, aber die Pflicht zur mandschurischen Haartracht löste sofort Unmut aus. Als die Nachricht von dem Erlass die Stadt Jianyin etwa 160 Kilometer flussaufwärts von Shanghai erreichte, schlossen sich hohe und niedere Stände zu einer zeitweiligen Allianz zusammen. Die Mandschu belagerten die Stadt 87 Tage lang, ehe sie die Stadtmauern durchbrachen und die Bewohner niedermetzelten.

Flechten eines Zopfes im 19. Jh.

TAIWAN 1683
Im Jahr 1661 nahmen Ming-Anhänger das holländische Fort Zeelandia auf Taiwan ein und benutzten es als Basis, um gegen die Qing zu opponieren, bis 22 Jahre später die Mandschu die Insel besetzten.

DIE JESUITEN 1692
Da die Jesuiten den chinesischen Brauch der Ahnenverehrung und andere chinesische Sitten akzeptierten, gestattete ihnen Kangxi die Verbreitung der christlichen Lehre.

CASTIGLIONE 1715
Der Mailänder Missionar und Künstler Giuseppe Castiglione war ein beliebter Maler am Qing-Hof. Er verband chinesische Techniken mit westlichem Naturalismus und der Zentralperspektive und erbaute den ersten kaiserlichen Sommerpalast.

Der Sommerpalast bei Beijing

Tibetischer Palast
Der Potala-Palast, dessen Bau Mitte des 17. Jh. begann, war Hauptsitz des Dalai Lama, bis der 14. Dalai Lama 1959 nach Indien fliehen musste.

Tibet wird chinesisches Protektorat

Nach dem 9. Jahrhundert war Tibet politisch zerfallen und vom Mongolenreich annektiert worden. So gelangte es in die Einflusssphäre der Ming. Als die Ming-Dynastie 1642 vor dem Zusammenbruch stand, erreichte der Dalai Lama, der spirituelle Führer der tibetischen Buddhisten, Tibets Unabhängigkeit. 1717 besetzten die mongolischen Dsungaren Tibet und wollten die Gegner des Dalai Lama an die Macht bringen. 1720 schickten die Qing Militär, um ihn zurück nach Lhasa zu eskortieren, und setzten einen chinesischen Gesandten als seinen Berater ein. 1750 führte der Kampf der Dsungaren gegen den chinesischen Einfluss zum Bürgerkrieg. Qianlong nutzte die Gelegenheit, den Dalai Lama als vorübergehenden Herrscher eines Staates mit innerer Unabhängigkeit einzusetzen, und erklärte Tibet gleichzeitig zum chinesischen Protektorat.

Teekanne mit Wappen und Blumenmotiv, Qing-Zeit

UNTERDRÜCKUNG ETHNISCHER MINDERHEITEN 1726
Die Miao und andere Minderheiten in Südwest-China hatten Herrscher aus den eigenen Reihen, die offiziell bestellt waren. Yongzheng hielt dieses System für unvereinbar mit den Prinzip absoluter Herrschaft, schaffte es ab und sorgte für stärkere Sinisierung.

GOLDENES ZEITALTER 1736–1795
Unter Qianlong erreichte China seine größte Ausdehnung, die Wirtschaft boomte, die Bevölkerung wuchs, und die meiste Zeit herrschte Frieden im Land.

BRITISCHE OSTINDIEN-KOMPANIE 1784
Nachdem die britische Regierung die Abgaben auf Tee gesenkt hatte, stieg die Nachfrage explosionsartig an. Britische Privathändler brachten Baumwolle und Opium aus Indien nach China und höhlten dadurch die wirtschaftliche Oberhoheit der Ostindien-Kompanie aus, die den englischen Handel mit Indien kontrollierte. 1834 wurde das Monopol der Kompanie aufgelöst, und die britische Regierung regelte von nun an den Handel mit China.

1730 1740 1750 1760 1770 1780 1790 1800

Die Hongs (internationale Fabriken) in Kanton

DAS COHONG-MONOPOL 1760
Der Qing-Hof war Ausländern gegenüber misstrauisch und beschränkte den Seehandel auf Kanton (Guangzhou). Unter Chinesen durften nur die Cohong-Kaufleute Kontakte zu Ausländern haben. Sie hafteten auch für die Schulden von Ausländern, die ihrerseits nur zur Handelssaison im Hafen bleiben durften.

BEVÖLKERUNGSWACHSTUM 1762
Die Bevölkerung Chinas wurde nun auf mehr als 300 Millionen geschätzt.

DICHTERINNEN 1775
Im 18. Jh. entwickelten Frauen lyrische Stile und Erzählformen, durch die sie ihre Enttäuschungen und Sehnsüchte ausdrückten. Zu diesen Dichterinnen gehörte auch die talentierte Schriftstellerin und Malerin Liu Qilan.

PEKING-OPER 1790
Anlässlich seines 80. Geburtstages ließ Kaiser Qianlong Opernensembles aus allen Teilen seines Reiches zu Aufführungen kommen. Ihre Singstile vermischten sich zu einem neuen Genre, das als Peking-Oper bekannt wurde.

Opernszene
Tsao, Hauptschurke in Peking-Opern aus der Zeit der Drei Reiche, entkommt seinen Gegnern.

CHINA IN DER KRISE

MITTLERE QING-DYNASTIE, 1800–1880

清朝

Ende des 18. Jahrhunderts war das Qing-Reich im Niedergang begriffen, zerrüttet durch die korrupte Herrschaft von Kaiser Qianlongs Lieblingsbeamten Heshen und allgemein ausuferndem Opiumkonsum. Versuche, den illegalen Opiumhandel zu stoppen, führten zum Ersten Opiumkrieg (1839–1842) gegen die Briten, den die Qing verloren, was sie weiter schwächte. Der Taiping-Aufstand 1850 entfachte neue Unruhen und destabilisierte das Mandschu-Regime weiter. Zunehmende Kooperation mit westlichen Mächten schob den Zusammenbruch der Qing-Dynastie auf, aber ihr langsamer Niedergang setzte sich mit Chinas Niederlage gegen die Franzosen in Vietnam fort.

BEVÖLKERUNGSWACHSTUM ca. 1800
Ende des 18. Jh. war Chinas Bevölkerung auf etwa 300 Millionen Menschen angewachsen.

TEEEXPORTE ca. 1800
Während des 18. Jh. explodierte in Europa die Nachfrage nach chinesischem Tee. Zu Beginn des 19. Jh. importierten die Briten pro Jahr 13,5 Millionen kg Tee.

Witwendenkmal in der Provinz Anhui

WITWENDENKMÄLER 1827
Witwen, die nicht wieder heirateten, konnten in China für ihre Keuschheit durch den Bau eines Witwenbogens geehrt werden. Während der Qing-Zeit uferte diese Sitte derart aus, dass sie 1827 von der Regierung reglementiert wurde.

DER VERTRAG VON NANJING 1842
Die Vereinbarung, mit der schließlich der Erste Opiumkrieg beendet wurde, war der erste der »Ungleichen Verträge«, von denen nur die westlichen Mächte profitierten. Er beinhaltete die Öffnung von fünf Häfen für den britischen Handel, die Abtretung Hongkongs, die Abschaffung des Cohong-Monopols (chinesisches Händlermonopol) und feste Preise.

1800 · 1810 · 1815 · 1820 · 1825 · 1830 · 1835 · 1840

Opiumflaschen mit Wachsverschluss

Opiumhandel und Erster Opiumkrieg

Im 18. Jahrhundert nahm die Sitte des Opiumrauchens in China extreme Formen an. Das Opium wurde von Briten in Indien angebaut, nach China exportiert und dort gegen Tee eingetauscht. Alarmiert von der steigenden Zahl Süchtiger, schickte die chinesische Regierung 1838 Lin Zexu nach Kanton, um den Opiumhandel zu unterbinden. Ausländische Händler wurden gezwungen, ihr Opium herauszugeben und den Handel einzustellen. Die Briten entsandten daraufhin einen Flottenverband mit dem Auftrag, die chinesische Regierung zu Wiedergutmachungszahlungen für britische Händler zu zwingen. Dies war der Beginn des Ersten Opiumkrieges (1839–1842). Nach der Blockade von Kanton zogen die Briten nach Norden. Erst nach der Einnahme von Shanghai durch die Briten Mitte 1842 willigte der Kaiser in den Vertrag von Nanjing ein, der de facto einer Kapitulation gleichkam.

Besucher einer Opiumhöhle, Ende 19. Jh.

Die Kaiserinwitwe

Als im Jahr 1861 Kaiser Xianfeng starb, bestieg der sechsjährige Tongzhi den Thron, worauf seine Mutter den Titel Kaiserinwitwe Cixi annahm und die Regentschaft für ihn übernahm. Sie hatte den Qing-Hof so fest im Griff, dass sie selbst nach Tongzhis Tod 1874 die Kontrolle behielt und insgesamt fast fünf Jahrzehnte an der Macht war, ehe sie 1908 starb.

Die Kaiserinwitwe wurde lange als charakterlose Person dargestellt, die ihre Schwiegertochter ermordet und Staatsgelder für den Umbau des Sommerpalastes veruntreut haben soll. Ihr Anliegen war es jedoch vor allem, ihre persönliche Macht zu bewahren und China von der Außenwelt abzuschotten. Als sie an der Wende zum 20. Jahrhundert die Gefährdung der Qing-Dynastie nicht mehr leugnen konnte, beschloss sie eine Reihe von Reformen, aber es war zu spät.

Kaiserinwitwe Cixi

Produktion > Die Porzellanherstellung ist eine der ältesten angestammten Industrien Chinas.

INDUSTRIELLES WACHSTUM 1872
Nach dem Willen des führenden Staatsmannes Li Hongzhang sollte Chinas Programm zur Selbststärkung auch die Industrialisierung fördern. So wurden zum Ende des 19. Jh. zahlreiche Anlagen modernisiert.

ZWEITER OPIUMKRIEG 1856–1860
Nach dem chinesischen Übergriff auf ein britisches Schiff entflammte der Zweite Opiumkrieg, in dem nun auch Franzosen kämpften. Er endete mit dem Vertrag von Tianjin, der den Jangtse ausländischen Händlern öffnete.

DAS MASSAKER VON TIANJIN 1870
Aus Furcht vor der Ausbreitung des Christentums beschuldigte man ausländische Missionare der Verschleppung chinesischer Kinder. Daraufhin wurde ein Waisenhaus in Tianjin angegriffen, 19 Ausländer starben.

RUSSISCHE VORSTÖSSE 1871–1881
Unter Ausnutzung eines muslimischen Aufstandes besetzten die Russen für zehn Jahre das Ili-Tal im chinesischen Turkestan. Später wurde dieses Gebiet zur autonomen Region Xinjiang.

1845 | 1850 | 1855 | 1860 | 1865 | 1870 | 1875 | 1880

DER TAIPING-AUFSTAND 1850
Hong Xiuquan, Sohn eines Hakka-Nomaden, hielt sich für den chinesischen Sohn Gottes. 1850 gründete er das »Taiping Tianguo« (Himmlisches Königreich des vollkommenen Friedens) und zettelte einen Aufstand an. Im März 1853 nahmen die Taiping Nanjing ein. Sie verboten den Opiumkonsum und Beziehungen zwischen den Geschlechtern. 1862 besetzten sie beinahe Shanghai und brachten die Qing damit in höchste Gefahr, aber sie wurden von Truppen adliger Führer zurückgedrängt. 1864 wurde Nanjing befreit, und Hong Xiuquan beging Selbstmord.

< Niederlage der Taiping Kaiserliche und koloniale Truppen in einer Schlacht gegen die Rebellen

VERWESTLICHUNG 1860
Im Jahr 1842 empfahl der Gelehrte Wei Yuan »Schiffe zu bauen, Waffen herzustellen und die überlegenen Techniken der Barbaren zu erlernen«. 1860 forderte Feng Guifen die Übernahme westlichen Wissens und die Produktion westlicher Waffen. Diese Maßnahme wurde »Bewegung zur Selbststärkung« genannt.

Küstenschlacht > Franzosen erobern im Krieg gegen China und Vietnam die Zitadelle von Hué.

FRANZÖSISCH-CHINESISCHER KRIEG 1882–1885
1862 begannen die Franzosen nach Vietnam vorzudringen und gegen den chinesischen Einfluss zu kämpfen. 1882 nahmen sie Hanoi ein, was zu einer direkten Konfrontation mit China führte. Sie zerstörten auch die Fuzhou-Werft. Der Vertrag von Tianjin machte Vietnam 1885 zum französischen Protektorat.

< **Mode in San Francisco**
Zu Beginn des 20. Jh. war die Kleidung der Männer in San Franciscos Chinatown eine Mischung aus östlichem und westlichem Stil.

Chinatown, New York >
Das chinesische Viertel in New York liegt inmitten der Wolkenkratzer Manhattans.

Die chinesische Diaspora

Auswanderung hat in China eine lange Tradition, und wo immer sich chinesische Händler in Ostasien niederließen, entstanden chinesische Gemeinden. Der wahre Exodus begann aber im 19. Jahrhundert. Nachdem die beiden Opiumkriege die Qing-Dynastie stark geschwächt hatten, zwangen Überbevölkerung, Hungersnöte wie auch soziale und ökonomische Probleme viele Chinesen, in fremden Ländern ein besseres Leben zu suchen.

Arbeitskräfte

Nach Abschaffung der Sklaverei in der Neuen Welt waren die Arbeitskraft und das Wissen chinesischer Migranten sehr gefragt. Einige von ihnen ließen sich in den Kolonialgebieten westlicher Mächte nieder, doch viele gingen nach Amerika, Kanada, Australien, Neuseeland und Westeuropa. Die Entdeckung von Gold in Kalifornien und Australien Mitte des 19. Jahrhunderts sowie der Bau der kanadisch-pazifischen Eisenbahn in den 1880er-Jahren erforderte ungeheure Mengen an Arbeitskräften. Trotz meist schlechter Bezahlung und Arbeitsbedingungen bauten sich viele Chinesen hier eine neue Existenz auf.

Einige der Emigranten blieben in den Hafenstädten, in denen sie angekommen waren, und es entstanden jene »Chinatowns«, die heute aus vielen Großstädten der Welt nicht mehr wegzudenken sind. So war San Franciscos Chinatown in den 1850er-Jahren das Tor für chinesische Einwanderer in die USA.

Vom Zweiten Weltkrieg bis heute

Im Jahr 1943 hoben die USA den »Chinese Exclusion Act« auf, der seit 1882 die Einwanderung von Chinesen untersagte, und im Zweiten Weltkrieg dienten viele Chinesen in der US-Armee. Als 1949 in China Maos kommunistische Partei an die Macht kam, gingen Tausende gebildeter Chinesen in die USA; während der 1970er-Jahre flohen Chinesen vor dem Krieg aus Vietnam. Eine neue Welle der Einwanderung – vor allem auf den britischen Inseln – erfolgte, nachdem die britische Regierung 1984 der Rückgabe Hongkongs an China im Jahr 1997 zugestimmt hatte.

Heute gibt es mehr als 40 Millionen »Überseechinesen«, von denen die Hälfte in Südostasien lebt. In den USA leben 3,3 Millionen Chinesen, in Europa 1,7 Millionen.

引
语

> Schicken Sie sie (die Chinesen) morgen fort, und die Bewohner von Palmerston stehen ohne Fisch, Gemüse, Obst, praktisch ohne Fleisch und ohne Reinigungen für ihre Wäsche, Schneider, Köche und Hausangestellten da.
>
> Der Gouverneur von Südaustralien, 1899

Eisenbahnbau in Russland >
Ab Mitte des 18. Jh. waren es häufig chinesische Migranten, die in anderen Ländern moderne Verkehrssysteme bauten.

二十世纪

Nach der Niederlage im Ersten chinesisch-japanischen Krieg und dem Boxeraufstand bemühte sich die Qing-Dynastie, eine konstitutionelle Monarchie zu errichten. Ab 1901 begann ein neues China zu entstehen, doch der rasche soziale Wandel schwächte die Dynastie, und 1911 leitete eine Militärrevolte die republikanische Ära ein. Zunächst existierte noch eine Art zentrale Autorität, aber nach dem Tod des Präsidenten Yuan Shikai 1916 zersplitterte das Land und wurde von Kriegsherren regiert. Nationalpartei und Kommunistische Partei versuchten eine Allianz zu bilden, um das Land wieder zu einen, aber ihre Ideologien erwiesen sich als unvereinbar. 1928 etablierten die Nationalisten ein neues Regime mit dem Regierungssitz in Nanjing.

< Gefangene
In Beijing von US-Truppen gefangen genommene sogenannte Boxer.

Der Boxeraufstand

Die ersten Boxer erschienen 1896 in Shandong. Die Sekte entstand aus einer Bauernbewegung gegen ausländische Einflüsse und praktizierte rituelle Boxtechniken, die sie vor Christen schützen sollten. 1899 kam es immer häufiger zu Zusammenstößen zwischen Boxern und Christen. Im Mai 1900 erschienen die ersten Boxer in Beijing. Die Kaiserinwitwe unterstützte sie und machte ausländische Aggressoren für die Unruhen verantwortlich. Die ausländischen Gesandtschaften in Beijing wurden belagert, bis ein multinationales Expeditionskorps eintraf. Die Unterzeichnung des Boxerprotokolls im September 1901 beendete den Aufstand, der Zehntausende chinesische Christen und mehr als 200 Ausländer das Leben gekostet hatte.

Landung >
Im Februar 1904 versuchte Japan an der mandschurischen Küste zu landen.

1880 · 1890 · 1895 · 1900 · 1905

KONTROLLE ÜBER KOREA 1894
Japan entsandte Truppen nach Korea und provozierte so den Krieg mit China, das unterlag. 1895 musste China im Vertrag von Shimonoseki alle Ansprüche auf Korea aufgeben.

SCHACHERN UM CHINA 1895
Nach Chinas Niederlage gegen Japan forderten die westlichen Mächte eilig neue Konzessionen ein. Russland durfte die transsibirische Eisenbahn durch die Mandschurei bauen, Deutschland ernannte die Stadt Qingdao nach der Ermordung zweier Missionare zu seinem »Schutzgebiet«, und Hongkong wurde für 99 Jahre britische Kronkolonie.

SPÄTE REFORMEN 1901–1905
Nach dem Boxeraufstand nahm die Kaiserinwitwe wider Willen Reformvorschläge wie etwa das Verbot des Füßebindens und die Schaffung eines Parlaments an.

RUSSISCH-JAPANISCHER KRIEG 1904–1905
Als Russland und Japan ihr Territorium auf die Mandschurei auszudehnen versuchten, kam es zwischen ihnen zum Krieg. Obwohl China nicht in den Konflikt verwickelt war, fanden die meisten Kämpfe innerhalb seiner Grenzen statt.

Der Revolutionär Sun Zhongshan

SUN ZHONGSHAN 1905
Sun Zhongshan (Yat Sen) war ein im Westen ausgebildeter Arzt, der 1905 die Revolutionäre Allianz bildete, um die Mandschu zu vertreiben und eine Republik zu gründen. Nach der Revolution 1911 wurde er Präsident, musste das Amt aber Yuan Shikai versprechen. Er starb im Jahr 1925 nach Reorganisation der Nationalistischen Partei.

< Japaner in der Mandschurei
Der Krieg mit China um Korea dehnte sich auf Mandschurei, Taiwan und das Gelbe Meer aus.

DAS ENDE DES KAISERREICHES

SPÄTE QING-DYNASTIE UND DIE ANFÄNGE DER REPUBLIK, 1880–1928

Bomber Revolutionäre Bombenschwadrone erhielten weiße Taschen mit acht Handgranaten.

4.-Mai-Bewegung

Nach Ende des Ersten Weltkrieges wurde am 4. Mai 1919 auf der Friedenskonferenz von Paris beschlossen, die vormals deutschen Kolonien in Shandong nicht an China zurückzugeben, sondern an Japan abzutreten. Dies löste in China heftige Proteste aus. Der aufwallende Nationalismus führte zur Entstehung einer radikalen »Kulturbewegung«, die Ideen aus dem Westen aufgriff und in der Zeitschrift *Die Neue Jugend* Ausdruck verlieh. Herausgeber der Zeitschrift war Chen Duxiu, der spätere Gründer der Kommunistischen Partei Chinas. Das Blatt enthielt Artikel, in denen die konfuzianische Lehre von der sog. Kindlichen Pietät attackiert wurde, Diskussionen über die Bedeutung des Bolschewismus und Rufe nach einer literarischen Revolution Raum fanden.

Revolutionär: *Die Neue Jugend*

DIE REVOLUTION 1911
Im Oktober 1911 rebellierten nationalistische Soldaten in Wuchang und riefen Streitkräfte im ganzen Land zur Rebellion auf. Der Kaiser musste abdanken, und 1912 wurde die Republik China gegründet.

YUAN SHIKAI 1915
Nachdem der Präsident der Republik Yuan Shikai sich zum ersten Kaiser einer neuen Dynastie erklärt hatte, wurde er zum Rücktritt gezwungen.

Präsident Yuan Shikai

PARTEIGRÜNDUNG 1921
Im Juli 1921 fand der erste Kongress der Kommunistischen Partei Chinas statt. Er wurde aber nicht von den Parteigründern Chen Duxiu und Li Dazhoo begleitet, sondern von Mao Zedong, einem Studenten aus Hunan. Die Partei unterstützte Arbeitskämpfe und bildete 1923 eine Allianz mit der Guomindang.

DIE TRIADEN 1927
Von Shanghai aus operierten kriminelle Vereinigungen, sogenannte Triaden. Die Nationalisten benutzten sie, um in der Stadt einen Arbeiterstreik niederzuschlagen, was 1927 in einem Massaker endete.

1910 — 1915 — 1920 — 1925 — 1930

GRÜNDUNG DER GUOMINDANG 1912
Die von Sun Zhongshan gegründete Guomindang (Nationalpartei) bündelte mehrere revolutionäre Parteien. 1913 gewann sie die ersten Wahlen, wurde aber im selben Jahr vom Parlament ausgeschlossen.

ZEIT DER MILITARISTEN 1916–1928
Nach dem Tod Yuan Shikais wurde China von mehreren regionalen Kriegsherren kontrolliert, unter ihnen Zhang Xun, der 1917 versuchte, die Qing-Dynastie wieder zu etablieren.

FABRIKLEBEN 1920er-Jahre
In den Fabriken von Shanghai arbeiteten viele Kinder und Frauen. Junge Mädchen schufteten für ihre Familien in den Dörfern und hofften, genug Geld für eine Aussteuer zu sparen, um nach Hause zurückkehren und heiraten zu können.

MAO ZEDONG UND DIE BAUERN 1927
Im Januar 1927 wandte sich der junge Kommunist Mao Zedong der Bauernbewegung in Hunan zu. Er sagte voraus, dass sich schon »sehr bald mehrere hundert Millionen Bauern ... wie ein Wirbelsturm erheben würden«. Seine Voraussage erwies sich als übereilt, da die Nationalisten noch im selben Jahr die Bewegung zu unterdrücken begannen.

Die belebte Geschäftsstraße Nanjin in Shanghai, 1936

Shanghai

Bis 1842 war Shanghai ein kleiner Flusshafen. Dann beugte sich die chinesische Regierung westlichen Forderungen nach Handelskonzessionen, wodurch an der Ostküste eine Reihe von Häfen, darunter in Shanghai, entstanden. Die Handelshäfen waren praktisch europäische Außenposten. Shanghai wuchs zu Chinas erster moderner Industriestadt heran. In den 1920er-Jahren war es die fünftgrößte Stadt der Welt und das Zentrum des chinesischen Binnen- und Außenhandels. Ausländer waren nur den Gesetzen ihres Heimatlandes verpflichtet, was die Stadt nicht nur für Unternehmer, sondern auch für Kriminelle und Revolutionäre reizvoll machte. Zudem war Shanghai Zentrum politischer Aktivitäten. Diese Mischung brachte ihm zwischen den Weltkriegen den Ruf der glamourösen, exzessiven Stadt ein. In den 1940er-Jahren verzichteten Ausländer angesichts des chinesischen Protests auf ihre Vorrechte.

DER WEG ZUR REVOLUTION

DIE NATIONALISTISCHE ÄRA, 1928–1949

二十世纪

Von 1928 bis 1937 setzte die nationalistische Regierung eine Reihe von Wirtschafts- und Industriereformen durch, die aber Chinas verarmte ländliche Gebiete kaum erreichten. 1931 besetzten die Japaner die Mandschurei – Nationalistenführer Jiang Jieshi (Chiang Kai-shek) konzentrierte sich aber auf den Kampf gegen die Kommunisten, was diese 1934 zum Rückzug, dem »Langen Marsch« zwang. Infolge des japanischen Einfalls 1937 war China in Gebiete unter japanischem, nationalistischem und kommunistischem Einfluss geteilt. Nach dem Krieg versuchten die Nationalisten, die Kontrolle wiederzuerlangen. 1946 kam es zum Bürgerkrieg mit den Kommunisten, und drei Jahre später waren die Nationalisten vom Festland vertrieben.

10-Yuan-Note der Bank von China aus dem Jahr 1934

WÄHRUNG 1933

Bis zum Ende des 19. Jh. wurde Handel in China entweder mit ausländischen Währungen oder mit Silber *(tael)* getätigt. 1933 wurde der Yuan als erste nationale Währung Chinas eingeführt.

DIE SOWJETREPUBLIK 1931

Das Zentralkomitee der Kommunistischen Partei verlegte ihr Hauptquartier in die Provinz Jiangxi, wo es die Sowjetrepublik Jiangxi ausrief.

KOMMUNISMUS IN YAN'AN 1936

In Yan'an formte Mao Zedong die Kommunistische Partei um. In seinem Aufsatz »Über die neue Demokratie« versprach er dem Bürgertum einen Platz unter einer kommunistischen Regierung und Frauen eine Veränderung ihrer gesellschaftlichen Stellung – was allerdings durchaus hinterfragt wurde. Bauern organisierten Nachbarschaftshilfe und gründeten »vom Volk geführte« Schulen.

Der Lange Marsch

Im Oktober 1934 verließen die Kommunisten ihre Basis in Jiangxi und durchbrachen die nationalistische Blockade. Um ihre Feinde abzuschütteln, marschierten sie weit nach Westen, wobei es ständig zu Kämpfen kam. Der sogenannte Lange Marsch ging über 12 000 km, und weniger als ein Zehntel der ursprünglich 90 000 Mitstreiter kamen ans Ziel. Im Oktober 1935 erreichten Mao und die Erste Rote Armee den Norden Shaanxis und schlugen in Yan'an ihr Hauptquartier auf.

Propagandaplakat, das den Langen Marsch darstellt

1930 1935 1940 1945 1950

JIANG JIESHI 1930

Im Jahr 1928 wurde Jiang Jieshi nach einem Machtkampf zum Führer der Guomindang, 1930 konnte er seinen Einfluss auf die Nationalistische Allianz stärken. Bis zum Sieg der Kommunisten war er Regierungschef, 1949 musste er jedoch vom Festland fliehen. In Taiwan gründete er die Republik China.

Nationalistenführer Jiang Jieshi

Die Rote Armee

Am 1. August 1928 erhoben sich die Kommunisten in Nanchang in der Provinz Jiangxi. Maos Rote Armee übernahm seine Regeln für den Guerillakrieg: »Der Feind dringt vor, wir ziehen uns zurück. In den feindlichen Lagern stiften wir Unruhe. Der Feind wird müde, wir greifen an. Der Feind weicht zurück, wir folgen.« Für Soldaten galten drei Regeln: Gehorche dem Kommando, nimm den Massen nichts weg, liefere alles Beutegut ab. Einer von drei Soldaten musste Parteimitglied sein. Niemand trug Rangabzeichen, alle erhielten den gleichen Sold. 1946 wurde die Rote Armee in Volksbefreiungsarmee umbenannt.

Uniform der Volksbefreiungsarmee

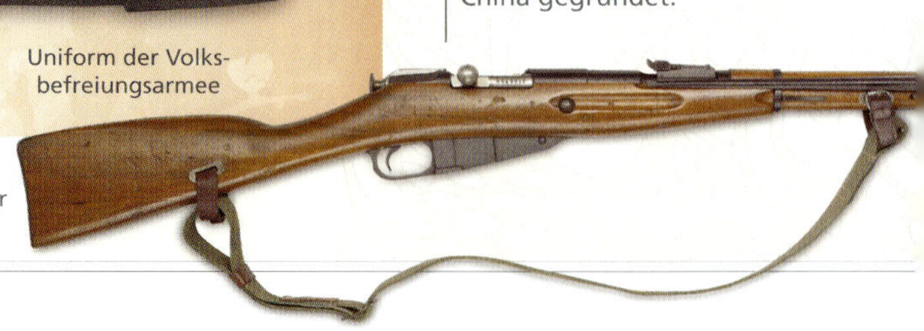

Sowjetisches Mosin-Nagant, Grundausstattung der kommunistischen Truppen

ENTSTEHUNG DER VOLKSREPUBLIK 1949

Im Juli 1946 begann der Krieg zwischen Nationalisten und Kommunisten. Die nationalistischen Truppen wurden aus der Mandschurei vertrieben und erlitten in der Schlacht bei Huai-Hai eine katastrophale Niederlage. Im Januar 1949 erreichten die Kommunisten Beijing, im Oktober wurde die Volksrepublik China gegründet.

< Ausweise
US-Soldaten, die gegen die Japaner kämpften, trugen Ausweise bei sich, die ihnen die Unterstützung chinesischer Bauern sichern sollten.

^ Marionettenherrscher Pu Yi
Nach dem Fall von Mandschuko und der japanischen Kapitulation wurde Pu Yi inhaftiert. Als er das Gefängnis wieder verließ, war er ein überzeugter Anhänger des Kommunismus.

Zweiter chinesisch-japanischer Krieg

Seit Ende des 19. Jahrhunderts verfolgte Japan eine Expansionspolitik und warf 1931 begehrliche Blicke auf China: Im September verübten japanische Soldaten einen Anschlag auf die in japanischem Besitz befindliche Südmandschurische Eisenbahn. Japan machte China für den Vorfall verantwortlich und besetzte die Mandschurei. Im März 1932 wurde der von Japan kontrollierte Staat Mandschuko mit dem Marionettenherrscher Pu Yi an der Spitze gegründet. Obwohl Jiang Jieshi überzeugt war, dass eine Konfrontation nicht in Chinas Interesse lag, stimmte er im Dezember 1936 zu, sich den Japanern entgegenzustellen. Kommunisten und Nationalisten verbündeten sich gegen den gemeinsamen Feind.

Der eigentliche Krieg beginnt

Der Zwischenfall an der Marco-Polo-Brücke nahe Beijing am 7. Juli 1937 markierte den Beginn des Krieges mit Japan. Im Dezember besetzten japanische Truppen Nanjing, die Hauptstadt der Nationalisten, und begingen Gräueltaten, die als »Massaker von Nanjing« in die Geschichte eingegangen sind. Vermutlich fanden dabei 300 000 Menschen den Tod. Danach wurde die Hauptstadt der Nationalisten nach Chongqing verlegt. Zudem verlegte Jiang Jieshi über 600 Fabriken und mehrere Universitäten in Gebiete außerhalb japanischer Kontrolle. Trotz dieser Vorsichtsmaßnahmen stieg die Inflationsrate um 230 Prozent pro Jahr, die Gehälter der Beamten sanken, und die Korruption blühte.

Niedergang der Nationalisten

1940 waren nationalistische Armeen in der Defensive und überließen den Kommunisten den weiteren Angriff. Die japanische Antwort lautete, Dörfer, die im Verdacht standen, Kommunisten zu verstecken, zu zerstören und alle Bewohner zu töten. Nach dem japanischen Angriff auf den amerikanischen Luftwaffenstützpunkt Pearl Harbour verbündeten sich die USA mit China, und US-Streitkräfte kämpften in China. Der Krieg endete mit der Bombardierung der japanischen Städte Hiroshima und Nagasaki und der Kapitulation Japans im August 1945.

< Japanische Truppen
Im chinesisch-japanischen Krieg überrannten japanische Truppen China und hatten 1944 einen großen Teil des Landes besetzt.

二十世纪

Bei der Sicherung der Grenzen und der Reform politischer Strukturen stand die Kommunistische Partei vor schweren Herausforderungen. Mao sorgte für grundlegende Veränderungen in Ausbildung und Wirtschaft und wandelte die Landwirtschaftskooperativen nach sowjetischem Muster in Volkskommunen um, was eine katastrophale Hungersnot zur Folge hatte.

Angesichts seiner geschwächten Position rief Mao 1966 die drei Jahre dauernde Kulturrevolution gegen eine Rückkehr zum Kapitalismus aus. Während der späteren Jahre änderte Mao seine Politik, baute jedoch vor seinem Tod 1976 keinen Nachfolger auf.

Chinesische Truppen 1950 im tibetischen Hochland

Präsident Nixon (rechts) besucht die Chinesische Mauer.

DIE »BEFREIUNG« TIBETS 1950–1951
Um das Land von angeblich imperialistischen Kräften zu »befreien«, marschierte Chinas Armee in Tibet ein. Chinesische Beamte besetzten Schlüsselpositionen, das Land wurde zum Autonomen Gebiet Tibet.

KOLLEKTIVIERUNG DER LANDWIRTSCHAFT 1954
Bauern mussten Genossenschaften bilden, in denen die Ernte nach Landbesitz und Arbeitskraft jeder Familie aufgeteilt wurde. Ab 1955 wurden sie in Kollektive umgewandelt. Es gab kein privates Land mehr, und die Ernte wurde entsprechend der geleisteten Arbeit verteilt.

Propagandaplakat mit Mao und Bauern

NIXON IN CHINA 1972
Im Februar 1972 besuchte US-Präsident Nixon China. Aus chinesischer Sicht war der Besuch ein Erfolg, da eine Vereinbarung über friedliche Koexistenz geschlossen wurde, ohne dass China Zugeständnisse bezüglich seiner Ansprüche auf Taiwan machen musste.

DIE ZEIT NACH MAO 1976
Nach Mao Zedongs Tod 1976 wurde Deng Xiaoping, ein Mann von kleiner Statur, aber großem Charisma, bis 1997 de facto Führer der Republik und leitete zahlreiche wirtschaftliche Reformen ein.

1950 | 1955 | 1960 | 1975 | 1980

NEUES EHEGESETZ 1950
Nach einem neuen Ehegesetz konnten Frauen ihre Partner frei wählen und wurden bezüglich Scheidung, Sorgerecht für die Kinder und Besitz gleichgestellt. In ländlichen Gebieten wurde das Gesetz jedoch weitgehend ignoriert.

DER KOREAKRIEG 1950
Die UNO entsandte Truppen zur Unterstützung Südkoreas gegen die nordkoreanischen Kommunisten. Dabei näherten sie sich der chinesischen Grenze und wurden von China zurückgedrängt. Bei Kriegsende 1953 hatte China mehr als 700 000 Opfer zu beklagen.

Propagandaplakat für die Kollektivierung

Der Große Sprung nach vorn

Im Jahr 1958 richtete sich Maos ökonomische Strategie auf rasche Kollektivierung und Industrialisierung. Aus Kooperativen wurden circa 24 000 Volkskommunen mit je etwa 5 000 Haushalten. Diese Kommunen sollten Eisenerz abbauen und in »Hinterhof-Öfen« Stahl herstellen, doch die vorgegebenen Ziele waren unrealistisch. Zudem hatten die Kommunen wenig Zeit für die landwirtschaftliche Produktion, was zu einer Hungersnot führte, die zwischen 16 und 27 Millionen Menschen das Leben kosten sollte. Allein in der Provinz Anhui starben zwei Millionen. 1961 wurde das Experiment aufgegeben und Mao im nachfolgenden Chaos beinahe gestürzt.

DIE VIERERBANDE 1976
Die »Viererbande«, die aus Maos Frau Jiang Qing, Shanghais Parteichef Zhang Chunqiao, dem Literaturkritiker Yao Wenyuan und dem Fabrikarbeiter Wang Hongwen bestand, war maßgeblich an der Kulturrevolution beteiligt. Als Mao im September 1976 starb, wurde die Viererbande wegen Verschwörung verhaftet und in einem Schauprozess schuldig gesprochen. Jiang Qing und Zhang Chunqiao erhielten die Todesstrafe, die später in lebenslange Haft umgewandelt wurde. Auch die anderen beiden erhielten Haftstrafen.

DIE VOLKSREPUBLIK

CHINA UNTER MAO, 1949–1976

Parade auf dem Tiananmenplatz > Aufmärsche der Roten Garden waren während der Kulturrevolution ein vertrauter Anblick.

Die Kulturrevolution

Die Ursachen für Chinas Große Proletarische Kulturrevolution lagen in persönlichen Auseinandersetzungen innerhalb der Kommunistischen Partei. Nachdem Maos sog. Großer Sprung nach vorn gescheitert war, begannen andere prominente Parteimitglieder in den Vordergrund zu treten wie etwa Liu Shaoqi, Zhou Enlai und Deng Xiaoping. Vielleicht aus Angst, an den Rand gedrängt zu werden, rief Mao nach einer Revolution, um diejenigen zu bekämpfen, die kapitalistische Wege einschlugen.

Die Roten Garden

Lehrer wurden für die Fehler der »alten« Erziehung verantwortlich gemacht. Mit Maos Billigung bildeten radikale Studenten an Universitäten »Rote Garden«, die altes Denken, alte Kultur, alte Bräuche und alte Gewohnheiten zerstören sollten, aber dies als Einladung betrachteten, alles zu zerstören, was auch nur entfernt als bürgerlich bezeichnet werden konnte. Intellektuelle, Maler, Schriftsteller und Lehrer wurden verfolgt, die Parteiführer infrage gestellt. Die Bewegung beschränkte sich nicht auf Städte, auch in ländlichen Gegenden sollten Rote Garden den lokale Parteibeamte kritisieren. Am Ende waren die Roten Garden dafür verantwortlich, das Tausende Menschen öffentlich gedemütigt oder zu Tode gehetzt wurden.

Im Jahr 1967 lieferten sich Massenorganisationen regelrechte Straßenschlachten. Maos Frau Jiang Qing kritisierte die Volksbefreiungsarmee, Radikale besetzten das Außenministerium, die britische Botschaft in Beijing wurde niedergebrannt. China stand am Rande eines Bürgerkrieges, und um die Situation unter Kontrolle zu bekommen, setzte Mao die Armee ein. Nach einem weiteren Aufwallen studentischer Gewalt im darauffolgenden Frühjahr wurden die Roten Garden aufgelöst und viele Mitglieder zur »Umerziehung« aufs Land geschickt.

Nachwehen der Revolution

Vertreter von Massenorganisationen, Partei und Armee bildeten Revolutionskomitees. Im April 1969 wurde eine neue Parteiführung mit Lin Biao als Maos Nachfolger installiert. Die Kulturrevolution selbst war damit beendet, aber ihre Auswirkungen waren noch bis zu Maos Tod und der Verhaftung der Viererbande, die für viele Exzesse während der Revolution verantwortlich gemacht wurde, spürbar.

^ Lehrer der Jugend Dieses Propagandaplakat aus der Zeit der Kulturrevolution soll Maos Interesse an der Jugend zeigen.

< Die Kunst der Kritik Zu den Kampagnen gegen in Ungnade gefallene Parteimitglieder gehörten Aufführungen und Balladen, in denen diese kritisiert wurden.

< Die »Mao-Bibel«
Die *Worte des Vorsitzenden Mao Zedong* erschienen erstmals 1964 und waren während der Kulturrevolution Pflichtlektüre.

Der Mao-Kult >
Durch Propaganda schuf Mao Zedong einen Kult um seine Person. In den Jahren nach seinem Tod schwand seine Popularität, aber zu Beginn der 1990er-Jahre lebte sie wieder auf.

Mao Zedong

Fünf Jahre nach Maos Tod im Jahr 1976 erklärte die Partei, Mao Zedongs Gedanken seien auch weiterhin richtungsweisend. Mao habe zwar während der Kulturrevolution »große Fehler« gemacht, sein Beitrag zum Erfolg der Partei wiege diese aber auf.

Frühe Karriere

Mao Zedong wurde 1893 als Sohn eines reichen Bauern in Hunan geboren. Um die Zeit der 4.-Mai-Bewegung kam er nach Beijing. Dort begegnete er erstmals der kommunistischen Ideologie. Er trat der Kommunistischen Partei bei ihrer Gründung 1921 bei, und nach einem raschen Aufstieg wurde er nur zwei Jahre später ins Zentralkomitee gewählt. Ab 1931 lebte er im kommunistischen Zentrum in Jiangxi. Dort entwickelte er eine revolutionäre Strategie mit den Eckpfeilern Rote Armee, Landreform und Emanzipation.

Mao-Zedong-Abzeichen von 1969

Maos Führerschaft auf dem Langen Marsch war ein wichtiger Beitrag zum Überleben der Partei. In Yan'an entwickelte er eine Politik, die das Leben der Bauern in diesem Gebiet veränderte. Vier Jahre nach Chinas Sieg im chinesisch-japanischen Krieg schlug Mao die Nationalisten und gründete 1949 die Volksrepublik China.

Vorsitzender Chinas

Während der Frühphase der Kollektivierung der Landwirtschaft traten Maos radikalere Ideen in den Hintergrund. Dann aber initiierte er den sog. Großen Sprung nach vorn, eine industrielle und agrarwirtschaftliche Katastrophe, die die schlimmste Hungersnot des 20. Jahrhunderts auslöste. Mit der Kulturrevolution versuchte Mao seine Position wieder zu festigen, doch seine Bereitschaft, die Parteiführung zu stürzen und die Roten Garden zu unterstützen, zeigte, dass er sich dem Volk entfremdet hatte.

In einigen neueren Kommentaren über Mao heißt es, er sei von Machtgelüsten getrieben worden. Dies ist vielleicht ein hartes Urteil über einen Mann, der glaubte, China aus Halbkolonialismus und Kriegen herausführen und zu einer großen Nation machen zu können. Als Revolutionsführer spielte er eine herausragende Rolle, aber ihm fehlte die Gabe, ein Land zu regieren.

引语

Armut drängt zur Änderung, zur Tat, zur Revolution. Ein weißes Blatt Papier ist durch nichts beschwert, auf ihm lassen sich die neuesten und schönsten Schriftzeichen schreiben, die neuesten und schönsten Bilder malen. Mao Zedong »Eine Genossenschaft wird vorgestellt« (15. April 1958)

Maos Armee >
Die Rote Armee, militärischer Arm der Kommunistischen Partei Chinas, handelte nach den ideologischen Lehren Mao Zedongs.

CHINA NACH MAO

MODERNES CHINA 1976–2010

二十世纪

Nach Maos Tod startete Deng Xiaoping eine Kampagne zur Rehabilitierung der Opfer der Kulturrevolution. Während des folgenden Jahrzehnts leitete er große Veränderungen in der chinesischen Wirtschaftspolitik ein, doch seine letzten Jahre wurden durch den brutalen Umgang mit den Demonstranten auf dem Platz des Himmlischen Friedens im Juni 1989 getrübt. Dennoch beherrschte er die politische Szene bis zu seinem Rückzug von offiziellen Ämtern 1990, und auch danach war sein Einfluss spürbar. Unter seinen Nachfolgern setzte sich der Trend zu Reformen fort. Die wachsende Akzeptanz Chinas auf internationaler Ebene fand darin Ausdruck, dass Beijing zum Austragungsort der Olympischen Spiele 2008 gewählt wurde.

< Kunst nach Mao
Diese kopflose Mao-Büste von Fui Jianguo steht im berühmten Kunstbezirk Dashanzi (auch als Kunstfabrik 798 bekannt) in Beijing.

Die Demonstrationen auf dem Tiananmenplatz

AUF DEM TIANANMENPLATZ 1989
Als der Reformer When Yaobang 1989 starb, fanden zu seinem Gedenken Demonstrationen statt. Studenten kampierten auf dem Platz des Himmlischen Friedens in Beijing und traten in den Hungerstreik, um mehr politische Freiheit zu erzwingen. Sie gaben nicht nach, auch nicht als die Armee anrückte. In der Nacht vom 3. auf den 4. Juni eröffneten Soldaten das Feuer. 400 bis 800 Menschen starben.

MODERNE KUNST 1985
Die Gründung der Vereinigung junger Künstler in Beijing markierte den Beginn einer neuen Bewegung in der chinesischen Kunstwelt, die für künstlerische Freiheit und Unabhängigkeit von offizieller Ideologie eintritt.

WIRTSCHAFTSWACHSTUM 1992
Eine von Deng Xiaoping angestoßene Initiative zur Belebung der Wirtschaft führte zum massiven Anstieg des Außenhandels und ausländischer Investitionen sowie staatlicher Investitionen in Shanghai.

JIANG ZEMIN 1993
Als Jiang Zemin nach Deng Xiaopings Rücktritt 1993 die Präsidentschaft übernahm, wurde er zum mächtigsten Mann Chinas.

RÜCKGABE HONGKONGS 1997
Nach 155 Jahren britischer Kolonialherrschaft wurde Hongkong schließlich als Sonderverwaltungszone an China zurückgegeben.

1980 1985 1990 1995 2000

Ein-Kind-Politik

Als 1953 eine Volkszählung ein alarmierendes Wachstum zeigte, versuchte man während der nächsten 25 Jahre, die Geburtenrate zu beschränken, doch mit wenig Erfolg. Seit 1979 verfolgt die Regierung daher eine rigide Ein-Kind-Politik. Paare mit einem Kind erhalten Vergünstigungen, während Familien mit zwei Kindern steuerliche Nachteile hinnehmen müssen. Ausnahmen gelten für Familien mit einem behinderten Kind und generell für ethnische Minderheiten. In Städten greift die Politik, auf dem Land weniger. Denn nicht zuletzt wird sie als Angriff auf den tief verwurzelten Glauben empfunden, dass eine Familie nur durch einen Sohn fortgeführt werden kann. Die Folge war, dass nach der pränatalen Feststellung des Geschlechts viele weibliche Föten abgetrieben oder die Mädchen im frühen Alter getötet wurden. Inzwischen gibt es daher wesentlich mehr Männer als Frauen.

Propagandaplakat für die Ein-Kind-Politik

DER DREI-SCHLUCHTEN-DAMM 1995
1995 begann der Bau der größten Talsperre der Welt, dem Drei-Schluchten-Damm. Mehr als eine Million Menschen wurde dafür umgesiedelt, sechs historische Städte mussten zerstört werden. Kritiker warnen vor der Gefahr von Erdbeben und meinen, dass kleinere Dämme einen vergleichbaren Nutzen gehabt hätten.

DIE ASIATISCHEN SPIELE 1994
Erst 1993 wurde eine professionelle Fußballliga gegründet. Im Jahr darauf wurde die chinesische Nationalmannschaft als Gastgeber Vizemeister.

Zou Jie, Stürmer des Fußballclubs Dalian Shide

Femme fatale >
In Zhang Yimous Epos *Hero* (2002) spielt Maggie Cheung die Mörderin Fliegender Schnee.

HU JINTAO 2003
Hu Jintao löste Jiang Zemin als Präsident der Republik ab.

TOURISMUS IN CHINA 2003
Anfang der 1970er-Jahre wurden die Einreisebeschränkungen für China nach und nach gelockert. Ausländer strömten ins Land, um die Chinesische Mauer, die Verbotene Stadt und die Terrakotta-Armee zu sehen. 2005 überflügelte das Reich der Mitte Italien als viertbeliebtestes Reiseziel der Welt, und man schätzt, dass China 2020 die beliebteste Destination werden wird.

2010

2005

TIBETISCHE EISENBAHN 2006
2006 wurde zwischen Xining und Lhasa die höchstgelegene Eisenbahnstrecke der Welt eröffnet. Angeblich soll sie Investitionen fördern, doch Kritiker meinen, dass sie der besseren Kontrolle Chinas über Tibet dient.

Die Lhasa-Brücke in Tibet

Modernes chinesisches Kino

Bis in die 1980er-Jahre hinein produzierte China kaum Filme, die international bekannt wurden. Die wenigen Produktionen, die während der Kulturrevolution entstanden, waren reines Propagandamaterial. Mitte der 80er-Jahre traten jedoch neue Filmemacher auf den Plan, die sich selbst »Fünfte Generation« nannten. Sie brachen mit traditionellen Methoden des Geschichtenerzählens und setzten auf unorthodoxe Vorgehensweisen.

Chen Kaige und Zhang Yimou

Die bekanntesten Regisseure der Fünften Generation sind Chen Kaige und Zhang Yimou. Ersterer war Regisseur, Letzterer Kameramann des Films *Gelbe Erde* (1984). Der Film erzählt die Geschichte eines kommunistischen Soldaten, der aufs Land geschickt wird, um fröhliche Volkslieder für die Revolution zu sammeln. Doch er stellt fest, dass die Lieder der Menschen von Elend und Leid handeln. Der Film zeigt die düstere Seite der bäuerlichen Existenz im Kommunismus.

Später drehte Chen Kaige den international hochgelobten Film *Lebewohl, meine Konkubine,* der die Geschicke zweier Sänger der Peking-Oper über fünf Jahrzehnte turbulenter chinesischer Geschichte bis zur Kulturrevolution verfolgt. Auch Zhang Yimou arbeitete als Regisseur. Seine Filme *Das rote Kornfeld* (1987), *Judou* (1990) und *Rote Laterne* (1991), die sich mit der Rolle der Frau in der chinesischen Gesellschaft beschäftigen, wurden in China wie auch im Westen gefeiert. Zudem machten sie die Schauspielerin Gong Li zu einem internationalen Filmstar.

Wiederbelebung des Wuxia

Im Jahr 1999 verbuchte der Film *Tiger and Dragon* des taiwanesischen Regisseurs Ang Lee im Westen einen bemerkenswerten Erfolg. Diese Koproduktion von Hongkong, China, Taiwan und den USA steht in der chinesischen *wuxia*-Tradition, einem Roman- und Filmgenre, das die ritterliche Schwertkampfkunst mit daoistisch-buddhistischer Philosophie und einer Reihe fantastischer Elemente verbindet. Auch Zhang Yimous *Hero* (2002), *House of Flying Daggers* (2004) und *Der Fluch der goldenen Blume* (2006) sind *wuxia*-Filme.

Lieblingskonkubine >
Zhang Yimous *Rote Laterne* (1991) mit Gong Li erzählt die tragische Geschichte rivalisierender Konkubinen.

^ **Kommunistentraum**
In Chen Kaiges Film *Gelbe Erde* (1984) stellt Qiang Liu überzeugend den desillusionierten Soldaten Hanhan dar.

Siegerglück Turner Teng Haibin holte eine der 32 Goldmedaillen für China bei der Olympiade 2004 in Athen.

Olympische Spiele 2008

Im August 2008 werden in Beijing die Olympischen Sommerspiele 2008 und die Paralympics unter dem Motto »Eine Welt, ein Traum« stattfinden. Bei Ersteren werden etwa 10 500 Athleten in 28 Sportarten antreten, Letztere werden 20 Disziplinen umfassen. Man erwartet eine halbe Million ausländische Touristen und 2,5 Millionen einheimische Besucher.

Politik und Umwelt

Als die Bewerbung Beijings als Austragungsort für die Olympischen Spiele diskutiert wurde, kamen auch Fragen zu Chinas Umgang mit den Menschenrechten und der Behandlung Tibets auf, zudem gab es Bedenken bezüglich einer freien Berichterstattung, Gewährleistung der Sicherheit, politischer Demonstrationen und Terrorgefahr. Dennoch entschied sich das Olympische Komitee mit überwältigender Mehrheit für die chinesische Hauptstadt.

Nach wie vor bereitet die Luftverschmutzung Sorgen – China hat den höchsten Schwefeldioxidausstoß der Welt, und Beijing leidet unter Smog. Ein Hauptverursacher der Luftverschmutzung ist der Verkehr. Neue Busse und Bahnen sollen die Nutzung öffentlicher Verkehrsmittel fördern, und während der Spiele wird der Autoverkehr eingeschränkt werden. Zur weiteren Verbesserung der Luftqualität wurden viele Fabriken vor die Stadt verlegt und Kohleheizungen in Privathaushalten durch Gasheizungen ersetzt.

Olympisches Ambiente

Die Ausrichtung der Spiele kostet 33 Milliarden Euro. Etwa ein Drittel der Stadt wird für diesen Anlass umgestaltet: Eine Schnellstraße und zwei Umgehungsstraßen werden gebaut und 320 Kilometer Stadtstraßen verbreitert oder neu angelegt. Die Länge des U-Bahn-Netzes wurde verdoppelt, und das größte Flughafen-Terminal der Welt, entworfen von dem britischen Architekten Sir Norman Foster, wird die Besucher aus aller Welt empfangen. Spektakuläre Gebäude beherbergen auch die Wettkämpfe, darunter das Nationalstadion der Schweizer Architekten Herzog und de Meuron und das Nationale Schwimmzentrum, der »Wasserwürfel«.

Einige Wettkämpfe finden in Tianjin, Shanghai und Shenyang statt, die Fußballspiele u. a. in Qinhuangdao, in Qingdao Segel-Regatten und in Hongkong Reiten.

Neues Stadion Das 18 400 Besucher fassende National Indoor Stadium für die Turnwettbewerbe bei Olympia 2008. Die Computersimulation zeigt auch das benachbarte Nationale Schwimmzentrum und das Nationalstadion.

引
语

Es wird viel Arbeit, aber ich bin überzeugt, dass wir großartige Spiele abhalten werden. Ich glaube, die Welt wird uns dann sehr viel besser verstehen.

Wang Wei, Generalsekretär des Olympischen Bewerbungskomitees

^ China feiert
Der Platz des Himmlischen Friedens nach der Ankündigung, dass Beijing die Olympischen Spiele 2008 ausrichten wird

Gehört China die Zukunft? Als bevölkerungsreichste Nation der Welt und aufstrebende ökonomische und militärische Supermacht, die Asien dominiert und seine Interessen weltweit ausdehnt, wäre die Antwort wohl »Ja«. Die wirtschaftlichen Erfolge des Landes in den letzten Jahren lassen eine Welt erahnen, in der China die dominierende Macht sein wird. Doch man denkt zugleich auch an die Spannungen, die in China bis heute zwischen Tradition und Moderne bestehen, oder aber die großen Herausforderungen in Umweltfragen und sozialen Dingen. Wie wird das Land diese Probleme lösen – und wann wird der Druck für politische Veränderungen die chinesische Regierung zu einem Kurswechsel zwingen?

中国的未来

GESELLSCHAFT

Wanderarbeiter auf einer Baustelle

STADT UND LAND

Millionen Chinesen in ländlichen Gebieten leben von weniger als einem Dollar pro Tag. Viele wandern in die Städte ab, um besser bezahlte Jobs zu finden. Sie übernehmen Schwerstarbeit, die Städter nicht mehr tun wollen, oder verdingen sich als billige Arbeitskräfte in den Fabriken für Chinas boomenden Export.

JUNGE STÄDTER

Nach neuen Untersuchungen streben junge Leute in Städten einen hohen Bildungsgrad und gut bezahlte Arbeit an. Ein Drittel der Befragten tolerieren voreheliche Sex, aber die meisten möchten heiraten.

Jugendkultur
In den Städten geben wohlhabende junge Leute ihr Geld überwiegend für Essen, Kleidung und Freizeitgestaltung aus.

KOMMUNIKATION

Internet und Mobilfunk erschweren der Regierung zunehmend die Unterbindung der freien Meinungsäußerung. Deshalb wurde eine »Internetpolizei« eingerichtet, um die Verbreitung subversiver Information zu verhindern.

WIRTSCHAFT

WIRTSCHAFTLICHE SUPERMACHT

Zwischen 1978 und 2003 stiegen Chinas Exporte von 8,8 Millionen auf 438 Millionen Dollar. Trotz der Sorge um Überhitzung expandiert die chinesische Wirtschaft weiter rapide. 2025 könnte das Land die weltweit größte Wirtschaftsmacht sein.

Die belebte Börse von Shanghai

UNTERNEHMER

Rasante Veränderungen in Wirtschaft und Recht erlauben es Privatunternehmern, von denen viele Verbindungen zum Ausland pflegten oder im Ausland studiert haben, ein Vermögen zu machen.

Skyline von Shanghai
Chinas wirtschaftlicher Aufschwung kommt auch in der Architektur zum Ausdruck.

CHINAS ZUKUNFT

DIE VOLKSREPUBLIK NACH 2010

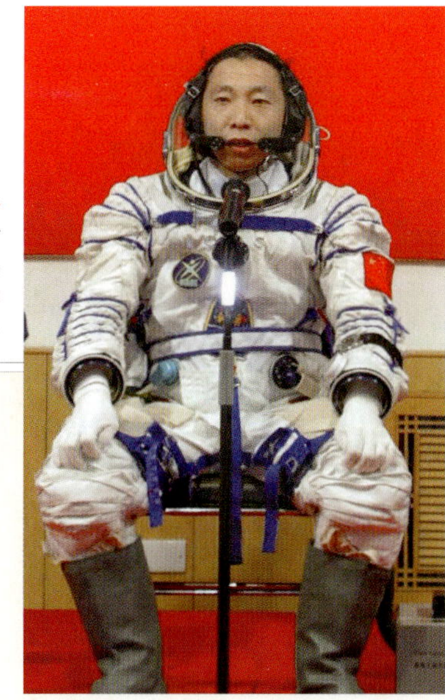

Yang Liwei > Chinas erster bemannter Raumflug fand 2003 statt. Yang Liwei war der Pilot an Bord der »Shenzou 5«.

POLITIK

NATIONALE ALLIANZEN

In jüngster Zeit versucht China seine Position in der Weltpolitik durch Allianzen zu stärken. Seit 1995 hat es territoriale Streitigkeiten, insbesondere mit Indien, beigelegt und Beziehungen zur Europäischen Union wie auch zu Ländern in Afrika und Südamerika aufgenommen.

RAUMFAHRTPROGRAMM

Hinter Chinas Raumfahrtprogramm steht der Wunsch nach internationalem Ansehen. Für 2033 plant China einen unbemannten Raumflug zum Mars, dem Ende des Jahrhunderts ein bemannter Flug folgen soll.

CHINA UND TAIWAN

1981 versicherte Deng Xiaoping, dass China Taiwan nicht mehr gewaltsam einnehmen wolle. China möchte Taiwan zu einer Sonderregion Chinas mit eigenem Regierungssystem machen, aber die Führung in Taiwan beharrt weiterhin darauf, dass die Republik China ein unabhängiger souveräner Staat bleibt.

UMWELT

WÜSTENBILDUNG

Klimawandel und Industrialisierung haben das Vordringen der Wüsten Gobi und Taklamakan beschleunigt. Das Pflanzen einer »Großen Mauer« aus Bäumen soll die Desertifikation bis 2010 stoppen und die Wüste ab 2030 wieder zurückdrängen.

Desertifikation bei dem Dorf Langtou Gou in der Provinz Hebei

LUFTVERSCHMUTZUNG

Die Verbrennung großer Mengen Kohle hat zu starker Luftverschmutzung geführt. Die Regierung hat einige Gegenmaßnahmen eingeleitet, doch das wirtschaftliche Wachstum hat weiterhin höhere Priorität.

INFEKTIONSKRANKHEITEN

Als 1997 das Vogelgrippevirus H5N1 in China festgestellt wurde, tötete man 1,2 Millionen Hühner. 2002 traten in China und Hongkong 6 700 Fälle von SARS auf, mehr als 600 Menschen starben. Die späte Reaktion der Behörden führte zu einem schweren Vertrauensverlust.

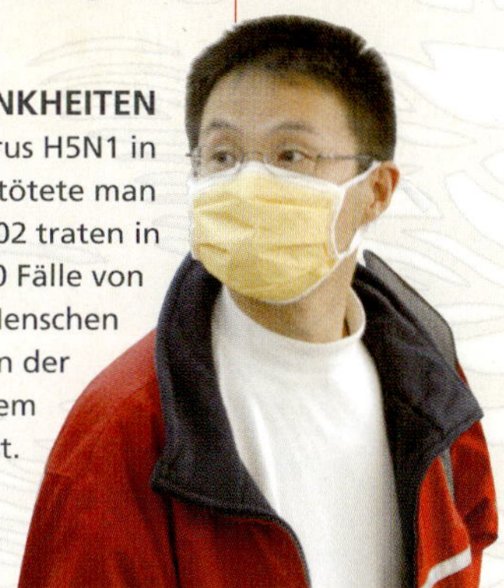

Mann mit Atemschutzmaske während der SARS-Epidemie

OCHANG
TELEPHONE
TELEPHONE

MENSCHEN

人们 EIN TAG IM LEBEN

Chinas Bevölkerung ist in weniger als einem Jahrhundert von 400 Millionen auf etwa 1,3 Milliarden angewachsen. Davon sind etwa 93 Prozent Han-Chinesen, der Rest setzt sich aus 55 ethnischen Gruppen zusammen. In den ersten Jahrzehnten der Volksrepublik regelte die Kommunistische Partei jedes Detail des Alltags. Inzwischen sind die Kontrollen lockerer – zumindest, solange keine Forderungen nach politischen Veränderungen gestellt werden. Dank der Wirtschaftsreformen sind die Geschäfts- und Arbeitsmöglichkeiten sprunghaft angestiegen. Es erinnert an die industrielle Revolution des 19. Jahrhunderts in Europa: Mehrere hundert Millionen Menschen kamen vom Land in die Fabriken und in Dienstleistungsbetriebe in den Städten. Aber noch immer leben etwa 70 Prozent der Chinesen auf dem Land, sodass Lebensstil und Wohlstand zwischen Land- und Stadtbevölkerung weiter auseinanderklaffen denn je. Dieses Kapitel gibt einige Momentaufnahmen vom Leben im heutigen China: Es porträtiert 14 Personen aus unterschiedlichen Gegenden und Verhältnissen.

Wie Millionen Chinesen bewohnen der 52-jährige Chang Hanlin

农民

und seine Frau eine mit der Hand gegrabene Höhle im weichen Lösshang ihres Tales. Sie leben also vom Land und in seinem Inneren. »Diese Gegend ist gebirgig, die Erde ist trocken und hart – gut, um Höhlen zu bauen«, erklärt Chang. »Höhlen sind praktisch: Im Sommer bleiben sie kühl, im Winter warm.«

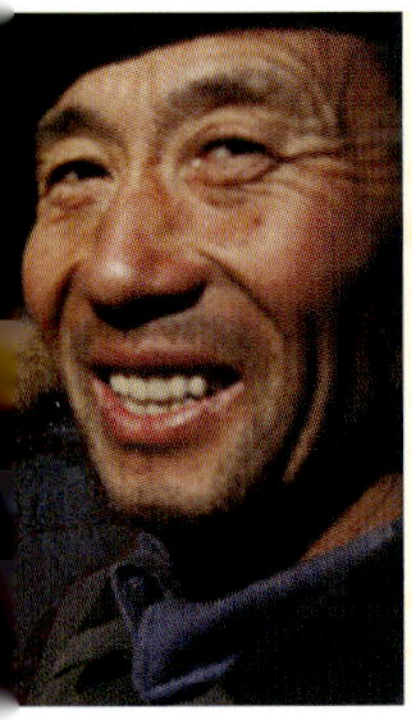

Seit Jahrhunderten tragen Südwinde feinen Flugstaub aus dem mongolischen Hochland bis hinunter auf 200 Meter in das Gebiet, um das sich die große nördliche Windung des Huanghe (Gelben Flusses) schlingt. Der nährstoffreiche und fruchtbare Lössboden ist fest und nachgiebig zugleich. Getrocknet wird er hart wie Beton – ein guter Baustoff für die 200 Familien, die in Changs Dorf Changqu in der Provinz Shaanxi in Höhlen leben.

Der Rhythmus von Chang Hanlins Leben entspricht dem des Landes: Den größten Teil des Jahres über kümmert er sich um die Feldfrüchte: Mais, Kartoffeln, Hirse, Datteln, Sonnenblumen und Äpfel. Außerdem hat er Hühner, Schweine und Schafe. Der nächste Markt ist zwei Stunden zu Fuß entfernt. Also bauen Herr Chang und die anderen Dorfbewohner fast ihre ganze Nahrung selbst an. Im Frühwinter hat er wenig zu tun. Seine Frau bereitet dann viele Konserven zu, damit sie bis zum Frühjahr genug zu essen haben.

Die einfachen Ackergeräte und Werkzeuge sind hier seit Jahrhunderten dieselben. Wichtigste Antriebskraft ist der Maulesel. Die Höhlen speichern die Wärme vom Kochen auf natürliche Weise. Der Herd wird mit Holz oder Kohle befeuert und mit dem Kang, einem aus Ziegeln gemauerten Bett, verbunden, das so von unten beheizt wird. Zwar gibt es Strom, das Wasser aber muss aus einem tiefen Brunnen geholt werden, der etwa 30 Gehminuten entfernt ist.

Changs Höhle ist rund 70 Jahre alt, die älteste im Dorf etwa 300. Neue Höhlen werden nicht mehr angelegt. »Wenn die Leute reicher werden, halten sie das Leben in einer Höhle für rückständig. Sie möchten lieber in einem Apartment in der Stadt wohnen«, sagt er. »Wenn ein junger Mann von hier heiraten möchte, muss er die Höhle zumindest mit Ziegeln oder Kacheln auskleiden, damit es ein bisschen moderner aussieht.«

Aber die meisten jungen Leute ziehen in die Städte, um dort in Fabriken oder auf Baustellen zu arbeiten. So werden die ländlichen Gebiete förmlich ausgeblutet. Auch Changs zwei Söhne sind weggegangen. »Sie machen ein Aufbaustudium in Xi'an«, erzählt er stolz. Ihre bisherige Ausbildung hat ihn schon seine ganzen Ersparnisse gekostet, und er hat hohe Schulden.

Wenn seine Söhne gute Jobs in der Stadt finden, will Chang seine Höhle aufgeben und zu ihnen ziehen.

DIE HÖHLENWOHNUNG
Chang führt seinen Maulesel durch den Hof vor dem Eingang seiner Wohnung. Einige Chinesen leben bis heute in natürlichen Höhlen. Die meisten dieser Wohnungen werden jedoch aus einem großen vertieften Hof ausgeschachtet. Oder es werden, wie bei Changs Wohnung, Südhänge so umgeformt, dass behagliche Wohnräume entstehen.

MORGENDLICHE PFLICHT
Mit einer Schaufel und einem selbst gemachten Besen fegt Chang Sand zusammen. So wie er halten die Menschen hier seit Jahrhunderten die Höhleneingänge frei von Staub und Laub.

BAUER IM LÖSSTAL

LEBEN MIT DER »GELBEN ERDE« IM LÄNDLICHEN SHAANXI

< RAUCHEN IM HOF
In der wärmenden Morgensonne legt Chang eine Pause ein und genießt vor dem Frühstück eine Zigarette im Hof.

V GUT AUSGESTATTETE KÜCHE
In der unterirdischen Küche gibt es alles für Pfannengerichte und Gedämpftes – Schnellkochmethoden, die ein Minimum an Heizmaterial erfordern.

V ZUBEREITUNG VON HIRSEBREI
Die Höhlenwohnung füllt sich mit Dampf, wenn Changs Frau Hirsebrei kocht. Dieses Essen sorgt für einen kräftigenden und wärmenden Start in einen Tag voller harter körperlicher Arbeit.

Λ VORBEREITUNG DER ZUTATEN
Changs Frau misst sorgfältig die Gewürze, Kräuter, Würzsaucen und anderen Zutaten ab, die sie zur Zubereitung der Mahlzeiten des Tages benötigt.

> FAMILIENFRÜHSTÜCK
Auf dem Bettrand nimmt Chang mit Frau und Tochter das Frühstück in dem großen Raum ein, der als Schlafzimmer, Wohnzimmer und Küche dient.

常 Inzwischen haben wir Strom, aber kein fließendes Wasser. Unser Wasser hole ich von einem Brunnen im Dorf.

^ **TEEPAUSE**
Vor der Arbeit trinkt Chang eine Tasse Tee. Die unverputzte Erde der Höhlenwände hinter ihm ist mit allerlei Bildern und Wandbehängen dekoriert.

DER MAULESELKARREN
Chang kann mit seinem Mauleselkarren von Schüttgut bis hin zu Flüssigdünger alles transportieren, im Notfall sogar Familienmitglieder.

MAIS MAHLEN
Frau Chang verbindet dem Maulesel die Augen, bevor sie ihn zum Mahlen einspannt. Er dreht den Mühlstein so lange, bis der Mais zerkleinert ist.

HIRSE VOM MARKT HOLEN
Chang hat seinen Mauleselkarren mit Hirse vom Markt beladen. Für das zusätzliche Getreide, mit dem er seine Ernte aufstockt, muss er einen zweistündigen Fußmarsch in Kauf nehmen.

FÜTTERUNG DES MAULESELS
Nach der Heimkehr gibt Chang seinem Maulesel zu fressen. Kraftfahrzeuge haben in dem Dorf Changqu noch keine große Bedeutung. Darum ist es besonders wichtig, die Tiere gut zu versorgen.

DAS MAISMEHL AUFLESEN
Nach langem Mahlen ist der Mais zu feinem Mehl geworden. Es wird sorgfältig zusammengefegt und durchgesiebt, Halmreste und sonstige Rückstände werden entfernt.

< **SONNENBLUMENERNTE**
Chang sammelt die Sonnenblumenstängel von seiner Parzelle. Die Kerne werden zu Öl gepresst oder gegessen. Die Stängel dienen als Tierfutter oder als Brennmaterial.

< **DER TRANSPORT NACH HAUSE**
Unter einer Ladung Sonnenblumen geht der Bauer festen Schrittes den Berg hinunter. Durch jahrelange Knochenarbeit ist er an solche schwere Lasten gewöhnt.

∨ **BAUERNHÄNDE**
Ein Leben voller Mühsal, der Sonne ausgesetzt, hat seine Spuren an Changs magerer Gestalt hinterlassen und seine trockenen, rau gewordenen Hände gegerbt.

∧ **TRADITIONELLES WERKZEUG**
Geräte, wie Chang sie benutzt, gibt es im Westen schon lange nicht mehr. Mangels Mechanisierung braucht er Werkzeug, das er selbst herstellen und pflegen kann.

Abwanderung in die Städte

In China findet derzeit eine der größten Massenmigrationen statt, die die Welt je erlebt hat. Etwa 100 bis 150 Millionen Migranten vom Land arbeiten bereits in den Städten. In 20 Jahren werden es vermutlich weitere 200 Millionen sein.

Von den 800 Millionen Landbewohnern sind bis zu 80 Prozent der Männer unterbeschäftigt. Wer Arbeit in der Stadt findet, schickt den größten Teil des Lohns nach Hause. So steigt der Lebensstandard in den Dörfern oft merklich, auch wenn die Felder vernachlässigt werden. Männer und Frauen im erwerbsfähigen Alter sind auf dem Land immer seltener anzutreffen.

Den Migranten wird die zunehmende Kriminalität in den Städten angelastet, doch sie nehmen die schlecht bezahlte und gefährliche Arbeit an, die Städter nicht tun wollen. Die meisten Jobs gibt es auf dem Bau, aber die Zuwanderer betreiben auch Straßenküchen, arbeiten in Recyclinganlagen oder als Kindermädchen und Hausmeister.

常 Der Drachenkönig herrscht über das Wetter. Im April opfern wir ihm im Tempel nahe dem Dorf ein Schwein und bitten um reichlich Regen.

> FUTTER FÜR DIE HÜHNER
Frau Chang versorgt die Hühner der Familie. Die Eier sind eine wichtige Ergänzung des ansonsten kargen Speiseplans in den Wintermonaten.

V LAGERHÖHLE
Nachbarhöhlen dienen Familie Chang als Speicher. Sie sind frei geworden, weil die früheren Bewohner in die Stadt gezogen sind.

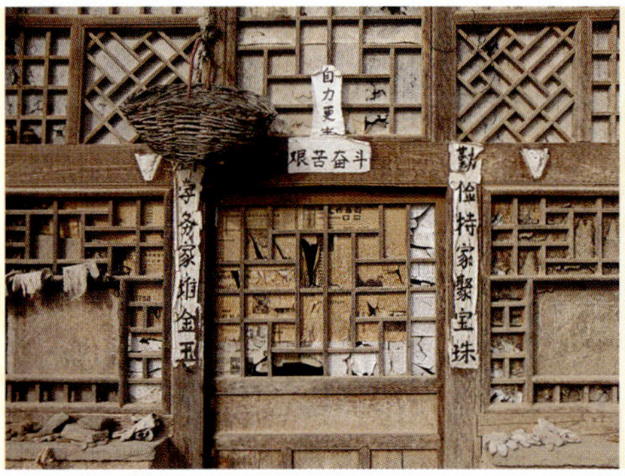

Λ TIERFUTTERVORRÄTE
Das Futter für die Tiere lagert in großen Säcken und Kübeln. Es ist die Hauptnahrung des Maulesels und der zwei Schweine, von denen eines zum Frühlingsfest (dem chinesischen Neujahrstag) geschlachtet wird.

< HOFREINIGUNG
Chang sammelt Trockenfutter zur späteren Verwendung. Mit alten Reifen presst er es zusammen, damit es nicht von den heftigen Herbststürmen im Hof herumgewirbelt wird.

> KONSERVEN
Frau Chang hat den ganzen Herbst über Früchte in sauberen Gläsern eingemacht. Mit diesen Konserven fällt es der Familie später leichter, über den langen, kalten Winter zu kommen.

< **ZIGARETTENPAUSE**
Chang legt eine Pause ein. Er hat sein Leben lang schwer gearbeitet und drei Söhne großgezogen. Jetzt erwägt er, sich in der Stadt zur Ruhe zu setzen.

˅ **HÖHLENDEKORATION**
Die Wände lassen sich nicht tapezieren. Darum werden die Räume mit alten Kalendern, Propagandapostern und Landschaftsbildern geschmückt.

˅ **DORFHOCHZEIT**
Am Abend nimmt Chang an der Hochzeit eines jungen Paares teil, das sich entschieden hat, im Dorf zu bleiben, statt in die Stadt zu ziehen. Die Braut trägt ein rotes Kleid, ein Glückssymbol.

˄ **HAUSAUFGABENZEIT**
Changs Tochter achtet nicht auf die kommunistischen Helden hinter ihr, sondern konzentriert sich auf ihre Hausaufgaben. Chinesische Schüler müssen viel lernen, damit sie studieren können.

˄ **DIE HOCHZEITSKAPELLE**
Die Musiker mit traditionellen und westlichen Instrumenten tun ihr Bestes, um Gäste und Zuschauer zu unterhalten, damit die Feier etwas ganz Besonderes ist.

刘 Durch Kalligrafie und Malerei drücke ich meine Gefühle und meinen Geist aus.

Liu Mu besitzt ein Atelier und eine Galerie. Er gehört zur Leitung der Nationalakademie für Chinesische Malerei. Seit seinem 14. Lebensjahr praktiziert er Kalligrafie. »Mein Großvater sah sie als Grundstein der Bildung, also begann ich schon als Kind damit. Sie zählte zu den Grundfertigkeiten einer Person, die lesen und schreiben kann, und hat mein ganzes Leben geprägt.«

书法家

Professor Liu folgte nicht nur seinem Großvater. Als Junge beeindruckte ihn auch ein Comicbuch über den Maler Wang Mian. Dieser ungebildete Wasserbüffel-Hirte lebte an der Wende vom 12. zum 13. Jahrhundert. Wang wurde berühmt für seine Pflaumenblüten-Bilder und einen charakteristischen, schwungvollen Kalligrafiestil.

Liu stammt selbst aus einer Bauernfamilie und war fest entschlossen, in Wang Mians Fußstapfen zu treten. Auch sein Lehrer war der Auffassung, dass die Beherrschung der Kalligrafie die Voraussetzung für gutes Malen sei. »Also übte ich viel«, sagt er, »und lernte alle Stile von der steifsten und konventionellsten bis hin zur extravaganten Grasschrift *(Cao shu)*, bei der die Schriftzeichen mit einem einzigen Pinselstrich schnell hingemalt werden.«

Im China des 13. Jahrhunderts wurde Kalligrafie neben Poesie und Malerei als eine der »drei Vollkommenheiten« unterrichtet. Heutzutage dagegen gilt die Schönschrift als traditionelle Kunst und gehört nicht mehr zum allgemeinen Lehrplan. »In den Büchern für die Grund- und Mittelschule steht sehr wenig über Kalligrafie. Einige Schulen bieten noch nicht einmal Malerei an, weil es an Kunstlehrern mangelt«, bedauert Liu. »Inzwischen beschäftigen sich mehr Rentner mit Kalligrafie, aber nur zum Vergnügen.«

Nur wenige Künstler können heute von der Kalligrafie leben, und viele haben wie Liu noch andere Jobs. »Die berühmtesten Kalligrafen arbeiten als Lehrer an Kunstschulen oder Universitäten«, sagt er. »Ich genieße es, jüngere Generationen darin zu unterrichten, eine der ältesten Kunstformen Chinas zu beherrschen.«

Wang Xizhi gilt allgemein als der größte Kalligraf der chinesischen Geschichte. Er lebte vor 1700 Jahren. Seine halb kursive, frei fließende Laufschrift *(Xing shu)* blieb für Generationen von Schülern der Schreibkunst ein Ideal. Sein 28-zeiliges, 324 Schriftzeichen umfassendes Vorwort zu der Gedichtsammlung vom *Orchideenpavillon* nahm ein Kaiser der Tang-Dynastie mit ins Grab. Es gilt als das größte Meisterwerk der Kalligrafie.

»Mittlerweile hat sich ein Markt für moderne und klassische Kalligrafie entwickelt. Die Preise für zeitgenössische Werke erreichen allmählich die für ältere«, erklärt Liu zufrieden. Vielleicht ist die Kalligrafie seltener geworden, aber wenigstens ist die Wertschätzung dafür noch vorhanden.

FRÜHSPORT: TAI CHI
Wie viele ältere Chinesen beginnt Liu seinen Tag mit dem traditionellen Schattenboxen, das ihn beweglich und gesund halten soll. Der Legende nach entwickelte ein daoistischer Mönch die Übungen im 14. Jahrhundert.

DAS ATELIER
Lius Atelier liegt in einer belebten Mittelschule von Beijing, eine Stunde von seiner Wohnung entfernt. Spielende Kinder liefern das Hintergrundgeräusch.

SCHREIBVORBEREITUNGEN
Mit etwas Wasser reibt Liu einen Tuschestift auf einem Tuschestein, der nicht nur als Reibfläche, sondern auch als Behälter für die Flüssigkeit dient. Ein guter Tuschestein besteht aus Stein oder Keramik.

DIE VIER SCHÄTZE
Der Pinsel ist neben Tusche, Papier und Tuschestein einer der »vier Schätze des Studierzimmers«. Ihre Beherrschung galt einst als Grundlage höherer Bildung.

KALLIGRAF
TRADITIONELLER TUSCHEMALER IN BEIJING

˅ DIE WAHL DES RICHTIGEN PINSELS
Liu nimmt einen Kalligrafie-Pinsel und prüft, ob die Naturborsten in einer biegsamen Spitze auslaufen. Nur so kann er unterschiedlich breite Striche ausführen.

<˅ DAS HANDWERKSZEUG EINES PROFIS
Für seine kalligrafischen Arbeiten verwendet Professor Liu die übliche schwarze Tusche, aber wenn er großflächige Bilder malt, setzt er die verschiedensten Farben und Pigmente ein.

<˅ DER LETZTE SCHLIFF
Wenn er eine Kalligrafie vollendet hat, setzt Liu sein Siegel in roter Tusche dazu. Ältere Werke tragen oft Siegel der Vorbesitzer. Sofern diese berühmt waren, steigert das den Wert.

EINEN STUDENTEN BERATEN
Ein Student kommt vorbei, um seine Landschaftsmalerei zu besprechen und Rat einzuholen. An der Wand hinter ihnen hängt eine von Lius großformatigen Arbeiten.

EINEN STILLEN AUGENBLICK GENIESSEN
Liu nimmt sich Zeit, um über eine neue Komposition nachzudenken, Vorlesungen über Kalligrafie und Malerei vorzubereiten und seine nächste Ausstellung zu planen.

EINE LANDSCHAFT MALEN
Liu gibt einem Werk den letzten Schliff. In seinen Arbeiten zeigt sich der Einfluss eines berühmten Lehrers, bei dem er im Alter von 16 bis 19 Jahren studierte.

DIE TEEPAUSE
Liu schätzt erstklassigen Tee. Am Nachmittag trinkt er mit seinen Assistentinnen einen starken Tee aus einer fingerhutgroßen Schale, wie es sich für Kenner gehört.

KALLIGRAFIEPINSEL
Für jeden Stil sind verschiedenste Pinselstärken und -qualitäten verfügbar. Die dicksten werden für riesige Schriftzeichen auf großen Bogen verwendet.

KOSTPROBE IM TEEGESCHÄFT
Auf dem Heimweg macht Liu an Beijings Teegroßmarkt Halt, um verschiedene Teesorten in einem der 600 Läden zu kosten. Tee ist eine seiner größten Leidenschaften.

PLANUNGSGESPRÄCHE
In der Galerie, die zum Atelier gehört, besprechen Liu und seine Assistentin Geschäftliches wie die Marktlage und künftige Ausstellungen.

TERMIN IN DER AKADEMIE
Liu auf dem Weg zur Nationalakademie für Chinesische Malerei, deren Vizedirektor für Pädagogik er ist.

ABENDESSEN ZU HAUSE
Die Heimfahrt mit dem Bus dauert eine Stunde. In seinem komfortablen modernen Apartment am Stadtrand von Beijing genießt Liu ein einfaches Mahl mit seiner Frau.

< MIT ROTEM SIEGEL VERSEHEN
Zum Schluss signiert der Künstler mit seinem Siegel, und zwar üblicherweise mit roter Tusche oder Paste, die sich gut von der schwarzen Schrift abhebt.

书法

Vor über 3300 Jahren lasen die Chinesen die Zukunft aus den Rissen in Knochen und Schildkrötenpanzern, die durch Erhitzung entstanden waren. In diese Knochen ritzten sie dann ihre Deutungen. Es sind die ältesten bisher gefundenen chinesischen Schriftzeichen. Einige moderne Zeichen haben noch Ähnlichkeit mit diesen Piktogrammen, die meisten aber entstanden mit späteren Stilen, die eingeführt wurden, um das Schreiben mit dem Pinsel zu erleichtern. Die heute gebräuchlichen Stile existieren mindestens seit dem 5. Jahrhundert. Die Kalligrafie gilt als ein Zweig der Malerei, und Schriftrollen mit formvollendeten Schriftzeichen sind ebenso begehrt wie traditionelle Porträts oder Landschaften. Früher waren Künstler, Schriftsteller und Dichter auch Kalligrafen. Ein berühmtes Sprichwort lautet: »Chinesische Schriftzeichen spiegeln den Menschen wider.« In der Kaiserzeit wurde bei den Beamtenprüfungen – dem Weg zu Macht und Einfluss – nicht nur Wissen über die Klassiker und ein überzeugender Argumentationsstil verlangt, sondern auch makellose Kalligrafie.

DAS HANDWERKSZEUG EINES KÜNSTLERS

< WEICHE PINSEL
Große Pinsel für große Zeichen. Die größten haben besenlange Stiele. Damit werden sogar in Parks Schriftzeichen mit Wasser auf den Boden gemalt.

EIN PINSEL FÜR JEDEN ZWECK
Kalligrafiepinsel bestehen traditionell aus Pferde-, Kaninchen- oder Hirschhaar und werden nach ihrer Spitze, Gleichmäßigkeit und Biegsamkeit beurteilt.

DAS FAMILIENHAUS
A Huas Haus steht auf Stelzen, was die Luftzufuhr im feuchtheißen Klima verbessert. Der Bau erinnert an Häuser in den Nachbarländern Laos und Myanmar.

茶 工

Im Dorf Zhalu in den Bergen von Xishuang Banna, an der Grenze zu Laos und Myanmar, bauen A Hua, ihr Mann und ihre Schwiegereltern auf rund einem Hektar Kautschuk und Tee an. Hier oben weicht die Schwüle der Region kühler, feuchter Luft. Außer im Dezember und Januar wird der Tee das ganze Jahr über geerntet. Die Familie verdient damit rund 1000 Euro im Jahr.

Mithilfe ihrer Schwiegermutter erledigt die 23-jährige A Hua den größten Teil der Arbeit: den Tee pflücken, den milchigen Saft von den Kautschukbäumen sammeln, Schweine und Hühner füttern. Am meisten ist im Frühling zu tun: Morgens um vier ritzt sie die Rinde der Kautschukbäume an, vier Stunden später geht sie heim und kocht für die Familie, dann macht sie sich wieder auf, um bis zum Einbruch der Dunkelheit Tee zu ernten – ein 14-stündiger Arbeitstag.

Das Dorf Zhalu liegt in einer der besten Gegenden der Region für den Anbau von Pu'er. Diese Teesorte gibt es nur in der Provinz Yunnan und ist inzwischen sehr beliebt. »In den letzten acht Jahren ist das Dorfleben allmählich besser geworden. Viele Einkäufer kommen selbst her, und der Wettbewerb treibt den Marktpreis in die Höhe«, sagt A Hua. Dank dieser Entwicklung besitzt die Familie jetzt einen Fernseher, ein Motorrad und einen Traktor.

A Huas Mann arbeitet für eine Teefabrik. Er vereinbart Preise mit den anderen Dorfbewohnern und kontrolliert, dass sie das hochwertige Produkt nicht strecken. Sein Arbeitgeber ist Luo Mingwei, einer von drei Brüdern, denen eine Fabrik in der nahe gelegenen Sadt Yiwu gehört. Luos Eltern arbeiteten in einer staatlichen Teefabrik. Sein Vater nahm ihn auf Reisen mit und lehrte ihn, guten von schlechtem Tee zu unterscheiden. Luo entschied sich jedoch für eine lukrativere Karriere als Tierarzt.

In den 1990er-Jahren kamen immer häufiger Händler aus Taiwan, Hongkong, Japan und Korea. Luos Brüder hatten 20 Jahre Erfahrung im Staatsbetrieb, und im Jahr 2000 beschloss Luo, mit ihnen ein Unternehmen zu gründen. »Heute ist die Fabrik fast 100 000 Euro wert«, erzählt Luo begeistert. »Immer mehr Menschen lieben Pu'er-Tee. Die Kommune fördert die Teeindustrie, und wir können die Preise noch anheben.« Er sieht rosigen Zeiten entgegen. »Die meisten Kunden sind im Ausland lebende Chinesen, aber auch hier trinkt man wieder mehr erstklassigen Tee. Wenn nur zehn Prozent der Chinesen anfangen, Pu'er-Tee zu trinken, haben wir einen riesigen Markt.«

A Hua hat schon Pläne. Ihre bisher weiteste Reise führte sie in die Provinzhauptstadt Kunming. »Wenn ich mehr Geld habe, möchte ich mit der ganzen Familie Beijing besuchen, vor allem den Tiananmenlatz (Platz des Himmlischen Friedens)«, sagt sie. Wenn Luo Recht behält, wird sich ihr Wunsch bald erfüllen.

ARBEITSSCHUHE
A Huas Segeltuchschuhe haben griffige Sohlen. Sie sorgen für einen festen Halt an den feuchten, schlammigen Hängen, wo die Teesträucher wachsen.

AUF ZU DEN TEEFELDERN
Mit ihrer Schwiegermutter und einer Nachbarin geht A Hua zum Teepflücken. Ihre Kopftücher und Hüte schützen sie vor der Sonne.

ARBEITEN MIT TEE

TEEBAUER UND TEEFABRIKANT, YUNNAN

阿花 | Zurzeit pflücken wir »Wintertee«. Er ist recht selten. Es gibt nicht viele Gegenden, in denen das Klima den Teeanbau so spät im Jahr ermöglicht.

TEE PFLÜCKEN
Im Frühnebel wählt A Hua sorgfältig die Blätter aus, die genau die richtige Größe, Farbe und Zartheit haben, um den besten Pu'er-Tee herzustellen.

GRÜNE TEEBLÄTTER
Die meisten Teeblätter werden erhitzt und anfermentiert, aber ein Teil des Pu'er wird als grüner Tee verkauft, so wie er vom Strauch kommt.

DIE BLÄTTER RÖSTEN
A Hua erhitzt die frischen Teeblätter in einem großen Wok. Bei diesem Prozess färben sich die Blätter schwarz. Er wird *sha qing* (»das Grün töten«) genannt.

BLÄTTER TROCKNEN LASSEN
Nach dem Rösten im Wok werden die Teeblätter ausgebreitet und in der Sonne luftgetrocknet. Jetzt können sie von den Einkäufern geprüft werden.

VORBEREITUNG DES TIERFUTTERS
A Hua muss nicht nur Tee pfllücken. Den restlichen Tag ist sie mit Hausarbeiten beschäftigt. Als Erstes vermengt sie Futter und Wasser für die Schweine.

WÄSCHE WASCHEN
Die Frauen machen die Wäsche und reinigen die Futtereimer im Hof. Das Wasser dafür holen sie von einem öffentlichen Anschluss, den sie sich mit mehreren Nachbarn teilen.

DIE SCHWEINE FÜTTERN
A Hua füttert die Schweine im kühlen Bereich unterhalb des Hauses. Die Familie hält die Schweine und Hühner hauptsächlich für den eigenen Verzehr zu besonderen Anlässen.

LUNCH MIT DEM GROSSHÄNDLER
Luo Mingwei kommt zum Mittagessen. Da der Lebensunterhalt der Familie von seinem Kundenkreis abhängt, verhandeln sie mit ihm über die Teepreise.

罗 Unser traditioneller Pu’er-Tee ist so gefragt, weil wir die hochwertigsten Blätter aus den Bergdörfern anbieten.

< ˅ DEN TEE PRÜFEN
Luo Mingwei prüft die Blätter auf Duft, Feuchtigkeit und Qualität. Er muss sicherstellen, dass der Pu’er-Tee nicht mit minderwertigen Blättern versetzt wurde.

< ˅ EIN GESCHÄFT ABSCHLIESSEN
In China werden Geschäfte meist mit Bargeld abgewickelt. Wenn Luo mit der Qualität der Teeblätter zufrieden ist und die Ernte gewogen wurde, bezahlt er den Kaufpreis direkt.

˄ DER TEETRANSPORT
Der Traktor eignet sich hervorragend für die schlammigen Bergwege. Im Anhänger werden die Säcke voll Tee in Luos Fabrik gebracht. Dort wird die Ernte verarbeitet, verpackt und dann ausgeliefert.

> ZWEITE KONTROLLE
In der Fabrik wird die Teequalität noch einmal geprüft. Davon hängt ab, wie er gelagert und verarbeitet wird.

V DEN TEE WIEGEN
Die neue Ernte wird sorgfältig portioniert. Die Blätter werden gedämpft, damit sie geschmeidig werden, und dann in Scheiben gepresst.

Λ QUALITÄTSPRÜFUNG
Während der Herstellung werden häufig Stichproben gemacht, um die gleichbleibende Qualität des Tees, das Aroma und die richtige Reife zu gewährleisten.

> PRESSEN DER BLÄTTER
In modernen Fabriken erledigen das Maschinen: Hier werden die Teeblätter in kleinen Beuteln unter einem Stein zusammengedrückt.

EINE LAGE TEESCHEIBEN
Zur Fermentation des gepressten Tees gehört die Einwirkung natürlicher Pilzkulturen. Sie kann bis zu ein Jahr dauern. Danach ist der Tee getrocknet und verkaufsfertig.

VERPACKTE TEESCHEIBEN
Die getrockneten Scheiben werden in Papier gewickelt, das Herkunft und Sorte verrät, und zu Stapeln geschichtet. Von der Ernte der Teeblätter bis zum Versand kann es zwei Jahre dauern.

PU'ER-TEE TESTEN
Mingwei und seine Brüder nehmen eine Probe: Zuerst waschen sie die Blätter in kochendem Wasser, dann gießen sie sie mit frischem Wasser auf und lassen ihn ein paar Minuten ziehen.

DIE STÄRKE FESTSTELLEN
Traditionell wurde Teegeschirr aus Porzellan hergestellt. Heutzutage sind die Services, wie das von Luo, aus Glas, damit Farbe und Klarheit des Tees schon von außen erkennbar sind.

< **TEEUTENSILIEN**
Am häufigsten wird Tee in Teekannen oder in Bechern mit Deckel *(gaibei)* aufgebrüht, bevor er zum Trinken in fingerhutgroße Schalen gegossen wird.

In China hat sich Kaffee nur bei wenigen kosmopolitischen Städtern durchgesetzt. Für die Mehrheit bleibt grüner, weißer oder schwarzer Tee (als roter Tee bekannt) das bevorzugte Getränk. Ein chinesisches Sprichwort lautet: »Feuerholz, Reis, Öl, Salz, Sojasauce, Essig und Tee. Das sind die sieben Notwendigkeiten, um den Tag zu beginnen.«

品茶

Die frischen Blätter des grünen Tees sind in China weitaus beliebter als schwarzer Tee, der sorgfältig oxidiert wird, sich länger hält und einen höheren Teingehalt aufweist. Tee ist den Chinesen so wichtig, dass viele ihn unterwegs in einer Thermoskanne oder in einem Glas mit Deckel dabeihaben und immer wieder mit kochendem Wasser aufgießen.

Tee zu verkosten ist etwas völlig anderes, als ihn zur Erfrischung zu trinken. Für dieses Hobby gibt es spezielle Kannen und Schalen. Das schrittweise Aufgießen sorgt dafür, dass jede Teesorte ihre optimale Stärke erlangt. Kenner haben die Wahl zwischen Hunderten verschiedener Sorten, deren Preise von der Blattart und dem Jahrgang abhängig sind.

DIE KUNST DES TEEGENUSSES

> **SERVICE FÜR DIE TEEPROBE**
Yixing-Keramik gehört bei Kennern zu den beliebtesten Tonwaren. Das Tablett fängt den Tee auf, wenn er ohne abzusetzen eingeschenkt wird.

TEEVERPACKUNGEN
Tee wird in Ziegeln, Scheiben oder lose in Beuteln und Dosen verkauft. Er diente in China zuerst etwa 600 v. Chr. als Medizin und später sogar als Zahlungsmittel.

KUNSTHANDWERKER

TRADITIONELLER INSTRUMENTENBAU, KASHGAR

DAS INSTRUMENTENGESCHÄFT
Selays Laden liegt in einem modernen Gebäude in Kashgars Altstadt mit einem quirligen uigurischen Basar.

Ababakri Selay baut in fünfter Generation traditionelle Musikinstrumente in Kashgar. Dieser kleine Marktflecken im äußersten Westen der Autonomen Region Xinjiang erlebte die chinesische Kaiserzeit, die Unabhängigkeit, den russischen Einfluss und den Bürgerkrieg. Kashgar liegt Islamabad, Bischkek und anderen zentralasiatischen Städten viel näher als Beijing. Die meisten Einwohner sind Uiguren, Muslime türkischer Herkunft.

乐师

Trotz all dieser Umbrüche und obwohl chinesische Popmusik hier inzwischen sehr beliebt ist, findet Selay viele Kunden für seine *duttar* aus Maulbeerholz, sein mit Schlangenhaut bespanntes *rawap* und seine viersaitige *gijek*. In seinem Geschäft gibt es fast 40 verschiedene Arten von Musikinstrumenten. Viele davon hat er selbst entwickelt und Einflüsse aus China und einigen Nachbarländern miteinander verschmolzen. »Die Leute hier mögen die traditionellen Lieder immer noch lieber als Popmusik. Traditionelle Instrumente brauchen sie weiterhin«, sagt Selay.

Nicht nur Musiker aus der Gegend kaufen bei Selay, seine Kunden kommen auch aus der fernen Türkei, aus Tadschikistan, Pakistan oder Kirgisistan, Länder, mit denen die Uiguren ihre kulturellen Wurzeln teilen. Ab und zu kaufen sogar westliche Touristen ein Instrument bei ihm – schon wegen der hervorragenden Handwerkskunst, die in den vollendeten Rundungen und aufwendigen Intarsien steckt.

Selay ist 80 Jahre alt. Das Geschäft führen inzwischen seine beiden Söhne. Aber er steht noch jeden Morgen um sechs auf, wäscht sich und betet, bevor er mit Freunden *Nan*-Brot und Tee zum Frühstück einnimmt. Manchmal musiziert er auch mit ihnen. Jeden Tag geht er ins Geschäft und überwacht die Arbeit seiner Söhne. So stellt er sicher, dass sie den Instrumentenbau auf demselben Niveau betreiben, das schon sein Vater pflegte. Selays Vater, Großvater und Urgroßvater wurden 99, 102 beziehungsweise 104 Jahre alt. Auch Selay rechnet mit einem langen Ruhestand, in dem er die ihm gebührende Achtung genießen kann – denn nicht zuletzt hat er die Pilgerfahrt nach Mekka unternommen.

Sein ganzes Leben hat Selay in Kashgar verbracht. Die Stadt wandelt sich derzeit rapide. Im Zuge von Beijings Kampagne zur Erschließung des Westens wurde kürzlich die Fernbahnstrecke eröffnet. Und das typisch zentralasiatische Gassenlabyrinth im Herzen der Stadt ist nun von modernen Gebäuden umgeben. Außerdem könnten die Uiguren zur Minderheit werden, da sich immer mehr Han-Chinesen in Kashgar niederlassen. Selay sieht das jedoch ganz pragmatisch: »Bei steigendem Reichtum können es sich mehr Leute in Kashgar leisten, Musikinstrumente zu kaufen. Das kann für unser Geschäft nur gut sein.«

SO ENTSTEHT EIN RAWAP
Selay prüft, ob der lange Hals des mit Schlangenhaut überspannten Instruments ganz gerade ist. Seine Söhne haben eine mehrjährige Ausbildung. Sie machen kaum Fehler.

DEN RAHMEN PRÜFEN
Die *duttar* ist eines der beliebtesten uigurischen Musikinstrumente. Sie wird aus Maulbeerholz hergestellt. Der Rahmen muss exakt die richtige Form haben, bevor sie besaitet wird.

FAMILIENWERKSTATT
Zwei von Selays Söhnen sind hauptsächlich mit dem Instrumentenbau beschäftigt. Selay konzentriert sich auf die Ausbildung, die Qualitätskontrolle und das Spielen der fertigen Instrumente.

EIN TAMBURIN ENTSTEHT
Das Tamburin ist eines der vielen verschiedenen Instrumente, die Selays Familie baut. Dafür wird spezielles Werkzeug und Material benötigt.

QUALITÄTSKONTROLLE
Selays Söhne warten auf die Zustimmung ihres Vaters, der die Ausführung einer neuen *duttar* überprüft, bevor sie im Geschäft zum Verkauf angeboten wird.

ARBEIT AN DEN INTARSIEN
Eine Intarsie wird in ein *rawap* eingearbeitet. Wenn das Instrument nicht in Gebrauch ist, wird es an dem gebogenen Griff am Ende des Halses aufgehängt.

DETAIL EINER DUTTAR
Ein Beispiel für die hervorragende Kunstfertigkeit, die Selays Familie auf jedes Instrument anwendet, ist die prächtige Einlegearbeit dieser *duttar*.

DIE FERTIGEN WAREN
Viele dieser Musikinstrumente sind schwer zu spielen. Trotzdem kaufen Touristen immer wieder bei Selay ein – einfach weil seine Instrumente so schön sind.

△ **UIGURISCHE LIEDER**
In einer Arbeitspause bilden Selay und seine Söhne, allesamt vollendete Musiker, spontan ein Trio, dessen Klänge neugierige Passanten in das Geschäft locken.

讲述 Veränderung ist gut für die Entwicklung der Musik. Aus der Verschmelzung verschiedener Stile geht immer etwas Neues hervor. Ob wir chinesische oder kasachische Musik spielen: mit unseren Instrumenten hört sie sich gut an.

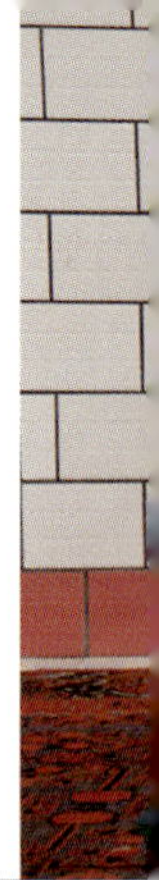

讲述 Ich hatte Glück, dass ich reisen konnte, nach Mekka, in China und Pakistan. Aber Kashgar ist mein Zuhause, hier werde ich den Rest meines Lebens verbringen.

INSTRUMENTEN-TEST
Selay mit einem seiner eigenen Entwürfe, einer wunderschön verzierten *gijek*. Dabei ließ er sich von der westlichen Violine sowie von traditionellen uigurischen Instrumenten inspirieren.

DAS HANDWERKSZEUG
Übliche Schreinerutensilien wie Zange und Zeichendreieck liegen neben anderen Geräten eigens für die Herstellung uigurischer Musikinstrumente.

Chinas ethnische Minderheiten

Den 55 offiziell anerkannten Nationalitäten in China gehören insgesamt etwa 90 Millionen Menschen an, sieben Prozent der Bevölkerung. Einige Minderheiten sind kaum von den Han – der größten ethnischen Gruppe Chinas – zu unterscheiden, andere sind indogermanischer Abstammung oder gehören dem Turkvolk an.

Die Minderheiten leben hauptsächlich in den Randgebieten des Landes und sind oft nah mit den angrenzenden Nachbarn verwandt. Ihr Land wurde in Zeiten der Expansion annektiert, oder sie sind die Nachkommen von Invasoren, die ihrerseits die Han beherrschten. Bei manchen Volksgruppen handelt es sich um Han mit anderen Bräuchen, wie etwa die muslimischen Hui. Versuche, den Minderheiten die vorherrschende Han-Kultur aufzudrängen, sind auf Widerstand gestoßen. Immer mehr Basisinitiativen engagierten sich für die Bewahrung der Traditionen, Sitten und Sprachen der einzelnen Nationalitäten. Durch die Beibehaltung der traditionellen Trachten und dank ihrer Bräuche haben einige Ethnien ihre Region auch für Touristen besonders interessant gemacht.

SPIEL IM TEEHAUS
Die größte Freude hat Selay an Tee und Musik. In einem Teehaus nahe seiner Werkstatt spielen ein Freund und er das *rawap*. Die anderen Gäste freuen sich über das Gratiskonzert.

MITFAHRGELEGENHEIT
Ein Freund fährt Selay mit seinem Lasten-Mofa nach Hause. Üblicherweise transportiert er so Getreide oder Schafe zum Markt.

< **BEIM GEBET ZU HAUSE**
Als frommer Muslim betet Selay mehrmals am Tag. Entweder besucht er die Moschee, oder er betet, wie hier, auf einem Gebetsteppich im Innenhof seines Hauses.

ABENDESSEN MIT DER FAMILIE UND FREUNDEN
Selay isst mit seinen Söhnen und Nachbarn im traditionell dekorierten Hauptraum seines Hauses. Auf dem Tisch ein Stapel regionaltypisches *Nan*-Brot.

ABENDMARKT
Nach dem Abendessen besucht Selay mit seiner Frau den Markt. Am berühmtesten ist Kashgar für seinen riesigen Sonntagsbasar, der jede Woche Tausende von Besuchern anlockt.

< **UIGURISCHE MUSIKINSTRUMENTE**
Zwischen dem 7. und 10. Jahrhundert gehörten uigurische Musiker mit ihren Instrumenten zum lebenden Inventar an den Höfen der Tang- und Song-Dynastie.

乐器

Traditionelle chinesische Musikinstrumente werden nicht nach der Spielweise klassifiziert, sondern nach dem Material. Es gibt acht Hauptkategorien: Seide, Stein, Holz, Bambus, Metall, Ton, Kürbis und Tierhaut. Am ältesten ist Schlagwerk, das in den frühesten erhaltenen Schriftzeichen erwähnt wird, wie etwa das *bianqing*. Dieses besteht aus aufgehängten L-förmigen Steinen in einem Rahmen, die mit einem Holzhammer angeschlagen werden. Meist spielen Schlaginstrumente in der chinesischen Musik eine größere Rolle als in der westlichen. In der Peking-Oper liefern sie eine dramatische Begleitung für die Kampfkunstszenen. Das *bangu,* eine Trommel in hoher Tonlage, gibt den Takt vor.

Blasinstrumente wie Flöten oder solche mit doppeltem Rohrblatt wie die Oboe fallen in die Bambus-Kategorie. Aus Ton gibt es nur ein Instrument, eine einfache Flöte namens *xun*. Saiten wurden in China früher aus Seide gefertigt. Die Seiden-Gruppe umfasst einige Dutzend Zupf- und Streichinstrumente sowie solche, deren Saiten angeschlagen werden.

TRADITIONELLES MUSIZIEREN

V **EINE ALTE SIHU**
Die ursprünglich mongolische *sihu,* eine viersaitige Fiedel, wird aufrecht im Schoß gehalten. Der Bogen wird zwischen den Saitenpaaren geführt.

^ **WANDERGRUPPE**
Zu den Instrumenten fahrender Musikanten zählen ein *yangqin* (einer Zither ähnlich), zwei *erhu*-Geigen und zwei *suonas,* oboenähnliche Blasinstrumente.

> LUGU-SEE
Lacuos Zuhause liegt am Lugu-See, der die Dorfbewohner mit reichlich Fisch, Wasser für ihre Felder und Wasserpflanzen als Futter für ihr Vieh versorgt.

»Männer sind wie Kinder«, sagt die 22-jährige Muze Lacuo, »sie gehören zur Familie, darum sorgen wir für sie.« Für Lacuo beginnt diese Versorgung morgens um acht: Drei Stunden lang sammelt sie Feuerholz im Wald oder schneidet auf dem Lugu-See Wasserpflanzen, das Futter für die Schweine. Außerdem hilft sie beim Pflügen, kauft auf dem Markt ein und kocht für die Familie.

摩梭

Lacuo gehört zur Volksgruppe der Mosuo, einer Untergruppe der Naxi. Die etwa 30 000 Angehörigen dieser Minderheit leben an den Ausläufern des östlichen Himalaja. Die Mosuo-Kultur ist matrilinear orientiert: Die Frauen sind das Familienoberhaupt, und der Besitz wird von der Mutter an die Töchter vererbt. Bei den Mosuo wird selten geheiratet. Kinder werden bei nächtlichen Besuchen von Männern gezeugt, die vor Anbruch der Dämmerung zu ihren eigenen Familien zurückkehren. Die Männer spielen keine Rolle im Leben ihrer Kinder, auch dann nicht, wenn sie der Hauptgefährte werden in einem Arrangement, das als »Besuchsehe« bekannt ist. Die Mutter trägt die Verantwortung, einer ihrer Brüder ist als väterliche Bezugsperson für ihre Kinder zuständig. Da Lacuos Mutter keine Geschwister hatte, zog Lacuos Vater zu ihr, um sie zu unterstützen, ein bei den Mosuo seltener Fall.

Lacuo zog zwar von zu Hause aus, aber als älteste Tochter wurde sie zurückgerufen, um bei der Landarbeit zu helfen und um ihrerseits das Familienoberhaupt zu werden. »Das Dorf ist arm und langweilig. Die Stadt ist amüsanter, und das Leben dort ist besser«, sagt sie. Lacuo träumt eher von Beijing als von der nahe gelegenen Stadt Lijiang, wo zwei ihrer Geschwister in der Tourismusbranche arbeiten. Vielleicht beneidet sie die berühmte Yang Erche Namu, die mit 13 Jahren aus der Mosuo-Gemeinde fortlief, in Shanghai Gesang studierte und als Sängerin und Model berühmt wurde. Namus Biografie und ihre Auftritte im chinesischen Fernsehen sorgten dafür, dass eine von Chinas abgelegener lebenden und am wenigsten bekannten Volksgruppen viel Aufmerksamkeit erhielt. Der Tourismus am Lugu-See stieg von Null auf etwa 50 000 Besucher jährlich. Die Mosuo demonstrieren Besuchern ihre Bräuche und bewahren so gleichzeitig ihre Traditionen. »In unser Dorf kommen wenige Touristen, aber die Lebensmittel sind jetzt besser als in meiner Kindheit«, sagt Lacuo, »und wir haben jetzt fließendes Wasser und Strom.«

Lacuo hat wenig Zeit für das Klischee als Frau mit Führungsrolle, die die freie Liebe lebt. Viele junge Leute sind in die Städte gezogen, sodass es schwieriger wird, die Besuchsbeziehungen nach Mosuo-Tradition zu pflegen. »Das Leben einer Frau hier ist hart, und wir arbeiten zu schwer«, seufzt sie. »Wenn ich einen guten Mosuo-Mann finde, werde ich eine Besuchsehe eingehen und hierbleiben. Das ist die Lebensweise der Mosuo, und ich akzeptiere sie.«

^ FRÜHSTÜCK ZU HAUSE
Vor der Tagesarbeit macht sich die Familie Yakbutter-Tee über dem Feuer und *tsampa*, eine energiereiche Paste aus Gerstenmehl und Tee.

> MORGENDLICHE PFLICHTEN
Statt des traditionellen langen Mosuo-Rocks trägt Lacuo lieber legere Kleidung, die praktischer ist für ihre tägliche Arbeit rund um den Bauernhof der Familie.

v FÜTTERUNG DES VIEHS
Die Familie lebt dicht bei ihren Rindern und Hühnern. Lacuo füttert die Vögel auf dem Hof vor dem Haus.

MOSUO-MATRIARCHIN

OBERHAUPT EINER BAUERNFAMILIE, YUNNAN

> DER LIEBLING DER FAMILIE
Lacuos Mutter, Muze Namu, hält den Welpen vom Pflug fern. In der Mosuo-Kultur tragen die Frauen die Hauptlast der landwirtschaftlichen Arbeit.

˅ DAS PFLÜGEN DER FELDER
Mechanisierte Landwirtschaft können sich nur die reicheren Bauern im Osten Chinas leisten. Lacuos Familie hat Rinder, um den Boden zu wenden und für die Saat vorzubereiten.

< HALTBARE NAHRUNG
Eine Nachbarin hat gerade ein Schwein geschlachtet. Lacuo hilft ihr, das Fleisch zu pökeln und Würste zuzubereiten. Alle Familien schlachten im Herbst ein Schwein.

< RESERVEN FÜR DEN WINTER
In der Morgensonne aufgehängt, trocknen die Würste und Fleischstücke schnell und können gelagert werden. Bald schlachtet auch die Muze-Familie ein Schwein. Über den Winter wird das konservierte Fleisch dann Abwechslung in ihren Speiseplan bringen.

拉措 | Wir Frauen verrichten die meiste Arbeit. Erst mit 40 Jahren arbeiten die Männer genauso schwer. Dann sind sie endlich erwachsen.

< ʌ **WASSERPFLANZEN SAMMELN**
Während eine Freundin das Boot ruhig hält, zieht Lacuo ein Netz mit Wasserpflanzen aus dem Lugu-See herauf. Wenn das Boot voll ist, fahren sie zum Ufer zurück.

> **TRANSPORT NACH HAUSE**
Lacuo bringt die Ausbeute nach Hause. Am Lugu-See gibt es nur wenige Fahrzeuge. Oft tragen die Bewohner die Lasten selbst.

DIE TRADITIONELLE MOSUO-TRACHT
Lacuo hat ihre Pflichten auf dem Hof erledigt und macht sich fertig für den Marktbesuch. Dazu setzt sie einen typischen Mosuo-Kopfschmuck auf.

VOR IHREM HAUS
Im langen Rock und der bestickten Jacke, der traditionellen Tracht, geht Lacuo unter dem wunderschön verzierten Dachgesims ihres Hauses entlang.

PFLANZEN ALS FUTTER
Lacuo legt die Pflanzen im Hof aus. Sobald die Sonne sie getrocknet hat, wird sie das Tierfutter aufschichten und lagern, bis es gebraucht wird.

MIT DEM KLEINEN BRUDER
Lacuo tritt mit ihrem sechsjährigen Bruder in den Hof hinaus. Als älteste Schwester ist Lacuo für ihn wie eine zweite Mutter.

MAISTROCKNUNG AUF DEM DACH
Lacuo reicht ihrem Vater Maiskolben hinauf. Mit der geringen Neigung eignet sich das Dach perfekt zum Trocknen der Kolben. Später dienen sie als Viehfutter.

STADTTEMPEL
Lacuo ist mit einer Freundin in einem Lastauto 40 Minuten nach Yongning gefahren. Die Stadt ist reich und unterstützt einen großen buddhistischen Tempel, den Lacuo oft besucht.

MARKTTAG
Lacuo geht auf den Wochenmarkt im Zentrum Yongnings. Her kauft sie die Dinge, die die Familie nicht selbst anbauen kann. Ihre Kiepe ist bald voll mit Obst und Gemüse.

WOCHENEINKAUF
Chili ist eine unentbehrliche Zutat in der Küche der Nachbarprovinz Sichuan. Wie auch Tomaten wird es in niedriger gelegenen Gegenden angebaut und hierher gebracht.

EIN GESELLSCHAFTLICHES EREIGNIS
Auf dem Wochenmarkt treffen sich Mosuo-Frauen aus den Dörfern um Yongning. In der Stadt gehen die Kinder aus dem Umland auch zur Schule. Als Schülerin lebte Lacuo unter der Woche hier in Wohnheimen.

拉措 | Manchmal lebte ich gern wie eine Städterin. Aber ich bin eine Mosuo und akzeptiere unsere Tradition.

< ∧ **LEICHTES MITTAGESSEN**
Nach dem Einkauf machen Lacuo und ihre Freundin eine Pause. In einem kleinen Restaurant essen sie eine Schale Nudeln. Danach suchen sie sich ein Lastauto für die Heimfahrt.

> **FAMILIENOBERHAUPT**
Wenn ihre Mutter alt ist, wird Lacuo als älteste Tochter die Führungsrolle in der Familie übernehmen. Ihr Bruder wird sich als väterliche Bezugsperson um ihre Kinder kümmern.

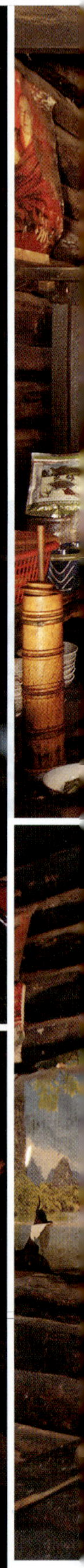

^ **LACUO UND IHRE MUTTER**
Nach jahrzehntelanger Arbeit in den Hochebenen hat Lacuos Mutter die dunkle Gesichtsfarbe der Tibeter, mit denen die Mosuo kulturelle und ethnische Gemeinsamkeiten haben.

> **NACHMITTAGSTEE MIT DEN NACHBARN**
Im Hauptraum des Hauses (der am aufwendigsten dekoriert ist) plaudern Lacuo und ihre Nachbarn bei Tee mit Yakmilch und Äpfeln.

KOCHEN FÜR DIE FAMILIE
Die Hitze, die von dem einfachen Tonherd aufsteigt, hilft, die Maiskolben zu trocknen. Lacuo bereitet das Abendessen in der vom Ruß dunklen Küche zu.

ÜPPIGES ABENDMAHL
Das Essen, das Lacuo kocht, besteht hauptsächlich aus Gemüse. Delikatessen wie Schweine- und anderes Fleisch sind für besondere Anlässe reserviert.

REISZUBEREITUNG
Lacuo kocht den Reis auf einer speziellen Feuerstelle. Bilder von chinesischen Landschaften und Fußballspielern schmücken die Wände.

FAMILIENALTAR
Weltliches und Religiöses mischen sich: Mao Zedong, die »rote Sonne«, nimmt die zentrale Position über dem Familienaltar ein.

Chinesische Küche

China kennt mehrere Kochstile, und jede Provinz hat ihre eigenen Gerichte, die außerhalb Chinas meist unbekannt sind. Viele Städte rühmen sich eigener Spezialitäten mit lokalen Zutaten, und auch die ethnischen Minderheiten haben ihre typischen Rezepte. Die Mosuo-Küche ist von den Traditionen Yunnans, Sichuans und Tibets beeinflusst.

Traditionell wird südlich des Jangtse Reis bevorzugt, im Norden ist Weizen in Form von Nudeln oder Brot die wichtigste Grundnahrung. Für viele Gerichte werden die Zutaten klein geschnitten und schnell auf offenem Feuer gekocht. Die Sichuan-Küche ist berühmt für ihre Schärfe; die Speisen in Shanghai sind eher süß und mit reichlich Öl zubereitet, während in Shanxi saure Gerichte besonders beliebt sind.

Essen ist ein wichtiger Bestandteil des gesellschaftlichen Lebens in China. Spezialitäten wie Reisbällchen und Mondkuchen werden nur zu Fest- und Feiertagen gegessen.

PENSIONIERTE LEHRERIN

DAS LEBEN MIT FREUNDINNEN UND DER FAMILIE GENIESSEN, SHANGHAI

Xia Weiqin ist vor 74 Jahren in Shanghai geboren und hat ihr ganzes Leben dort verbracht. In ihrer Kindheit war die Stadt das von Ausländern beherrschte »Paris des Ostens«. Bis zu ihrer Pensionierung 1988 unterrichtete sie an einer Oberschule Englisch und Chinesisch. Für die stille, selbstbewusste Frau ist der Ruhestand ebenso abwechslungsreich und bereichernd wie das Arbeitsleben.

退休教师

Xia lebt mit ihrem Sohn, dem Ingenieur Maxiao Ke, ihrer Schwiegertochter Rongyi Wen, einer Buchhalterin, und ihrem 22-jährigen Enkel Majia Ji, der an der Universität studiert, zusammen. Die Familie hat eine Zwei-Zimmer-Wohnung in einem baufälligen Haus im Kolonialstil. Sie haben ein eigenes Bad, die Küche teilen sie sich mit zwei benachbarten Familien.

Xias Rente von rund 150 Euro ist höher als das Durchschnittseinkommen eines Erwerbstätigen in China. Dies ermöglicht ihr selbst im relativ teuren Shanghai einen angenehmen Ruhestand. Wer sich heute zur Ruhe setzt, hat weniger gute Aussichten: Nur etwa 15 Prozent der drei Millionen Stadtbewohner, die jedes Jahr pensioniert werden, erhalten eine Rente. Auf dem Land, wo die Mehrheit der Bevölkerung lebt, ist der Anteil an Pensionsberechtigten noch geringer.

Neben Fitnessprogramm, Studium und dem Kontakt mit Freunden und Bekannten besorgt sie den Haushalt, kauft ein und kocht, sodass sich ihre Familie voll auf die Arbeit und das Studium konzentrieren kann.

Seit einigen Jahren zieht es Xia wieder in die Welt der Bildung zurück, aber nun als Studentin. Sie hat sich in einem Seniorenkolleg eingeschrieben – im Volksmund »Silberhaar-Gebäude« genannt. Angefangen hat sie mit Malerei und Kochen. Zurzeit besucht sie dreimal wöchentlich Kurse für Filmkritik und Tourismus und singt in einem Chor.

Vor einigen Jahren war Xia wegen eines schweren Sturzes über sechs Monate im Krankenhaus. Bis dahin unternahm sie ausgedehnte Reisen durch China, teils mit ihrer Familie, teils führte sie eine Gruppe von Kommilitonen ihres Kollegs. Obwohl sie sehr gern unterwegs ist, haben ihre Reisen sie davon überzeugt, dass für sie Shanghai der einzige Ort zum Leben ist.

Xia ist stolz auf ihre Stadt, und ihr gefällt es, wie Shanghai sich verändert. Seit der Entscheidung des inzwischen verstorbenen Deng Xiaoping, Shanghai wieder zu Chinas Finanzzentrum zu machen, flossen Milliardenbeträge in neue Bau- und Infrastrukturprojekte. Heute haben die Einwohner Shanghais das höchste durchschnittliche Pro-Kopf-Einkommen in China. Vieles im neuen Shanghai erinnert Xia an die glamouröse Stadt ihrer Kindheit. Die ausländischen Firmen beleben das Bild, und mit ihnen sind vielfältige Formen der Unterhaltung zurückgekehrt – so etwa Klaviermusik, die Xia selbst spielt.

MORGENSPAZIERGANG
Xia bei ihrem täglichen Spaziergang. Durch diese Routine trifft sie ihre Freunde, und sie gilt vielen älteren Chinesen ohnehin als unerlässlich für die Gesundheit.

TAI CHI AUF DEM BUND
Ausländische Firmen erbauten die Uferpromenade, den Bund, vor mehr als 100 Jahren – eine ideale Umgebung für Xias Tai-Chi-Übungen. Die Einheimischen nutzen den Bund für alles Mögliche – vom Joggen bis hin zu Gesellschaftstanz.

˅ **AUF DEM DAGU-LU-MARKT**
In der Wohnung ist wenig Stauraum, darum geht Xia jeden Tag auf den Markt. Selbst Hühner und Fische sind hier frisch – sie leben bis zum Verkauf.

<˅ **AUF DEM HEIMWEG**
Nach dem Frühsport und dem Einkaufen geht Xia nach Hause. Tai Chi hält sie durchaus fit, den Stock benutzt sie sicherheitshalber, um nicht auf dem holprigen Pflaster zu stürzen.

˄ **EIN FAMILIENDUETT**
Xia ist eine leidenschaftliche Musikliebhaberin. Sie spielt gern Klavier und singt, während ihr Enkel Majia sie auf der elektrischen Gitarre begleitet.

< **ZUBEREITUNG DES MITTAGESSENS**
Xia kocht das Essen für die Familie. Wie viele Rentner leistet sie wertvolle Unterstützung im Haushalt. So können die jüngeren Familienmitglieder länger arbeiten.

MUSSE ZUM LESEN
In den wenigen freien Augenblicken liest Xia etwas zu einem ihrer Kurse – bei ihrem vollen Terminkalender ein seltener Luxus.

FRISEURBESUCH
Xia beim *xi jian chui* (Waschen, Schneiden, Föhnen). Manche gehen nur fürs Waschen und die Schultermassage zum Friseur.

SCHAUFENSTERBUMMEL
Xia begutachtet die Objekte eines Antiquitätenhändlers und versucht, Originale von den Fälschungen zu unterscheiden, die in Shanghai vielfach angeboten werden.

CHORPROBE
Xia und ihre Mitsänger im Seniorenkolleg sind gut bei Stimme. Ihr Engagement im Kolleg ist wichtig wegen der Kontakte, und sie helfen ihr, geistig fit zu bleiben.

ABSCHIED NACH DEM UNTERRICHT
Xia verabschiedet sich von ihren Kommilitoninnen und eilt heim, um sich für den Abend mit einer anderen Gruppe von Freundinnen zurechtzumachen.

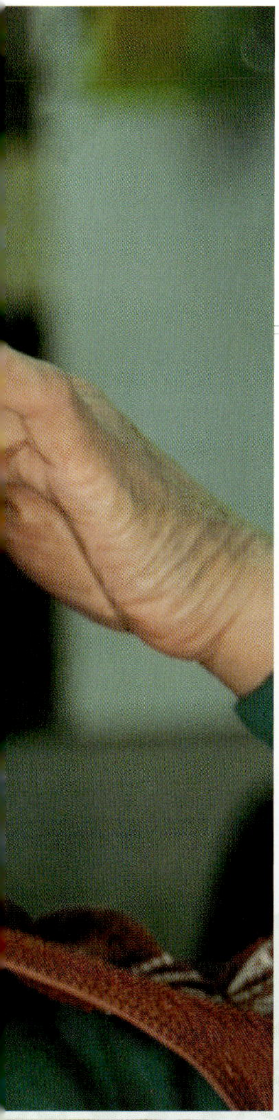

夏 Ich habe jetzt mehr zu tun als vor meiner Pensionierung. Aber ich habe noch viel Energie. Das Wichtigste ist, dass mein Enkel das Studium abschließt und einen guten Job findet.

AUSGEHEN
Xia ist bereit für einen geselligen Abend. In den verregneten Gassen Shanghais sucht sie ein Taxi, das sie zu dem Restaurant bringen soll.

ALTE FREUNDINNEN
Xia begrüßt das älteste Mitglied ihrer Gruppe, eine Dame von 90 Jahren. Viele der jüngeren Freundinnen unternehmen noch regelmäßig gemeinsame Reisen.

VORBEREITUNGEN FÜR DEN ABEND
Xia macht sich für ein Treffen mit ihren Freundinnen fein. Die Damen sind stolz auf ihre gute Gesundheit und putzen sich für ihr monatliches Abendessen gerne ein wenig heraus.

RESTAURANT-ZIRKEL
Xia und ihre Freundinnen treffen sich im Restaurant Wang Xhao. In einem privaten Raum, der gegen eine Extragebühr reserviert werden kann, sind sie ganz unter sich.

< **FRÜHSTÜCK VOR DER SCHULE**
Chen steht um sieben Uhr auf. Zum Frühstück gibt es Maisbrei und gedämpftes Brot. Die Großeltern ermuntern sie, so viel wie möglich zu essen.

SCHULKIND

SCHÜLERIN AN EINER GRUNDSCHULE, SHAANXI

小学生

Xiao Chen war erst 15 Monate alt, als ihre Eltern sie bei ihren Großeltern in ihrem Dorf in Shaanxi zurückließen. Sie zogen in das boomende Guangzhou, um zu arbeiten – mehr als eine Tagesreise mit dem Zug entfernt. Mit ihren acht Jahren hat sie ihre Mutter erst viermal und ihren Vater erst dreimal gesehen.

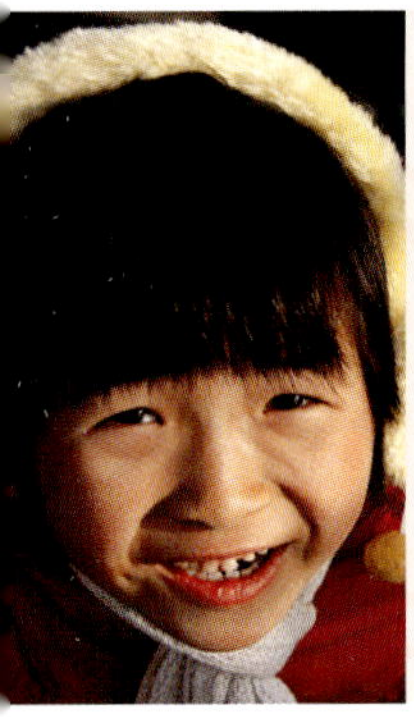

Chens Eltern zogen in die Stadt, um das Familieneinkommen aufzubessern. »Wir besitzen gerade einmal 1600 Quadratmeter Land für die ganze Familie«, erklärt ihr Großvater, »und die Ernte an Weizen und Mais bringt nicht einmal 300 Euro jährlich. Die Marktpreise sind niedrig, und die Kosten für den Dünger steigen.« Chens Großeltern sind Mitte 60, können die kleine Parzelle aber noch selbst bewirtschaften, sodass ihren Eltern kaum etwas zu tun bleibt. Sie schicken einen großen Teil ihrer Löhne nach Hause.

Xiao Chen geht jeden Tag allein zur Schule, wie die meisten Kinder an der Grundschule in Dong Da Jian. Das Dorf hat mehr als 2000 Einwohner, aber kaum Erwachsene zwischen 16 und 45: Sie arbeiten in den wachsenden Städten in Fabriken oder auf Baustellen. In den ländlichen Gebieten Chinas ist das eine normale Situation.

Der Unterricht geht von acht bis zwölf Uhr, dann gibt es eine Pause. In Chens Klasse sind 40 Schüler. Ihre Lieblingsfächer sind Chinesisch (Lesen und Schreiben) und Mathematik. Diese Fächer und Musik unterrichtet derselbe Lehrer. Politik steht auch auf dem Lehrplan, sogar für die Kleinen. Ein weiterer Lehrer ist für die Fächer Physik und Sport zuständig. Die Ausstattung ist jedoch sehr beschränkt – für die insgesamt 200 Schüler steht nur ein einziger Basketball zur Verfügung.

Xiao Chen würde auch gerne Lehrerin werden, wenn sie groß ist. Aber ihre Großeltern haben andere Pläne für sie. Auf der Leistungstabelle in ihrer Klasse steht sie an vierter Stelle. Sie möchten, dass sie studiert und später einen Büroposten in der Stadt annimmt. Dort wird sie ihrer Meinung nach ein leichteres Leben haben als auf dem Land. Nur einer von vier Schülern bekommt einen Studienplatz. Chen steht also bereits jetzt unter Leistungsdruck, der sich in der Mittelschule noch verstärken wird.

Für die Ausbildung ihrer Tochter zahlen Chens Eltern einen hohen Preis: Sie sind ihr weitgehend fremd. Chen behandelt ihre Großeltern wie Eltern und zieht ihre Gesellschaft vor, auch wenn Mama und Papa zu Besuch sind. Die Eltern können nur zusehen, wie die Großeltern Chen versorgen und ihr bei den Hausaufgaben helfen.

Xiao Chens Eltern erwarten ein zweites Kind. Möglicherweise wird sich auch dieses der Gruppe der schätzungsweise 23 Millionen »zurückgelassenen Kinder« anschließen müssen, die in der Obhut ihrer Großeltern aufwachsen.

^ **AUF DEM SCHULWEG**
Dick eingepackt gegen den kalten Wintertag, kommt Chen auf ihrem kurzen Schulweg an dem Acker vorbei, der ihre Großeltern ernährt.

> **CHEN UND IHRE BESTE FREUNDIN**
Xiao Chen kommt früh in der Schule an und hat noch Zeit, mit ihrer besten Freundin zu spielen, die dieselbe Klasse besucht. Im Hintergrund ist die chinesische Flagge zu sehen, die über dem Hauptgebäude der Schule weht.

> AUF DEM SCHULSPIELPLATZ
Vor Schulbeginn ist noch etwas Zeit zum Spielen. Die Ausstattung von Chens Schule ist nicht gerade üppig, aber immer noch besser als die vieler anderer Landschulen.

< AUSWENDIG LERNEN
Chen liest aus ihrem Schulbuch vor. Die Schriftzeichen lernen die Kinder durch wiederholtes Schreiben und regelmäßiges Aufsagen.

< SCHRIFTZEICHEN SCHREIBEN
Nach dem Vorlesen üben die Schüler das Schreiben von Schriftzeichen. Für jede Schulstufe gibt es einen großen Klassenraum mit etwa 40 Schülern. Die Kinder behalten ihre warme Kleidung den ganzen Tag über an, denn das Klassenzimmer ist nicht beheizt.

V HEIMGEHEN ZUM MITTAGESSEN
Weil die Schule keine Kantine hat, gehen alle Kinder mittags zum Essen nach Hause. Die Regierungsparole im Hintergrund erinnert an die Bedeutung »erstklassiger, umfassender Förderung«.

陈 Wir haben wenig Land, darum braucht Chen nicht bei der Arbeit zu helfen. So hat sie mehr Zeit zum Lernen.

^ MITTAGSPAUSE MIT DER FAMILIE
Nach der Schule bekommt Xiao Chen zu Hause Mittagessen. Die Großmutter hat Schweinefleisch, Gemüse und Reis gekocht. Auch der Großvater macht eine Pause, um mit ihnen zu essen.

> **LESEN ÜBEN**
Nach dem Mittagessen liest Chen ihrer Großmutter vor. Damit sie weiterhin gute Noten in der Schule bekommt, unterstützt die Großmutter sie dabei, so oft wie möglich zu lernen.

> **EINE KLEINE RADTOUR**
Bevor sie für den Nachmittagsunterricht zur Schule zurückkehrt, dreht Chen eine Runde im Dorf. Autos sind hier selten, die nächste Stadt ist 15 Minuten mit dem Fahrrad entfernt.

^> **EIN SELTENER BESUCH ZU HAUSE**
Das erste Mal seit zwei Jahren sind Xiao Chens Eltern in der Lage, gemeinsam ihre Tochter zu besuchen. Sie sind glücklich über ihre Fortschritte in der Schule unter der Obhut ihrer Großeltern. Zugleich bedauern sie es, keine größere Rolle in Chens Erziehung zu spielen.

陈潇 | In der Schule lerne ich alles gern, besonders Chinesisch und Mathe. Wenn ich groß bin, werde ich selbst Lehrerin sein.

∧ NACHMITTAGSUNTERRICHT
Der Unterricht beginnt wieder um 14.00 Uhr und dauert bis 17.00 Uhr. Die Sonne wärmt das Klassenzimmer ein wenig auf, trotzdem brauchen die Kinder ihre Jacken.

< WANDTAFEL IM KLASSENZIMMER
Auf der Wandtafel steht der Text eines Liedes, das die Kinder zusammen singen. Mit dem Lied lernen sie auch neue Schriftzeichen.

Schulbildung in China

Das chinesische Bildungssystem ist von der Grundschule bis zur Universität ziemlich ähnlich aufgebaut wie in vielen anderen Ländern. China wendet jedoch weniger als drei Prozent des Bruttosozialprodukts für Schulbildung auf – die Hälfte des Standards in westlichen Industrieländern. Private Bildungskosten sind hoch. Auf dem Land sind Eltern oft gezwungen, Arbeit in der Großstadt zu suchen, um ihren Kindern eine gute Ausbildung zu ermöglichen. Im Jahr 2006 wies die Zentralregierung allerdings die Kommunalbehörden an, Schulgebühren in ländlichen Gebieten wieder abzuschaffen. Für Familien wie die von Chen bedeutet das viel. Zwar müssen sie weiterhin Schulbücher bezahlen, aber sie sparen etwa 40 Euro Schulgeld im Jahr. Die Kommunen müssen nun auch den Kindern von Wanderarbeitern ohne Aufenthaltsgenehmigung den Schulbesuch erlauben. Trotzdem muss noch viel geschehen, damit die Kinder der zunehmenden Zahl von Wanderarbeitern in den wachsenden Städten zur Schule gehen können.

< **HEIMGEHEN VON DER SCHULE**
Um 17.00 Uhr, wenn der Nachmittagsunterricht endet, geht Chen mit ihrer besten Freundin nach Hause. Xiao Chens Rucksack ist schwer beladen mit den Büchern, die sie für weitere Stunden des Lernens am Abend mitnimmt.

∨ **ABENDLICHE HAUSAUFGABEN**
Zu Hause geht das Lernen weiter. Chen sitzt mit ihrer Freundin im Hof, um im verbleibenden Tageslicht Lesen und Schreiben zu üben.

∧ **HAUSAUFGABENHILFE**
Die Großmutter achtet darauf, dass Chen die Striche jedes neuen Zeichens in der richtigen Reihenfolge schreibt. Auch die Aussprache übt sie mit den Mädchen.

> **ABENDESSEN**
Chen benutzt die Bettkante als Tisch und – gebannt vom Fernseher – nimmt ihre Mahlzeit aus gebratenem Gemüse und *mantou* (gedämpftem Brot) ein.

<∨ ZEIT ZUM SPIELEN
Während die Großmutter zu Abend isst und der Großvater seine Arbeiten auf dem Hof beendet, haben sich Chen und ihre Freundin im Dämmerlicht zu einem Kartenspiel hingesetzt.

∧ FERNSEHEN VOR DEM SCHLAFENGEHEN
Im Kinderkanal sieht sich Chen die Geschichten der Cartoonfigur San Mao (Drei Haare) an, einem bleibenden Favoriten bei Generationen chinesischer Kinder.

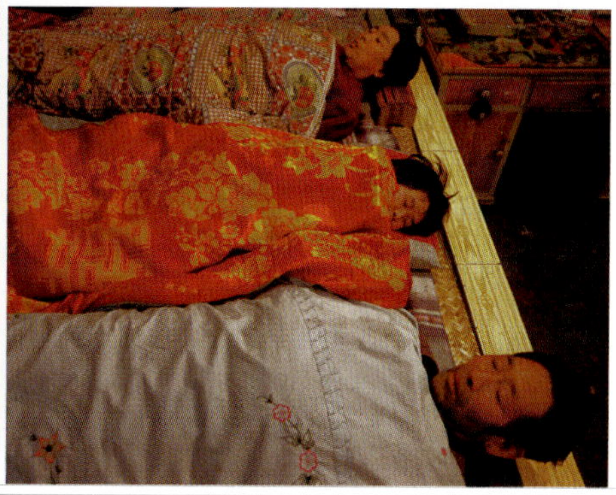

∧ FAMILIEN-KANG
Um 22.00 Uhr ist Schlafenszeit. Die Familie schläft auf einem harten, aber gemütlichen Kang-Bett aus Ziegelstein. Es wird von unten über ein Rohr beheizt, das mit dem Holzofen verbunden ist.

SNACKSTAND
Die Schilder für Telefonkarten sind fast verdeckt von den chinesischen Snacks wie saure Pflaumen, Dörrfleisch, Kernen und Nüssen sowie modernen Süßwaren.

中国糖果

Chinas Vorliebe für Süßigkeiten ist ein Riesengeschäft mit einem Volumen von mehr als zwei Milliarden Euro im Jahr, der größte Markt in Asien. Fliegende Händler bieten nach wie vor kandierte Weißdornbeeren und Holzäpfel am Stiel an. Die meisten traditionellen Süßigkeiten, von kandierten Trockenfrüchten bis zu süßem Mus aus roten Bohnen, kommen inzwischen aber nach westlichem Vorbild gestaltet in buntem Papier aus der Fabrik. Es heißt, dass Chinas viele Einzelkinder, die »Kleinen Kaiser«, jede Menge Süßigkeiten bekommen. Noch verkaufen sich traditionelle chinesische Süßwaren besser als westliche Schokoladensorten. Die wohl bekannteste chinesische Süßigkeitenmarke sind die Sahnebonbons »White Rabbit«. Zuerst in den 1940er-Jahren in Shanghai hergestellt, wurden sie zum zehnten Nationalfeiertag der Volksrepublik China verteilt und dem US-Präsidenten Richard Nixon bei seinem Chinabesuch 1972 gereicht. Noch heute zählen sie zu den bestverkauften Bonbons im Lande und zu den wenigen Süßwarenmarken, die exportiert werden.

CHINESISCHE SÜSSIGKEITEN

SOFTDRINKS
Im Design gleichen die Limonaden denen im Westen. Eine der ersten Marken in China war Coca-Cola, auf Chinesisch *Ke Kou Ke Le* (»sehr wohlschmeckend, sehr glücklich«) .

^ BONBONS, MUS UND FEINGEBÄCK
Von kandierten Früchten und Bohnenmus bis hin zu blättrigen *su*-Törtchen: Traditionelle Snacks kämpfen mit modernen Süßwaren um Aufmerksamkeit.

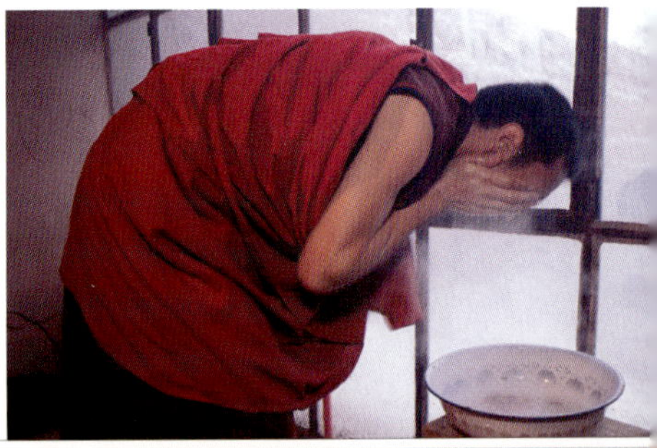

> WASCHEN VOR DEM GEBET
Dhongyu steht um 4.30 Uhr auf und wäscht sich, bevor er ins Kloster geht, um den Morgengesang zu leiten.

v MORGENGESANG
Mit dicken Tüchern gegen die Kälte geschützt, singen die Mönche ihr Frühgebet in der Haupthalle des Klosters, während langsam der Tag anbricht.

西藏僧侣

Das 300 Jahre alte Kloster Atsog liegt in der Provinz Qinghai in einem Gebiet, das einst zu Tibet gehörte. Dort lebt der 29-jährige tibetische buddhistische Mönch Dhongyu. Das Kloster mit seinen 200 Mönchen, ihre Ordensregeln und rituellen Gesänge, sind Teil einer tief verwurzelten spirituellen Tradition, die seit Jahrhunderten die tibetische Kultur formt.

Dhongyu trat bereits mit zehn Jahren in das Kloster ein, obwohl Mönche erst ab 18 Jahren offiziell als solche anerkannt werden. »Als ich zehn war, fand meine Familie, dass ich einen guten Mönch abgeben würde«, sagt er. Viele tibetische Familien mit mehr als einem Sohn sind sehr stolz, den gescheitesten ins Kloster zu schicken.

Die Mönche verpflichten sich dazu, ihr Leben lang die Bedeutung buddhistischer Texte zu studieren und danach zu leben. Im Kindesalter beginnen sie mit Gebeten, Gesängen, dem Studium der tibetischen Sprache und Literatur, später kommen Philosophie und die Analyse buddhistischer Schriften hinzu. Wie die meisten Mönche verbringt Dhongyu den Tag hauptsächlich mit Studieren und spirituellen Übungen. »Die Ausbildung hört nie auf«, erklärt er, »ein ganzes Leben ist erforderlich, um die fünf Schlüsselwerke der heiligen Schriften zu verstehen.«

Dhongyu obliegt die Leitung der Morgen- und Abendgesänge. Es ist eine große Verpflichtung, man muss eine kräftige Stimme haben und die Liturgie auswendig kennen. An Feiertagen wird den ganzen Tag über gesungen. Menschen kommen aus dem Umland, sie beten und lassen Speisen und Geld als Gaben zurück. Auf diese Unterstützung ist das Kloster angewiesen.

Das tibetische Mönchtum lehnt materiellen Besitz ab, aber Dhongyu erlaubt es sich dennoch, kein allzu entbehrungsreiches Leben zu führen. Seine Familie besitzt große Schaf- und Yakherden und kann ihn mit etwas Luxus ausstatten. Er schläft im eigenen Haus auf dem Hof, besitzt ein Auto, einen Fernseher, einen DVD-Player und eine elektrische Heizung, die ihn vor der bitteren Winterkälte schützt.

Die Tibeter machen nur noch etwa ein Fünftel der Bevölkerung Qinghais aus. In Atsog leben überwiegend Tibeter, außerdem einige Tu und Mongolen sowie ein Han-Chinese. Die Behörden beschränken die Zahl der Bewohner in vielen Klöstern, auch in Atsog. Anders als in Gebieten wie etwa Lhasa sind die Kontrollen hier jedoch relativ locker.

Das Kloster erhält zwar selten Besuch, aber ungeachtet dessen ist Dhongyu von der Bedeutung seiner Religion für die Außenwelt überzeugt. »Der tibetische Buddhismus nimmt immer mehr zu. Vor hundert Jahren wusste niemand etwas darüber, aber jetzt praktizieren ihn viele Europäer, es gibt sogar tibetische Klöster in Amerika.«

> TIBETISCHE DEKORATION
Die Holzpaneele, die die Gebetshalle säumen, sind wunderschön verziert mit traditionellen tibetischen Mustern und Motiven.

BUDDHISTISCHER MÖNCH

GEBET UND KONTEMPLATION IM KLOSTER ATSOG, QINGHAI

> VOR DER GEBETSHALLE
Nach den Gesängen verlässt ein Meer karminroter Roben die Gebetshalle. Silberne Gebetsfahnen hängen im Hintergrund.

< WOHNZIMMERALTAR
Dhongyus Privataltar in seinem Haus ziert ein Bild des derzeitigen Dalai-Lama, der nicht weit entfernt vom Atsog-Kloster geboren wurde.

∧ STUDIUM DES BUDDHISMUS
Dhongyu nimmt sich Zeit, Buddhas Lehren zu studieren, eine der Drei Juwelen (Buddha, seine Lehre, spirituelle Gemeinschaft).

< FRÜHSTÜCK ZUBEREITEN
Dhongyu schneidet ein paar Stücke Yakbutter ab. Er vermischt sie mit Gerstenschrot und etwas warmem Wasser zu *tsampa,* einer lebenswichtigen Nahrung in diesem kalten Klima.

< DIE TSAMPA KNETEN
Das Vermischen und Kneten des *tsampa* hat etwas Meditatives und wird von den Mönchen als eine Art Morgenritual durchgeführt.

讲
述

Ein berühmter Autor sagte einmal: »Das 21. ist das Jahrhundert des Buddhismus und der Wissenschaft«. Für mich ist Buddhismus die Zukunft.

> **DIE KLOSTERANLAGE**
Das Kloster ist wie ein Farbtupfer in der kargen Berglandschaft. Seine Abgeschiedenheit fördert die Kontemplation, und der Boden bietet kein gutes Weideland.

> **VOR SEINEM HAUS**
Dhongyus modernes Haus liegt am Rand des Klosterkomplexes. Vor einigen Jahren zog er aus den Mönchsunterkünften hierher.

v **VORHÄNGE NÄHEN**
Um die Instandhaltung kümmern sich die Mönche meist selbst. Hier hilft Dhongyu dem Abt, neue Vorhänge zu nähen.

^ **BRENNHOLZ HACKEN**
Dhongyu mag es behaglich in seinem Haus, und zum Klosterleben gehört auch körperliche Arbeit – die Mönche widmen sich nicht nur der Kontemplation.

^ > **WASSER TRAGEN**
Im Kloster gibt es kein Leitungswasser zum Trinken oder Waschen. Es gehört zu Dhongyus Pflichten, morgens Wasser vom Brunnen auf dem Gelände zu holen.

< **EIN JUNGER NOVIZE**
Dhongyu spricht mit einem Jungen, der ins Kloster kam, um von den älteren Mönchen unterwiesen zu werden. Mit 18 Jahren wird er als Mönch anerkannt.

∨ **DIE GEBETSMÜHLE DREHEN**
Jede Gebetsmühle, die Dhongyu dreht, ist mit dem Text eines zu singenden Gebets verziert. Jede Umdrehung der Walze zählt als eine Wiederholung des Gesangs.

< **IN VERBINDUNG MIT DER WELT**
Nur in wenigen Regionen Chinas gibt es keinen Handyempfang. Dhongyu kann so den Kontakt mit seiner entfernt lebenden Familie pflegen.

∧ **ZUR GEBETSHALLE GEHEN**
Glockengeläut ruft die Mönche zum Nachmittagsgebet. An buddhistischen Feiertagen strömen Tausende von Pilgern zu der sonst ruhigen Anlage.

∧ **DER NACHMITTAGSGESANG**
Die morgendlichen Pflichten sind erfüllt. Die Mönche reihen sich nun hintereinander auf, um in eine der vielen Klosterhallen für die nachmittägliche Gebetssitzung zu gehen.

讲 | Der Buddhismus ist umfassend und tiefsinnig.
述 | Die Mönchsausbildung dauert ein Leben lang.

> GRUPPENSTUDIUM
In dem bescheidenen Haus eines der Mönche lesen Dhongyu und ein Besucher des Klosters – ein tibetischer Pilger – gemeinsam Buddhas Lehren und trinken Tee.

v KÜCHE IM FREIEN
Die Mönche benutzen einfache Kochutensilien, um Tee und Speisen auf Holz- und Kohlefeuern zuzubereiten.

^ KLEINE GEBETSMÜHLE
Die tragbare tibetische Gebetsmühle hat die gleichen Funktionen wie die größeren Walzen: Jede Drehung zählt als Wiederholung des Gesangs.

> DER TEXT
Dhongyu liest aus einem der fünf Schlüsselwerke der heiligen Schriften vor. Buddhistischen Mönchen zufolge dauert es ein ganzes Leben, sie zu studieren und zu begreifen.

> UNTERWEGS ZU EINEM TEMPEL
Dhongyu, der den Luxus genießt, ein eigenes Auto zu haben, will einen Freund in einem anderen Kloster besuchen. Es liegt so abgeschieden, dass er das Auto am Ende des Weges abstellen und das letzte Stück laufen muss.

AM TEMPEL ANGEKOMMEN
Das Kloster Kumbum nahe der Provinzhauptstadt Xining ist viel größer als das von Dhongyu. Es ist das wichtigste tibetisch-buddhistische Kloster außerhalb Tibets.

DARBRINGUNG EINES RITUELLEN OPFERS
Dhongyu bringt im Tempel ein Wasseropfer dar. Opfergaben sind Wasser, Speisen, Blumen oder aber flüssige Yakbutter, die in die Lampen gegossen wird.

AUF EINEM TIBETISCHEN MARKT
Auf dem Rückweg zum Kloster Atsog macht Dhongyu Halt bei einem Markt in Xining. Han-Chinesen sind zwar in der Mehrzahl, hier leben aber auch viele Tibeter, die nach wie vor ihre traditionelle Tracht tragen.

ZURÜCK ZU HAUSE
Dhongyu entspannt sich von Studium und Gebet und genießt einen Fernsehabend in seinem elektrisch beheizten Haus.

< **KRÄUTERSUCHE AM MORGEN**
Jeden Tag geht Chen frühmorgens auf die Suche nach Heilkräutern, bevor er in die Stadt Mengyang zurückkehrt, um seine Praxis zu öffnen.

草药师

Als sein Großvater 90 Jahre alt war, wurde Chen Yihe aus Yunnan nach Hause in die Provinz Hunan zurückgerufen. »Mein Großvater war Arzt. Seit ich sechs war, nahm er mich mit auf die Kräutersuche. Im Alter machte er sich Sorgen, dass sein Wissen über die traditionelle chinesische Medizin verloren gehen würde«, erinnert sich Chen.

Mit 16 Jahren wurde Chen Yihes Ausbildung in der traditionellen chinesischen Medizin unterbrochen: Im Rahmen einer Regierungskampagne, bei der die verarmten Grenzgebiete gefördert werden sollten, schickte man ihn in die subtropische Region von Xishuangbanna an der Grenze zu Laos.

Dort wurde er der Klinik in einer Kautschukfabrik zugeteilt. Nach einem schweren Unfall wandte er sich wieder der traditionellen Medizin zu. Er lernte alles über das Kräuterwissen der lokalen Volksgruppen und so viel er konnte von seinem Großvater. Um ganzheitlich arbeiten zu können, eignete sich Chen noch andere Methoden an, so zum Beispiel Akupunktur, Akupressur und Schröpfen.

Inzwischen ist er 60 Jahre alt. Er steht früh auf und trifft Vorbereitungen, um seine gut besuchte Praxis um 8.30 Uhr zu öffnen, die einzige ihrer Art in drei Bezirken. In seinem Haus lagert er auch seine Kräuter, die er selbst sammelt oder auf Märkten der Umgebung kauft. China hat 1,75 Millionen Schulmediziner und 270 000 praktizierende traditionelle Mediziner. Die Unterstützung dieses Zweiges der Heilkunde ist zwar in der Verfassung verankert, aber ihr Weiterbestehen ist eher eine Frage von Traditionspflege als von wirklicher Einsicht.

Einige Aspekte der chinesischen Medizin sind auch im Westen hoch geschätzt, vor allem die Akupunktur. Sie basiert auf der Lehre, dass der menschliche Körper von einer Lebenskraft, dem Qi, gesteuert wird, die über bestimmte Bahnen zwischen den Organen zirkuliert. Die Heilkräutertherapie dagegen hat heftige Kritik auf sich gezogen. Ein chinesischer Philosophieprofessor wetterte jüngst, dass »die chinesische traditionelle Medizin jeder empirischen und rationalen Grundlage entbehrt. Sie ist eine Gefahr für den Artenreichtum«. Tatsächlich hat der Gebrauch von Tigerknochen in Arzneien dazu beigetragen, den Bestand an Chinas Tigern auf 50 Exemplare zu reduzieren.

Chen beobachtet die Reaktionen seiner Patienten auf die Behandlung sehr genau und bleibt dabei, dass sie wirkt – auch wenn er nicht weiß, warum. Die Theorie überlässt er seinen drei Kindern, die alle Medizin studiert haben. Sein Wissen gibt er an sie weiter, denn auch er fürchtet, dass die für seinen Großvater größte Erfindung Chinas und ein wesentlicher Teil der chinesischen Kultur für immer in Vergessenheit zu geraten droht.

∧ > **WURZELN UND RINDEN SAMMELN**
Chen zerkleinert Rinden und Wurzeln für seine Arzneien. In der chinesischen Kräutermedizin werden sämtliche großen und kleinen Teile der Pflanzen sowie tierische und mineralische Substanzen verwendet.

CHINESISCHER MEDIZINER

EIN ARZT, DER MIT KRÄUTERN HEILT, YUNNAN

< REICH BELADEN
Die meisten Kräuter sammelt Chen im Wald in der Nähe seines Hauses. Das Übrige kauft er auf dem Markt.

∨ FRÜHSTÜCK ZU HAUSE
Chen frühstückt zu Hause im Hof. Überall liegen Bündel von Wurzeln und Kräutern in verschiedenen Zubereitungsstadien herum.

< CHENS PRAXIS IN MENGYANG
Chens Praxis bietet als Einzige im weiteren Umkreis alternative Medizin an – besonders beliebt bei denen, die sich eine kostspielige moderne Behandlung nicht leisten können.

∧ ZUTATENKONTOR
In Chens Praxis enthält jedes der ordentlich beschrifteten Fächer in den vielen Schubladen eine andere Zutat. Er verwendet etwa 800 Kräuter- und andere Ingredienzien, um die Arzneimittel seiner Patienten nach den überlieferten Rezepten herzustellen.

∧ SPRECHSTUNDE
Die Pulsdiagnose gehört zu Chens wichtigsten Untersuchungsmethoden. Viele chinesische Ärzte unterscheiden Pulsarten, die der Schulmedizin unbekannt sind.

WARENWIRTSCHAFT
Chen geht die Bestände in allen Schubladen durch, um zu sehen, welche seiner vielen Kräuter und anderen Ingredienzien ergänzt oder ersetzt werden müssen.

DAS ABWIEGEN DER ZUTATEN
Chen wiegt einen Wirkstoff mit einer Stabwaage ab, wie sie noch überall auf Märkten und in Geschäften benutzt werden.

HEILTRÄNKE AUS SCHLANGEN UND INSEKTEN
Die Auswahl an natürlichen Zutaten ist so groß, dass Chens Laden teils Apotheke, teils Naturkundemuseum zu sein scheint.

WURZELN ZERSTOSSEN
Die Inhaltsstoffe bereitet Chen überwiegend in seiner Praxis vor. Die meisten werden getrocknet und dann mit Mörser und Stößel zerkleinert.

AUSWAHL DER INHALTSSTOFFE
Nach der Diagnose setzt Chen eine Liste der Zutaten auf, die er für die Arznei des Patienten benötigt. Dann sucht er sie aus seinen Vorräten zusammen.

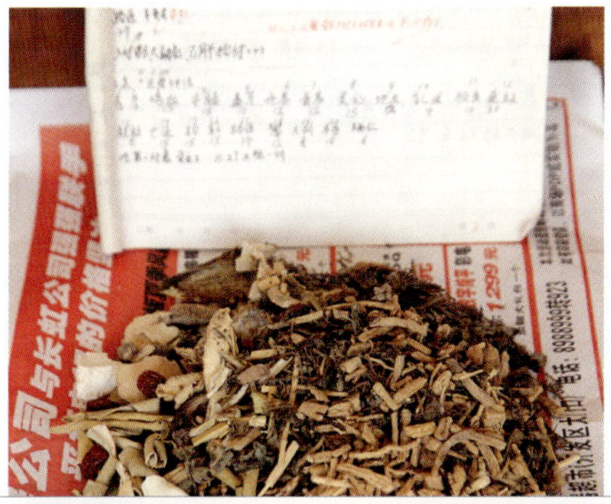

< DIE ARZNEI EINES PATIENTEN
Der Patient erhält seinen Kräuter-Mix in Papier mit handschriftlichen Anweisungen. Mit kochendem Wasser werden daraus meist bitter schmeckende Suppen.

V ZIKADENHÄUTE
Heilkundler setzen nicht nur Kräuter ein. Auch getrocknete Teile diverser Insekten und Tiere einschließlich gefährdeter Arten sind Bestandteil der chinesischen Pharmazie.

< HOLZ ENTHÄLT HEILENDEN SAFT
Chen schneidet dünne Scheiben vom Holz verschiedener Bäume, deren Saft bestimmte Wirkstoffe enthält. Sie werden getrocknet und zerbröckelt oder zerstoßen.

Λ SONNENGETROCKNETE ARZNEI
Vor seiner Praxis legt Chen Körbe mit Schalen, Blättern und anderen heilkräftigen Substanzen zum Trocknen aus. Aufbewahrt werden sie dann in Säcken und Beuteln.

陈 Ich gehöre zur letzten Generation derer, die noch das Wissen über chinesische Kräuter gelernt haben. Was, wenn wir alle tot sind?

^ **SCHILDKRÖTENPANZER UND ZIKADENHÄUTE**
Zikaden sind vor Ort zu bekommen, Panzer von Zuchtschildkröten, Trockenklima-Pflanzen und Teile von wild lebenden Tieren und Meerestieren kauft Chen auf speziellen Märkten.

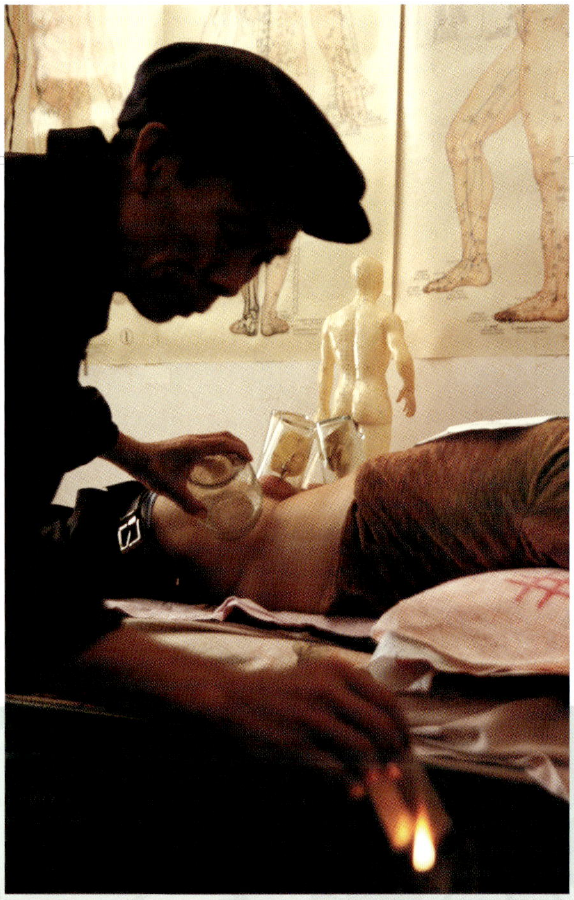

< **HEISSE GLÄSER ALS THERAPIE**
Das Schröpfen, eine Form der Massage, soll den Körper entgiften. Durch die heiße Luft in den Gläsern entsteht ein Vakuum, das für einen Saugeffekt sorgt.

∨ **AKUPUNKTURTAFELN**
Grafiken zeigen die Meridiane, auf denen nach der chinesischen Lehre Energie durch den Körper fließt, und Punkte, in die Nadeln einzustechen sind, um die Energie zu lenken.

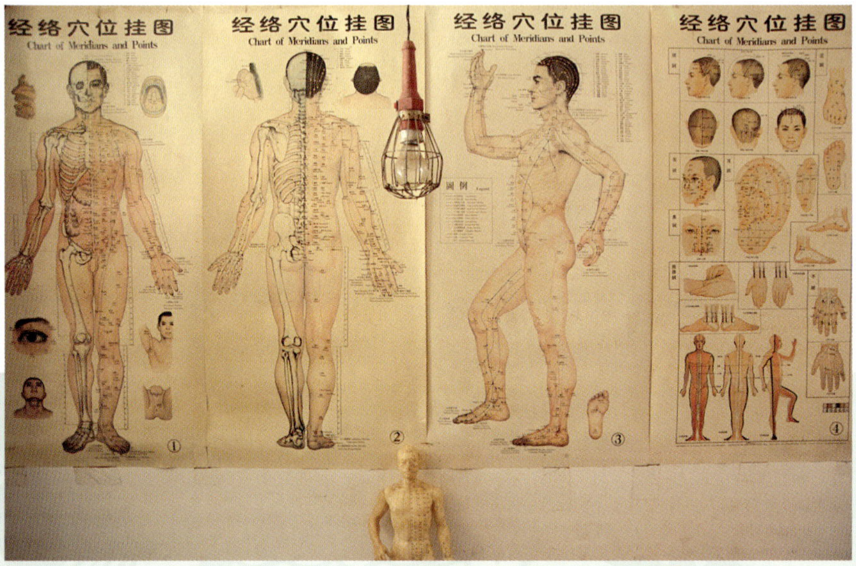

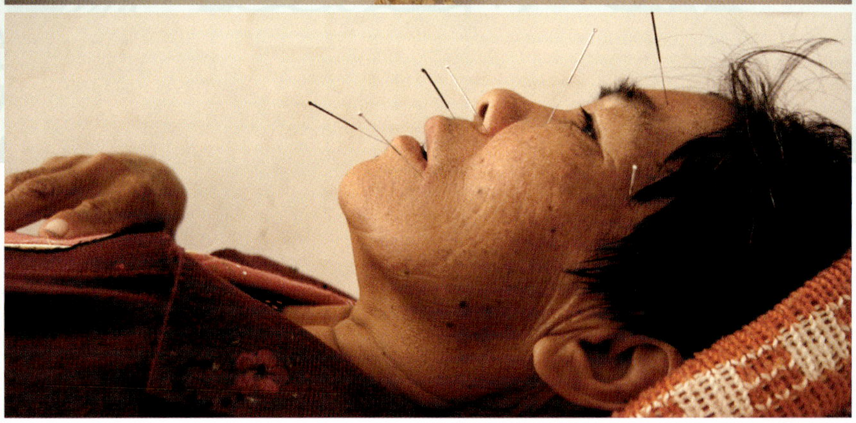

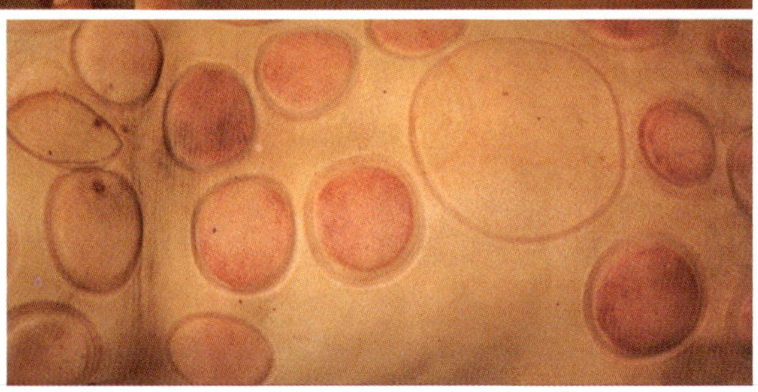

∧ **AKUPUNKTURBEHANDLUNG**
Dieser Patient leidet seit einem Schlaganfall an einer Gesichtslähmung. Er wird mit Akupunktur behandelt.

> **AKUPRESSURPUNKTE**
Chen setzt auch Akupressur ein. Neben der Akupunktur wird mit speziellen Sauggläsern Druck auf Schlüsselpunkte ausgeübt.

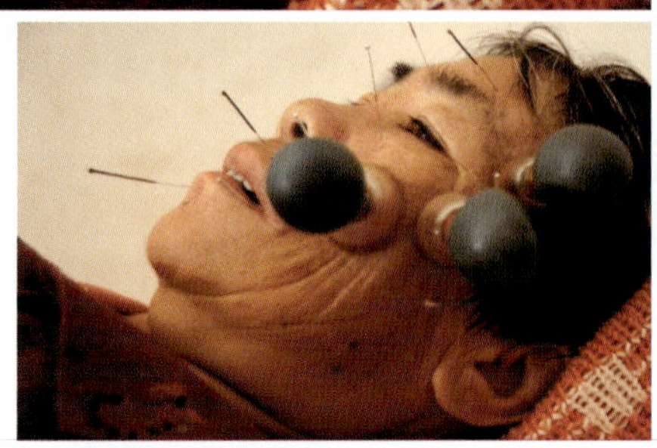

∧ **PHASEN DES SCHRÖPFENS**
Der Doktor benutzt verschiedenste Schalen, Becher und Gläser als »Schröpfgläser«. Jedes erhöht den Blutfluss im Hautbereich darunter und hinterlässt vorübergehend rote Quaddeln.

> **HAUSBESUCH**
Manchmal geht der Service über die Behandlung selbst hinaus. Chen fährt einen seiner Patienten nach der Sitzung mit dem Motorrad nach Hause.

< MIT REISIG AUF DEM HEIMWEG
Wenn er seine Praxis geschlossen hat, sammelt Chen noch eine Stunde lang Rinde. Mit Zweigen eines Strauches mit wichtigen Heileigenschaften kehrt er nach Hause zurück.

V ENTSPANNUNG
Von einem langen Tag erholt sich Chen mit traditioneller Musik. Sein Lieblingsinstrument ist die *erhu*, eine zweisaitige Kniegeige; ihr klagender Ton ist typisch für einen Großteil chinesischer Volksmusik.

书 Ich will als Arzt die Schmerzen anderer als meine eigenen betrachten und mein Bestes tun, um Menschen glücklich zu machen.

< ALTERNATIVE BEHANDLUNGEN
Moxazigarren (oben) und Akupressurinstrumente (oben links) werden alternativ zur Akupunktur verwendet. Das Schröpfen soll den Körper entgiften.

中药

Die Geschichte der traditionellen chinesischen Medizin (TCM) reicht bis über 4000 Jahre zurück. Sie beruht hauptsächlich auf dem Prinzip, dass Ungleichgewichte im Fluss der Energie (Qi) im Körper die Ursache für Krankheit sind. TCM-Ärzte kombinieren mehrere Methoden, um die Balance wiederherzustellen. Die zwei wichtigsten sind Kräuterheilkunde und Akupunktur. Oft werden sie durch Moxibustion (Wärmebehandlung), Akupressur, Schröpfen, *tui na* (Massagetherapie) und körperliche Übungen wie Qigong und Tai Chi ergänzt. Der chinesischen Medizin zufolge gibt es im Körper zwölf Meridiane, durch die Qi fließt. An diesen Meridianen oder Leitbahnen sind Akupunkturpunkte lokalisiert. In diese werden Nadeln gestochen, um auf den Qi-Fluss einzuwirken.

Für die Behandlung häufiger Krankheiten werden etwa 11000 Kräuter, Mineralien und tierische Substanzen in Kombinationen verordnet. Die umstrittene Verwendung von Teilen gefährdeter Arten in der TCM wurde in den letzten Jahren stark eingeschränkt und ist in den meisten Ländern illegal.

URALTE HEILKUNST

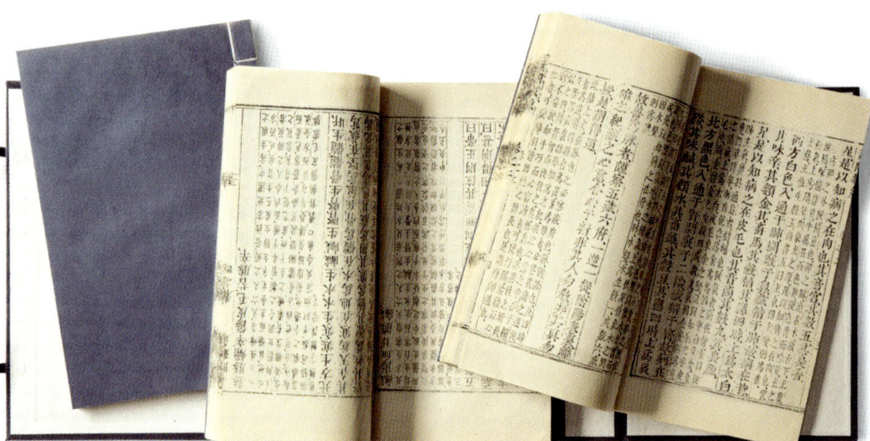

> REZEPTBUCH
Diese Kopie eines alten Manuskripts enthält Hunderte von »Rezepten« mit Kombinationen und Mengenangaben von Kräutern, die heilend wirken.

KRÄUTERMEDIZIN
Inhaltsstoffe werden nach ihrer »wärmenden« oder »kühlenden« Eigenschaft geordnet. Kräuter und Rinden werden gemahlen oder als Suppe verabreicht.

GRILLENVERKÄUFER

HÄNDLER AUF DEM GUANYUAN-MARKT, BEIJING

蟋蟀贩子

Noch bevor die Sonne hoch genug am Himmel steht, um die Gassen rund um den Guanyuan-Markt in Beijing zu erreichen, richtet Lan Yindong seinen Stand her. Er hängt Miniaturkäfige an Bambusstangen auf, stapelt kleine Keramiktöpfe auf einem Tisch und versieht sie mit Schriftzeichen: »Goldköpfiger Kaiser« und »Schwarzer Drache mit ausgebreiteten Schwingen«.

Lan stapelt Reihen von Styroporbehältern aufeinander, entfernt die Deckel und legt Glasplatten darüber, sodass Dutzende kleiner leuchtend grüner Grillen sichtbar werden. »Sie sind berühmt für ihren schwermütigen Gesang«, erklärt Lan. »Aber sie sind auch ein gutes Aufbaufutter für Vögel.«

Früher arbeitete Lan in einer Fabrik, entschied sich dann aber, wie sein Vater Grillen und Grashüpfer zu verkaufen. Diese jahrhundertealte Branche ist in Beijing heute wieder sehr gefragt. »Von Kindern bis zu Rentnern zählt alles zu meinem Kundenkreis.« Er ordnet transparente Behälter in Reihen an und schiebt Apfelscheibchen durch kleine Ritzen hinein. Die winzigen Grillen sind kleiner als Stubenfliegen, aber mit einem solchen Organ ausgestattet, dass sie als *jinzhongr* (»goldene Glocken«) bekannt sind.

Viele Marktverkäufer sind Migranten aus anderen Teilen Chinas. Lan stammt aus Beijing, das verrät schon sein Akzent. »Grillen werden bereits seit der Tang-Dynastie wegen ihres Gesangs oder ihrer Kämpfe gehalten«, erklärt er. »In der Song-Zeit waren Grillen das Gesprächsthema im Teehaus.«

In seiner Nähe bietet ein anderer Händler Kürbisse mit durchlöcherten Holzdeckeln an – tragbare Grashüpfer-Behausungen, die in der Jackentasche verstaut werden können. So überleben die Insekten, wenn ihr Besitzer einen Winterspaziergang macht. Die Löcher lassen Luft hinein und das metallene Zirpen hinaus. Als hätten die Chinesen den Walkman erfunden ...

Einer von Lans Kunden verursacht eine Massenflucht, andere helfen ihm, die nervösen Insekten wieder einzufangen. Sie fragen Lan nach seinen Grillen aus. »Sie sind aus Shandong«, behauptet er. Dies ist traditionell die Heimat der besten Kampfgrillen, der sogenannten *xishuir* oder *ququr*.

In der Gasse hinter dem Markt stehen Männer um einen niedrigen Tisch herum, auf dem zwei *ququr* in einer Plexiglasarena kämpfen. Wetten werden abgeschlossen. Die Insekten zirpen durchdringend, sperren die Mandibeln auseinander und schubsen sich hin und her. Sobald eine aufgibt und wegläuft, ist der Kampf vorbei. Einige erfolgreiche Grillen lassen sich zu einem Preis in der Höhe eines durchschnittlichen Wochenlohns verkaufen.

»Ich hätte mir gewünscht, dass meine Tochter auch ins Geschäft einsteigt«, sagt Lan. »Aber sie besitzt bereits ein Restaurant.«

> **FRÜHER AUFBRUCH**
Lan Yindong geht ungefähr um sechs Uhr morgens aus dem Haus. Zum Frühstück isst er Pfannkuchen in einem kleinen Café bei der Markthalle. Den restlichen Tag verbringt er an seinem Stand, damit ihm auch kein Kunde entgeht.

> **AUF DEM WEG ZUR ARBEIT**
Lan fährt mit dem Bus zur Arbeit. Obwohl es mehr und mehr Autos in Beijing gibt, nehmen die meisten Einwohner das Fahrrad oder öffentliche Verkehrsmittel.

> **BRÜCKE ÜBER DIE RINGSTRASSE**
Der Guanyuan-Markt liegt auf der Zweiten Ringstraße. Sie folgt dem Verlauf der Stadtmauer, die Mao Zedong in den 1950er-Jahren niederreißen ließ.

v **GUANYUAN-MARKT**
Die Markthalle ist auf alles für traditionelle und moderne Hobbys spezialisiert, nicht nur Insekten, sondern auch Singvögel, Fische, Blumen und Drachen.

< EIN PRÜFENDER BLICK
Ein großer Grashüpfer wird vorübergehend aus seinem Miniaturkäfig herausgeholt, damit ein interessierter Kunde ihn vor dem Kauf besser begutachten kann.

> 兰 Früher hatte ich vor allem ältere Kunden, aber inzwischen halten sich immer mehr jüngere Leute Grillen.

∧ BESTANDSAUFNAHME
Unter den Käfigen schwingt Lan ein Netz zum Grillenfang. Auf dem Schild steht *ming chong chong ju* – »singende Insekten und -utensilien«.

> FÜTTERUNGSZEIT
Lan benutzt einen langstieligen Miniaturlöffel, um Ameiseneier in den Futternapf einer Grille zu geben.

∧ GRILLE IN IHREM QUARTIER
Die *xishuir* wird als Kampfgrille gehalten. Mit einem Stäbchen wird sie gekitzelt, um sie vor einem Kampf anzustacheln.

Grillen sind bekannt für ihren Gesang, geben aber auch gutes Vogel- und Fischfutter ab.

> FUTTER FÜR HAUSTIERE
Kleinere Insekten werden in großen Mengen an Fisch- und Vogelliebhaber verkauft, die ihren Tieren frisches Protein geben wollen.

∨ SINGENDER GRASHÜPFER
Grüne Heuschrecken *(lu guoguor)* gehören zu den billigsten und am meisten verbreiteten Sängern. Ihr Preis richtet sich nach ihrer Größe.

> VERKAUFSFERTIG
Lan zeigt einem interessierten Kunden eine seiner vielen Grillen. Manchmal werden Duzende geprüft, bevor die Kaufentscheidung fällt.

∨ YOUHULU-GRILLEN
Die kleine und teure *youhulu*-(Ölkürbis-)Grille soll den betörendsten Gesang von allen singenden Zikaden und Heuschrecken von sich geben.

∧ HEUSCHRECKEN-KONTROLLE
Lan besitzt eine beachtliche Insektensammlung. Die besten singenden Arten kommen aus Tianjin, die Händler natürlich stets als ihre Quelle angeben.

Traditionelle chinesische Hobbys

Man sagt, die vier großen Hobbys in China seien *hua, niao, yu, chong* – Blumen, Vögel, Fische und Insekten. Auf vielen Balkonen werden kleine Aquarien ausgestellt, etwa mit dem beulenköpfigen *longingr* (»Drachenauge«) oder dem *wang tianr* (»Himmelsgucker«) mit augenförmigen Punkten auf dem Rücken. Auf älteren Häusern finden sich oft Taubenschläge. Die Vögel lernen, in Kreisformationen zu fliegen. Dabei erzeugen die an ihren Schwänzen befestigten kleinen Flöten einen unheimlichen Ton. Schwarzköpfige Vögel mit gelbem Schnabel, *wutong* genannt, werden dazu abgerichtet, den *dadanr*-Trick vorzuführen. Mit akrobatischen Manövern schnappen sie sich dabei erbsengroße Kugeln aus der Luft.

Hobbymärkte bieten ein breites Sortiment an Angelschnüren, Rollen und einem durchscheinenden Spezialpapier, das zum Basteln traditioneller Drachen, *shayanr* (»Sandschwalbe«), gebraucht wird.

Chinas Wirtschaftsboom zerstört zwar viele traditionelle Häuser in den Städten. Aber er liefert andererseits auch das Einkommen, mit dem die Menschen Annehmlichkeiten wie Haustiere und Spielzeug erwerben, sodass wiederum für Händler wie Herrn Lan gesorgt ist.

< WINZIGE LECKERBISSEN
Grillen und Heuschrecken sind relativ teuer. Daher geben sich die Käufer viel Mühe mit ihrer Ernährung, um ihre kurze Lebensspanne zu verlängern.

∨ AUF IN DEN KAMPF
Schaulustige beobachten, wie die kurzsichtigen Grillen durch Stäbchen mit Rattenschnurrhaaren gegeneinander aufgestachelt werden.

∨ AUF DEM HEIMWEG
Nach einem erfolgreichen Tag schließt Lan seinen Stand um sechs Uhr abends. Dann nimmt er den Bus, um zum Abendessen mit seiner Familie nach Hause zu fahren.

∧ GRILLENKAMPF IN VOLLEM GANGE
Durch ein Röhrchen schlüpft die Grille in die Arena. Dort gehen die Gegner aufeinander los. Das Tier, das sich zuerst auf den Rücken rollt oder wegläuft, hat den Kampf verloren.

∧ FAMILIENBETRIEB
Beim Abendessen erzählt Lan von seinem Vater, der ebenfalls Grillenverkäufer war. Ein Buch über das alte Beijing zeigt ein Foto von ihm. Wenn Lan sich zur Ruhe setzt, wird er sein Geschäft verkaufen.

> DEN KAMPF BEOBACHTEN
Hinter dem Markt verfolgen Grillenliebhaber aufmerksam den Kampf. Wetten sind in China illegal, aber am Ende kann viel Geld den Besitzer wechseln.

< WOHNUNGEN
Viele Grillen werden in Teekannen oder Marmeladengläsern gehalten. Die besten Kämpfer leben in kostbaren, mit Glückssymbolen verzierten Keramikgefäßen.

蟋蟀

Seit mehr als 2000 Jahren lauschen die Chinesen den Gesängen der Grillen und Zikaden und schreiben über sie so schwärmerisch wie westliche Dichter über den Vogelgesang. Der Beginn des Grillengesangs signalisierte traditionell die Zeit des Pflügens, und das Zirpen verschiedener Arten zeigte die Sommer- und Frühherbstmonate an. Die Aktivitäten der Grille sind in allerlei Sprichwörtern festgehalten, und das Volk, das Fruchtbarkeit mit Glück gleichsetzt, verehrt das Tierchen für die Hunderte von Eiern, die es legt.

Schon zur Tang-Zeit (618–907) wurden Grillen wegen ihres Gesangs gehalten, und seit den Song (960–1127) lässt man sie gegeneinander kämpfen. In der Ming-Zeit (1368–1644) entdeckten die Chinesen, wie man die Insekten auch außerhalb der Brutzeit schlüpfen lassen kann.

Heute ist die Grillenhaltung ein Hobby, das gut zu den kleinen Wohnungen der meisten Chinesen passt. Der Markt für die Utensilien von Futternäpfen und Löffeln bis hin zu reich verzierten Kalebassen erfreut sich großer Nachfrage, .

AUSRÜSTUNG FÜR DIE GRILLENHALTUNG

> HEUSCHRECKENHAUS
Bei Wärme werden die hübschen Sänger in ihren Käfigen präsentiert. Diese sind aus Materialien von Bambus über Sandelholz bis hin zu Silber gemacht.

^ **ZUBEHÖR FÜR DIE GRILLENHALTUNG**
Hilfsmittel für den Fang, den Transport und um die Grillen zum Kampf anzustacheln, sind genauso erhältlich wie edle Futterschälchen und andere Utensilien.

FESTAUSRICHTER

ORGANISATOR EINES TEMPELFESTES, FUJIAN

< BESONDERES FRÜHSTÜCK
Wu und seine Familie essen *ciba*, einen süßen Kuchen aus Klebreis, Zucker und Erdnüssen, der speziell für die Festtagsfeierlichkeiten zubereitet wird.

风水师傅

Der Respekt der Bewohner von Quekenba für ihren 37-jährigen Feng-Shui-Meister ist so groß, dass sie ihn baten, ihr diesjähriges *miao hui*, das Tempelfest, zu organisieren. Dieses wichtige religiöse und kulturelle Ereignis findet alle acht Jahre und nur in dieser Gegend statt. »Für die Dorfbewohner ist es eine große Sache, und es bedeutet, dass sie mir vertrauen«, sagt Wu Jianxin stolz.

Die Dorfbewohner sind Kejia, Han-Chinesen, die während der Tang-Dynastie (618–907) aus Zentralchina in die Bergregion der Provinz Fujian gelangten. Diese Binnenmigranten wurden vielfach von früheren Siedlern vertrieben, sodass ihnen nur das magerste Ackerland blieb. Sie sprechen einen Dialekt, der für andere kaum verständlich ist und eng mit einer frühen Form des Chinesischen verwandt sein soll.

Alle acht Jahre versammeln sich die Bewohner von Quekenba, um eine kleine Statue von Guanyin, der buddhistischen Göttin der Barmherzigkeit, aus dem 700 Jahre alten Chao-Tian-Tempel zu ihrem Dorftempel zu tragen. Im Jahr darauf wird sie zurückgebracht, damit eines der Nachbardörfer sie zu sich holen kann. Diese Tradition ist fast so alt wie der Tempel selbst. Sie kam auf, als ein Beamter feststellte, dass der Chao-Tian-Tempel zunehmend verfiel. Er bot an, die Instandsetzung zu finanzieren, als Gegenleistung verlangte er jedoch die Guanyin-Statue für sein eigenes Dorf. Die Dorfbewohner wollten aber nicht auf das Wohlwollen der Göttin verzichten und handelten einen Kompromiss aus: Die Dörfer sollten die Statue jeweils für ein Jahr verwahren.

Als Festausrichter sammelt Wu Geld, organisiert das Programm und berät bei der Zubereitung der speziellen Speisen. Als der lokale Feng-Shui-Meister ermittelt er für Kunden günstige Hochzeits- oder Begräbnistermine und empfiehlt Standorte für Häuser und Grabstätten. Mit 15 Jahren verließ Wu die Schule und begann, bei seinem Onkel Feng Shui zu lernen. Inzwischen reicht sein guter Ruf bis in die 60 Kilometer entfernte Stadt Longyan.

Wu Jianxin gehört zu den wenigen aus seiner Generation, die im Dorf geblieben sind. Die meisten sind zum Arbeiten in die Provinz Guangdong gezogen. Das Geld, das sie nach Hause schicken, hat die lokale Wirtschaft angekurbelt. Immer mehr Einwohner können sich jetzt Wus Dienste leisten. »Als ich ein Kind war, hatten wir nicht einmal genug zu Essen. Aber inzwischen hat fast jede Familie ein Motorrad, einen Fernseher und einen Kühlschrank.« Er kann es sich leisten, seine zwei Söhne zur Schule zu schicken, ohne nach Guangdong übersiedeln zu müssen. Mein Einkommen als Feng-Shui-Meister ist gut. Und es steigt, weil die Dorfbewohner und auch Geschäftsleute in der Stadt wieder zum Glauben finden.«

^ EINKAUF FÜRS FESTESSEN
Mit seinem 10-jährigen Sohn Ming fährt Wu in eine Nachbarstadt. Dort kauft er die Zutaten für spezielle Gerichte, die zu den Feierlichkeiten gehören

v AUF DER HEIMFAHRT
Wu fährt mit den Waren auf seinem Motorrad nach Hause. Motorräder werden in ländlichen Gemeinden immer beliebter, da sie billiger im Unterhalt sind als Autos.

> EHRENLISTE
Name und Beitrag jeder Person, die zum Fest beiträgt, werden von Wu und einem älteren Dorfbewohner notiert. Die Liste wird ausgehängt, um alle Spender zu würdigen.

< ZUBEREITUNG DES FESTKUCHENS
Wu zerstößt Reis zu einer klebrigen Masse, um noch mehr *ciba* für das Frühstück am nächsten Tag vorzubereiten.

V PLANUNG DES FESTVERLAUFS
Im Haus eines Nachbarn bespricht Wu das Festprogramm mit den Dorfältesten und den Mitbürgern, die an den Prozessionen und Zeremonien teilnehmen.

< WILLKOMMENSGRUSS FÜR DEN BUDDHA
Vor jedem Haus sind Tee- und Obstgaben aufgestellt, um die Guanyin-Statue bei ihrer Ankunft im Dorf willkommen zu heißen.

V EINE ERWARTUNGSVOLLE MENGE
Die älteren Bewohner von Quekenba erwarten die Ankunft der Prozession. In ihrer Jugend nahmen viele selbst daran teil und trugen die Statue von Dorf zu Dorf.

< DIE PROZESSION
Unter den Feiernden in der farbenfrohen Prozession hat auch Wu seinen Platz. Vom Chao-Tian-Tempel zurück ins Dorf Quekenba sind es drei Kilometer.

V PRÄSENTATION DER STATUEN
Die Buddha-Statue und sechs weitere Figuren werden aus dem Tempel von Quekenba geholt, damit sie die Guanyin-Figur in der Prozession zurück ins Dorf begleiten.

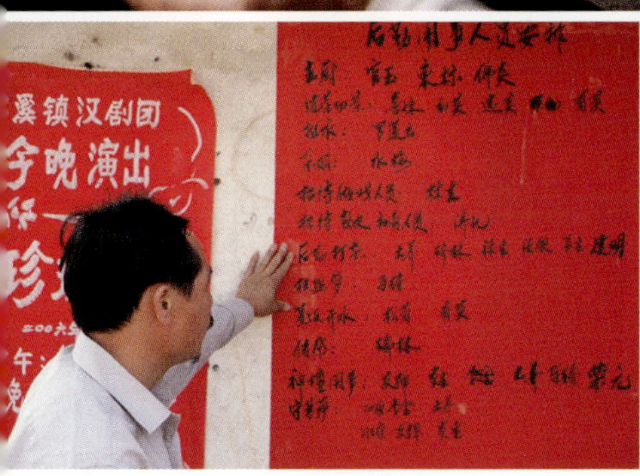

Λ BEKANNTGABE DER HELFER
Wu bringt ein Plakat mit den Namen der Dorfbewohner an, die ihre Hilfe auf dem Fest angeboten haben. Das Plakat zu seiner Linken kündigt eine Opernaufführung auf dem Dorfplatz an.

WEG DURCH DIE FELDER
Figuren aus Buddhismus und Daoismus werden als Statuen bei der Prozession getragen. Die Dorfbewohner wählen aus der Religion, deren Gottheiten am ehesten auf Gebete zu reagieren scheinen.

吴 | Die Städter haben nicht genug Glauben. Ich meine, der Glaube hilft, Gemeinschaften zusammenzuhalten.

< **PROZESSION AM REISFELD**
Die Prozession folgt aufgeschütteten Pfaden durch die gefluteten Reisfelder, die einen Großteil der Nahrung und des Einkommens der Dorfbewohner liefern.

∨ **BEGRÜSSUNGSFEUERWERK**
Am Dorfrand signalisieren laute Explosionen das Eintreffen der Prozession. Der Krach soll feindliche Dämonen verscheuchen.

∨ **GEBET ZU BUDDHA**
Wu entzündet Weihrauch und betet zu der Statue der Guanyin. Eigentlich eine männliche Gottheit aus Indien, wurde sie in China in die »Göttin der Barmherzigkeit« umgewandelt.

∧ **ANKUNFT IM DORF**
Musiker spielen gegen den Krach der Knallkörper an, als die Prozession in Quekenba eintrifft und zwischen den Lehmhäusern durchs Dorf führt.

> **ALTAR FÜR DEN BUDDHA**
Die Dorfbewohner legen Opfergaben am Altar nieder in der Hoffnung, dass durch Guanyin Glück, Zufriedenheit und Wohlstand im Dorf zunehmen werden.

BESUCH AM ALTAR
Guanyin gelangt nur alle acht Jahre nach Quekenba. Eine ernste Angelegenheit für die Dorfbewohner, die vom tiefen Glauben an die Göttin erfüllt sind.

SCHLUSSPROZESSION
Am nächsten Morgen bringen die Dorfbewohner die Statue zum Fluss. Dort beten sie für reichlich Regen ohne Überschwemmungen. Kaum etwas ist hier wichtiger als das Wetter.

DORFÄLTESTER HULDIGT DER GÖTTIN
Als einer der Ersten erweist eine der angesehensten Persönlichkeiten von Quekenba der Guanyin-Statue am Flussufer seine Ehrerbietung.

SPEISENOPFER
Zu Füßen der Guanyin-Statue bringen die Dorfbewohner der Göttin ihre besten Speisen dar, auch teure Fleischgerichte, die sie sich selten leisten können.

FAMILIENVERGNÜGEN
Zum Festprogramm gehört die Aufführung einer lokalen Operntruppe auf dem Dorfplatz. Musik und Tanz im traditionellen Stil genießen alle Generationen gleichermaßen.

< GLÜCKSANHÄNGER
Anhänger mit Quasten werden verschenkt und an Wände gehängt. Dem Empfänger sollen sie Reichtum, Gesundheit und Glück bringen.

节日装饰

Das Frühlingsfest, nach dem Mondkalender das chinesische Neujahr, ist das wichtigste Fest in China. Mehrere hundert Millionen Menschen fahren dann in ihre Heimatstädte und -dörfer mit Geschenken für Familienmitglieder im Gepäck.

Bei vielen Neujahrsdekorationen und -geschenken geht es darum, anderen zu wünschen, was man auch für sich erhofft: Geld, Söhne und reichlich zu essen. Oft sieht man das Schriftzeichen *fu* (»Glück«) an Mauern und Türen, allerdings auf dem Kopf. *Dao* bedeutet »verkehrt herum«, kann aber auch »ankommen« heißen. Zusammen mit dem umgedrehten *fu* bedeutet es dann »Glück erscheint«. Auch fischförmige Snacks bergen ein Wortspiel: *yu* bedeutet »Fisch« oder »Überfluss«, und *guizi* (Dattel), ein weiteres Neujahrsgeschenk, klingt wie das Wort für »Söhne«.

Rot und Gold, die Farben des Glücks und des Geldes, dominieren die Festtagsdekoration, besonders die »Wohlstands-Bäume« aus Papier, die mit Münzen, Goldbarren und Wünschen für Gesundheit und Glück geschmückt werden.

FEIERTAGE UND GLÜCK

> NEUJAHRSKORB
Dieser filigrane Korb, ein edles Neujahrsgeschenk, enthält spezielle Süßigkeiten und Trockenfrüchte. Dem Beschenkten wird damit im neuen Jahr ein voller Magen gewünscht.

^ GESCHENKE UND DEKORATION
Kinder bekommen *hongbao,* in rot-goldenen Papiertütchen verpackte Geldgeschenke. Dekorationsstücke bringen Glück von Guanyin, der Göttin des Mitgefühls.

> MORGENMAHLZEIT
Li wohnt mit ihrem Freund und seiner Mutter zusammen. In einem Café essen sie Haferbrei und gedämpftes Brot zum Frühstück.

企
业
家

»Meine Eltern waren erstaunt, als ich ihnen sagte, dass ich ein Geschäft eröffnen möchte«, erzählt die 23-jährige Li Qinghe. »Mein Vater ist Chinesischlehrer und meine Mutter Krankenschwester, beide arbeiten noch. Sie wären nie auf die Idee gekommen, selbst so etwas zu machen.« Daher brauchten sie wohl etwas Zeit, um sich mit den Plänen ihrer Tochter abzufinden.

Nach vielen Diskussionen lieh ihr die Mutter rund 300 Euro, ihr Vater gab knapp 200 Euro dazu. Das genügte für die Geschäftsgründung. Li eröffnete einen Laden in einem Haus am Wasser in der Altstadt von Suzhou, Provinz Jiangsu. Dort verkauft sie Porzellan und Schmuck an Touristen.

Das von Kanälen durchzogene Suzhou, wie viele andere Orte in der Region als »Venedig Chinas« tituliert, genießt seit Jahrhunderten einen guten Ruf wegen seiner Schönheit. Inzwischen ist Suzhou eine der reichsten Städte in Südostchina und ein Zentrum der Herstellung und Entwicklung von Hightech-produkten. Dies hat ihre Anziehungskraft auf Touristen nicht geschmälert. Besucher schwärmen in die kunstvollen Gärten von Beamten und Literaten aus der Ming- und Qing-Zeit und schlendern durch die engen Gassen der »Altstadt« mit ihren weiß getünchten Häusern.

Als Li ihr Geschäft eröffnete, vertrieb sie sich die Zeit, in der keine Kunden da waren, indem sie Schmuckstücke für sich anfertigte. Als ihre Kundschaft Interesse an diesen Kreationen zeigte, begann sie, auch diese zu verkaufen. Heute ist sie hauptsächlich als Schmuckdesignerin tätig und hat eine breite Palette von Stücken im Angebot.

Li Qinghe steht zum Frühstück vor zwölf auf. Bevor sie den Bus für die einstündige Fahrt nach Suzhou nimmt, schaut sie in ihre E-Mails. Unterwegs kauft sie sich etwas fürs Mittagessen, oft macht sie noch einen Abstecher zu den Antiquitäten- und Jademärkten.

Nachmittags arbeitet sie an ihren Entwürfen. Am Abend geht sie mit ihrem Freund essen, oder er bringt etwas mit ins Geschäft. Anschließend arbeitet Li weiter bis 22 Uhr.

Sie weiß, dass sie ein Maß an Freiheit hat, das für ihre Eltern unvorstellbar ist. Sie konnte nicht nur ein Geschäft gründen, sondern hat sogar noch die Zeit und Mittel für ein Studium im Fach Trickfilm. Ihr Traum ist es, Kurzfilme mit Tonfiguren zu drehen. Manchmal schließt Li ihr Geschäft für ein paar Tage, um zu verreisen. Zurzeit denkt sie über eine Auslandsreise nach. Jeden Abend versucht sie, drei neue französische und spanische Vokabeln zu lernen.

»Meine Eltern haben hart gearbeitet, um die Familie zu ernähren. Sie hatten keine Zeit, darüber nachzudenken, ob Freiheit für sie wertvoll ist.« Sie lacht: »Manchmal bin ich unzufrieden mit dem, was ich habe, einfach weil ich frei genug bin, darüber nachdenken zu können!«

^ ATELIER ZU HAUSE
Li malt Probeentwürfe auf Keramik in ihrem Heimatelier, das sie mit ihrem Freund teilt. Sie arbeitet oft hier, bevor sie sich auf den Weg macht, um ihr Geschäft zu öffnen.

> AUF DEM WEG ZUM GESCHÄFT
Nach einer langen Busfahrt erreicht Li die Altstadt von Suzhou. Am Kanalufer geht zu ihrem Laden in einem traditionellen alten Haus.

UNTERNEHMERIN

SCHMUCKDESIGNERIN MIT EIGENEM GESCHÄFT, SUZHOU

> VOLLE AUFTRAGSBÜCHER
Die Nachfrage nach Lis Schmuck ist so groß, dass sie oft nicht nur Stücke für Stammkunden anfertigt, sondern auch noch die Muster in der Auslage verkauft.

V FERTIGE STÜCKE
Lis Schmuck ist modern und nicht typisch chinesisch. Bei sozial aufsteigenden Chinesen, die ein Faible für alles »Ausländische« haben, ist ihr Stil besonders beliebt.

Λ VOR IHREM GESCHÄFT
Li verliebte sich in den Laden und das alte Gebäude, noch bevor sie genau wusste, was für eine Art Geschäft sie gründen wollte.

Λ SCHMUCKWERKSTATT
Mit Draht und Perlen entwickelt Li neue Ideen und stockt den Bestand auf. Sie hofft, schon bald einen Markennamen für ihre Entwürfe zu etablieren.

李 | Ich habe großes Glück und versuche, keinen zu vergessen, der mich unterstützt hat.

> AUF DER SUCHE NACH INSPIRATION
Li lässt sich für manche ihrer Keramikentwürfe von traditionellen chinesischen Motiven anregen. Auch in Suzhous vielen Antiquitätenläden findet sie jede Menge kreativer Ideen.

V PAUSE MIT DEM FREUND
Obwohl sie Geschäftsfrau und Studentin ist, findet sie jeden Tag Zeit, um mit ihrem Freund essen zu gehen oder zumindest für eine Pause bei einer Tasse Tee.

Λ IN DER BIBLIOTHEK STUDIEREN
Li zieht sich ein paar Stunden in die Universitätsbibliothek zurück. Als Studentin im höheren Semester kann sie auf viel Material zugreifen.

> EINKAUFSPAUSE
Wie viele Chinesinnen in ihrem Alter ist Li gern auf dem Laufenden über die aktuelle Mode, die sie in Suzhous großem Kaufhaus findet.

Λ> NEUE CHINESISCHE MODE
Ihr geschäftlicher Erfolg erlaubt es Li, sich modisch zu kleiden. Der Großteil der Kleidung wird von Ausländern für den Export entworfen. Aber inzwischen holen chinesische Einzelhändler auf.

DESIGNERPRODUKTE IM TEST
Vor ihrem freien Abend probiert Li Make-up aus. Westliche Luxusmarken, die in großen Warenhäusern verkauft werden, gefallen der neuen wohlhabenden Klasse.

Chinas Jungunternehmer

Seit Anfang der 1980er-Jahre ist die Gründung von Ein-Mann-Betrieben erlaubt. Fahrradreparaturläden, Imbissstände und Nähstuben schossen wie Pilze aus dem Boden. Dann wurde es Privatfirmen gestattet, mindestens sieben Nichtverwandte einzustellen, und überall öffneten Restaurants. Plötzlich wollte jeder »ins Meer springen«, chinesisch: *xia hai,* sich selbstständig machen. Während etwa 85 Prozent der Bevölkerung in irgendeiner Weise beim Staat beschäftigt sind, nutzen Tausende junger Unternehmer wie Li diese neue wirtschaftliche Freiheit, um Geschäfte zu gründen. Sie tragen inzwischen etwa zehn Prozent zum Bruttosozialprodukt Chinas bei und dürfen sogar der Partei beitreten.

Dieser Anstieg der Privatunternehmen bedeutet jedoch, dass das Gefälle zwischen den besser ausgebildeten und eher unternehmerischen Chinesen und den Bauern und Wanderarbeitern größer ist als je zuvor und noch weiter zunehmen wird.

ABENDS UNTERWEGS MIT FREUNDEN
Li genießt einen Abend mit ihrem Freund und Bekannten in einem Club. Wenn junge Chinesen in der Großstadt ausgehen, ziehen sie westliche Bars vor, auch wenn ein einziges Getränk teurer sein kann als ein üppiges Mahl.

张 Die Fische werden kleiner und weniger. Aber zum Glück sind frisch gefangene wilde Seefische noch immer begehrt.

Die Küstengewässer der Provinz Zhejiang in Ostchina sind mit Inseln übersät. Eine davon ist nicht länger als vier Kilometer und heißt Ji Shan Dao. Die Hochseetrawler im Hafen sind für längere Zeit im Ostchinesischen Meer unterwegs. Zhang Zhipings drei kleine Fischerboote dagegen wagen sich höchstens eine Stunde von seiner Heimatinsel entfernt hinaus.

渔民

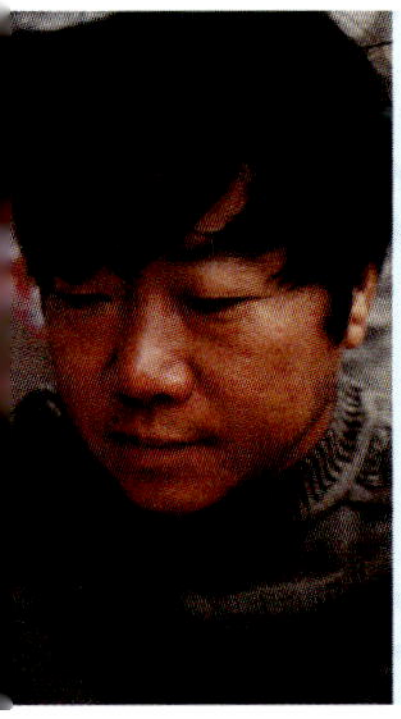

»Ich fische nur in der Nähe«, sagt Zhang. »Die Fische scheinen zwar dieses Jahr etwas größer zu sein als in den letzten zwei Jahren, aber sie bringen gerade nicht viel ein. Für große Fische muss man viel weiter ausfahren.« Es beunruhigt Zhang, dass es zu viele Fischer gibt. Er selbst hat vier Angestellte. Sie stammen aus Sichuan, Chinas dichtest bevölkerter Provinz und Hauptexporteur von Arbeitskräften in die reicheren Küstengebiete.

Die Industrialisierung hat Zhejiang zur reichsten Provinz des Landes gemacht. Das ist eines von Zhangs Problemen. Fertigungsindustrie, die Konsumgüter für den weltweiten Export produziert, verunreinigt die Flüsse. Die Gifte werden ins Meer hinausgeschwemmt. Die Folge: Die Entwicklung der Fischbrut wird gehemmt. »Durch die Verschmutzung ist das Wasser nicht so nahrhaft für die Fische«, klagt er.

Im Jahr 2000 führte die Überfischung in chinesischen Gewässern dazu, dass eine weitere Erhöhung der Fangquote für Süßwasser- und Seefische ausblieb. Außerdem wurde von Juni bis September ein Moratorium über die Fischerei in betroffenen Regionen verhängt, damit sich die Fischbestände erholen können.

Fischzucht ist eine Wachstumsindustrie. Zuchtprodukte decken inzwischen über 60 Prozent des Fischkonsums in China. Aber noch wird der meiste Fisch in Zhangs Gegend wild gefangen. »Die Leute ziehen wilden Fisch vor«, behauptet er. »Sie schmecken besser und verkaufen sich zu einem höheren Preis.« Aber die Fischerei ist ein riskantes Geschäft, das Zhang gern aufgeben würde. »Die Arbeit ist hart und gefährlich«, sagt er. »Es gibt viele Unfälle, auch tödliche.«

Zhang muss nicht nur Löhne, Instandhaltungskosten und Kraftstoff bezahlen, sondern auch noch über 9 500 Euro verschiedener Steuern und Gebühren. Er hofft zwar, dieses Jahr ungefähr das Doppelte davon einzunehmen, aber damit muss er zunächst den Verlust vom Vorjahr ausgleichen.

Trotzdem hat sich das Leben der Fischer auf der Insel seit dem Beginn der Reformen unter Deng Xiaoping verbessert. »Wir sind nicht arm«, sagt Zhang. »Wir haben alles, was wir brauchen. Aber ich bin nicht reich. Hätte ich mehr Geld, würde ich weggehen.« Er hofft, dass sein Sohn, ein Wanderarbeiter in Shenzhen, einen sicheren und soliden Job in der Stadt findet. Dann ziehen er und seine Frau zu ihm.

∧ TRAWLER IM HAFEN
Zhangs Einsatzgebiet ist klein, aber andere Bewohner von Ji Shan Dao betreiben größere Hochseetrawler wie diese, die im Hafen vertäut liegen.

> MOTORPROBLEME
Die morgendliche Fischerei wird unterbrochen: Der Motor auf einem von Zhangs Booten versagt, und er muss es zur Reparatur in den Hafen schleppen.

∨ AM RUDER
Zhang steht morgens um vier auf, um zu den Fanggründen zu gelangen. Wenn die Ausrüstung defekt ist, war die einstündige Fahrt umsonst.

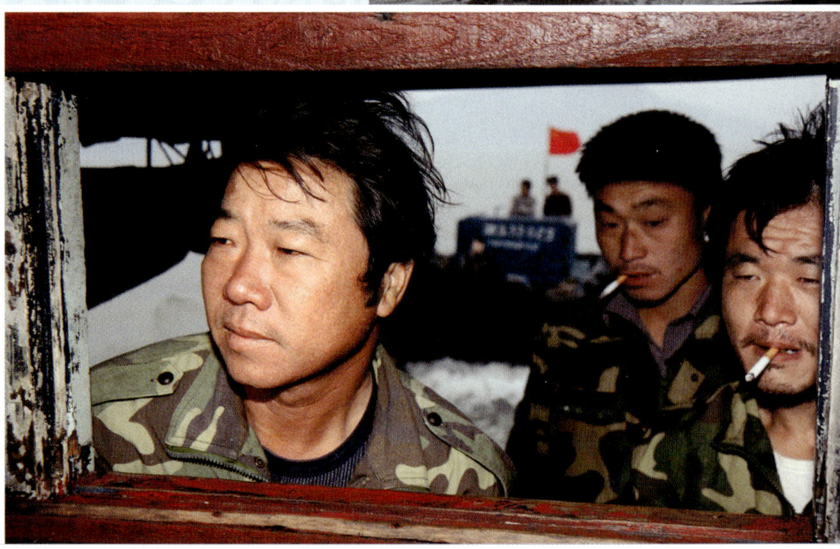

HOCHSEEFISCHER

FISCHER VOR DER INSEL JI SHAN, ZHEJIANG

< DER MORGENFANG
Zhang holt das spärlich gefüllte Netz ein. Trotz der Gesetze gegen Überfischen und Verschmutzung – die verbleibenden Fische sind klein.

∨ > NETZFLICKERINNEN AM HAFEN
Wie viele der Frauen auf der Insel bessert Frau Zhang die Netze aus. Sobald der Fang an Land gebracht wird, verkauft sie ihn direkt am Hafen.

∧ AUF DEM WEG ZUR WERKSTATT
Zhang hat das defekte Teil ausgebaut, um es reparieren zu lassen. Der magere Gewinn des Fischers erlaubt keine regelmäßige Wartung.

< DEN HAFEN VERLASSEN
Zhangs Konkurrenten von einem großen Handelstrawler warten, solange ihr Schiff mit Eis für eine mehrtägige Reise beladen wird.

< **SPIEL-TRAINING**
Früher war Zhang von fünf Uhr früh bis zehn Uhr abends auf See. Bei der dürftigen Ausbeute hat er heute mehr Zeit, als ihm lieb ist. Er nutzt sie, um sein Schachspiel zu verbessern.

< v **ZEIT MIT DER ENKELIN**
Da Zhang weniger häufig aufs Meer hinausfährt, hat er auch mehr Zeit für seine Enkelin. So entlastet er wiederum seinen Sohn, der in der Stadt arbeitet.

> **SCHACHFIGUREN**
Chinesisches Schach, eine von Zhangs großen Leidenschaften, ist der westlichen Variante sehr ähnlich. Die Figuren mit diesem Zeichen entsprechen den Bauern.

< ∨ **HÄUSLICHE PFLICHTEN**
Zhang erledigt einige Arbeiten zu Hause. Er füllt ein großes Tongefäß mit eingelegtem Gemüse und ein kleineres mit einem Schnaps aus der Region nach.

∧ **ANSTOSSEN BEIM ABENDESSEN**
Zhang hebt sein Glas, um anzustoßen. Die Familie trinkt meist Bier zum Essen. Schnaps *(bai jiu)* ist für besondere Anlässe und Festessen reserviert.

∧ **FAMILIENESSEN**
Natürlich steht frischer Fisch oft auf dem Speiseplan der Familie Zhang. Wenn der Fang komplett verkauft wird, haben sie immer noch jede Menge Dörrfisch vorrätig.

> **EIN PARTIE MAH-JONGG**
Zhang spielt eine Partie Mah-Jongg mit einem Freund. Das Spiel ist hier sehr beliebt, denn es kommt angeblich aus Ningbo im Norden von Zhangs Heimatprovinz.

< DIE MAUER NIEDERREISSEN
Bei jedem Zug wird ein Ziegel aus der Mauer entfernt und ein anderer abgelegt, bis ein Spieler mit all seinen Ziegeln Figuren oder Bilder legen kann.

打牌

In der ersten Frühlingssonne zieht es die Menschen in ganz China nach draußen. Sie setzen sich an den Straßenrand oder in den Hof und spielen Schach, Go, Mah-Jongg, Domino und moderne Kartenspiele, was oft viele Schaulustige anlockt.

Auf den ersten Blick ähneln viele traditionelle chinesische Spiele denen, die man im Westen kennt. Aber chinesische Dominosteine sind z. B. länger und schmaler und werden eher wie Spielkarten benutzt. Chinas bekanntester Spielexport ist Mah-Jongg. Es entstand um 1850 aus dem viel älteren Domino und Spielkarten. In den 1920er-Jahren war es in Europa und Nordamerika sehr modern, auf manchen Turnieren trugen die Spieler sogar chinesische Trachten. Heute ist auch die digitale Variante des Spiels in China sehr beliebt.

Chinesisches Schach *(xiangqi)* wird seit über 2000 Jahren gespielt. Im Vergleich zum westlichen Schach gibt es hier weniger Bauern bzw. Soldaten, und der General (in der westlichen Variante der König) ist auf einen kleinen »Palast«-Bereich beschränkt, sodass eine Partie recht kurz ist.

GLÜCKS- UND STRATEGIESPIELE

> EIN SATZ DOMINOSTEINE
Das chinesische Domino stammt aus dem 12. Jh. und ähnelt einem Kartenspiel. Die Chinesen mögen auch das westliche Spiel und stellen ihre eigenen Sätze her, wie dieses Exemplar.

EINE ARMEE IN DER KISTE
Beim chinesischen Schach und *banqi*, das nur auf dem halben Brett gespielt wird, sind Waffen, Wagen und Soldaten durch Schriftzeichen symbolisiert.

> KURZE REISE ZUR ARBEIT
Die Truppe gibt in einem Dorf nicht weit von Shaoxing eine Vorstellung. Zhang macht sich mit Kostüm und Schminkutensilien vom Sitz des Ensembles auf den Weg.

> LETZTE TEXTPROBE
Obwohl sie diese Rolle schon viele Male gespielt hat, ist Zhang vor jeder Aufführung nervös und nimmt sich die Zeit, ihren Text noch mal durchzulesen.

Schon mit drei Jahren lernte Zhang Lin von ihren Eltern, die Yue-Oper zu singen. Die formelle Ausbildung startete sie mit zehn, mit 14 kam sie zum Ensemble Xiao Bai Hua (»Hundert kleine Blumen«) in Shaoxing, Provinz Zhejiang. Mit Preisen ausgezeichnet und gefeiert, ist die inzwischen 26-Jährige eine der angesehensten Schauspielerinnen in ihrem Metier.

歌剧演员

Zhang Lin stammt aus der Stadt Shenzhou, zwei Stunden Autofahrt von Shaoxing entfernt, der Wiege dieses chinesischen Opernstils. »In meiner Jugend konnten 90 Prozent der Leute in meiner Heimatstadt *Yue ju* singen.« Während die Ursprünge der chinesischen Oper mindestens bis zur Song-Dynastie im 12. Jahrhundert zurückverfolgt werden können, sind die heute bekanntesten Stile sehr jung. Die weltberühmte Peking-Oper *(Jing ju)* entstand erst Ende des 18. Jahrhunderts, der Yue-Stil in den 1930er-Jahren.

Die Wurzeln der Yue-Oper liegen in Liedern, die Bauern, begleitet von einer Holzklapper, in ihrem Dialekt eher sprachen als sangen. Dank ihrer direkten und anschaulichen Sprache wurde der neue Stil schnell populär und erreichte Anfang der 1920er-Jahre auch das nahe gelegene Shanghai.

Noch vor 20 Jahren war die Oper eines der wenigen Unterhaltungsangebote, die den Chinesen zur Auswahl standen. Inzwischen hat sie es mit einer starken Konkurrenz zu tun – Fernsehen, Film und das moderne Nachtleben. »Die Yue-Oper ist sehr langsam, nicht so aufregend wie ein Hollywoodfilm. Sie hält nicht Schritt mit dem Tempo des modernen Lebens«, sagt Zhang. »Aber wenn die Leute in Ruhe zuhören, finden sie sehr bald Gefallen daran.« Heute schreibt kaum noch jemand Opern. »Die meisten guten Autoren schreiben lieber Seifenopern fürs Fernsehen – das bringt mehr Geld«, erklärt Zhang. Daher hat die Truppe hauptsächlich Klassiker im Repertoire, die auf mythologisierter Geschichte und bekannten Liebesgeschichten beruhen.

Da staatliche Opernzuschüsse immer weiter zurückgefahren werden, muss die Xiao-Bai-Hua-Truppe jährlich mindestens 150 Aufführungen geben, um Gewinn zu erzielen. Das heißt, dass die 25 Schauspieler und viele der 50 Mitarbeiter fast das ganze Jahr unterwegs sind. »Meine Eltern und meine jüngere Schwester leben noch in Shenzhou. Ich sehe sie etwa vier oder fünf Mal im Jahr«, erzählt Zhang. »Die Truppe verbringt sehr viel Zeit miteinander. Hat jemand ein Problem, so spricht er sich zuerst bei einem von uns aus.«

Als sie 2005 den ersten Preis in einem nationalen *Yue-ju*-Wettbewerb gewann, sah man Zhangs Gesicht oft im Fernsehen. Die öffentliche Anerkennung ihrer Fähigkeiten gefällt ihr, aber: »Ich bin am glücklichsten, wenn meine Zuschauer mir viel Beifall spenden. Das genügt mir.«

∨ SCHMINKEN FÜR DEN AUFTRITT
Zwei Stunden vor dem Beginn der Aufführung beginnt die Schauspielerin mit den Vorbereitungen. Für ihre männliche Rolle trägt sie extra dicke Schminke auf.

OPERNSCHAUSPIELERIN

UNTERWEGS MIT EINER YUE-OPERNTRUPPE, ZHEJIANG

< AUF ABRUF BEREIT
Die Truppe Xiao Bai Hua besteht nur aus Frauen, sie spielen auch die männlichen Rollen. Gekleidet als General, steht Zhang hinter den Kulissen auf Abruf bereit.

张 Mitglied eines Wanderensembles zu sein ist eine besondere Erfahrung; die Truppe ist inzwischen meine Familie.

< ∨ BEI DER ARBEIT AUF DER BÜHNE
Frau Zhang spielt vor großem Publikum. Ein erfolgreicher Textilhändler mit Sitz in der Nähe von Shaoxing hat die Truppe anlässlich des 70. Geburtstags seines Vaters engagiert.

< ∧ VOLLES HAUS
Die Aufführung findet auf einem öffentlichen Platz statt, darum schauen auch Dorfbewohner und Angehörige zu. Viele nutzen die Gelegenheit, die berühmte Darstellerin umsonst zu sehen.

∧ HINTER DER BÜHNE WARTEN
In ihren kunstvollen Kostümen und mit Requisiten, die ihre Rolle verdeutlichen sollen, unterhalten sich die Schauspielerinnen, bis ihr Auftritt kommt.

< SCHUHE GEHÖREN ZUM KOSTÜM
Mit jedem Kostümwechsel wird auch das aufwendige Schuhwerk ausgetauscht, das dem Status der Figur entspricht. Die Plateausohlen verstärken die Bühnenpräsenz der Darsteller.

张 | Die Yue-Oper ist Teil unserer Kultur. Wir müssen sie schützen, denn sonst geht sie verloren.

^ **IM MITTELPUNKT**
Opernschauspieler müssen vielseitig begabte Artisten sein, deren lebhaften Tänze und ebenso eindrucksvollen Stimmen mit der wirbelnden Musik harmonieren.

IN DER GARDEROBE
Unter ihrem hellen Kostüm zieht sich Zhang warm an: Für die Open-Air-Aufführung am Abend sind zusätzliche Schichten notwendig.

DIE OPER MENG LIJUN
Meng Lijun erzählt von einem jungen Mädchen, das mit einem General (Zhang) verlobt ist. Gezwungen, aus ihrem Haus zu fliehen, lässt sie ihr Porträt zurück.

VOR DEM AUFTRITT
Zhang überprüft die Krönung ihres Kostüms, einen beeindruckenden Kopfschmuck, der den Rang der Figur, die sie darstellt, veranschaulicht.

AUF DER BÜHNE
Der General (Zhang) sehnt sich nach seiner Geliebten und ahnt nicht, dass sie, als Mann verkleidet, die Beamtenprüfung bestanden hat.

DER KNOTEN SCHÜRZT SICH
Am Hof erkennt der General in dem neuen Premier die verkleidete Meng Lijun wieder. Auch dem Kaiser wird klar, dass sie eine Frau ist und er sich in sie verliebt hat.

HINTER DEN KULISSEN
Zwischen den Szenen sind oft schnelle Kostümwechsel gefragt. Hinter Zhang liegen Requisiten und Kopfbedeckungen bereit.

DER LETZTE AKT
Die Oper endet mit der Hochzeit von dem General und Meng Lijun. TV-Seifenopern sind vielleicht beliebter, können aber in puncto Handlung kaum mehr bieten.

Massenunterhaltung

Die Oper ist zwar immer noch eine beliebte Veranstaltung für traditionelle Anlässe, aber nicht mehr die wichtigste Form der Unterhaltung in China. Mit der Wirtschaft boomt auch das Unterhaltungsangebot, von Sportevents und Rockkonzerten in Stadien über Karaoke-Bars bis hin zu Internet.

Inzwischen gibt es fast überall Unmengen von Fernehsendern, die um Werbespots kämpfen. Ausländische Sportarten sind sehr beliebt, ebenso Seifenopern. Einige kürzlich ausgestrahlte Reality-TV-Formate, etwa der Supergirl-Talentwettbewerb, waren ein Riesenerfolg.

Was das Kino betrifft, so ist der chinesische Kassenschlager nach wie vor der Hollywood-Blockbuster *Titanic* aus dem Jahr 1997. Die Regierung begrenzt die Einfuhr ausländischer Filme zwar auf 20 pro Jahr. Aber DVD-Player sind weit verbreitet, und fast jeder ausländische Titel ist innerhalb einer Woche nach der Premiere als Raubkopie erhältlich.

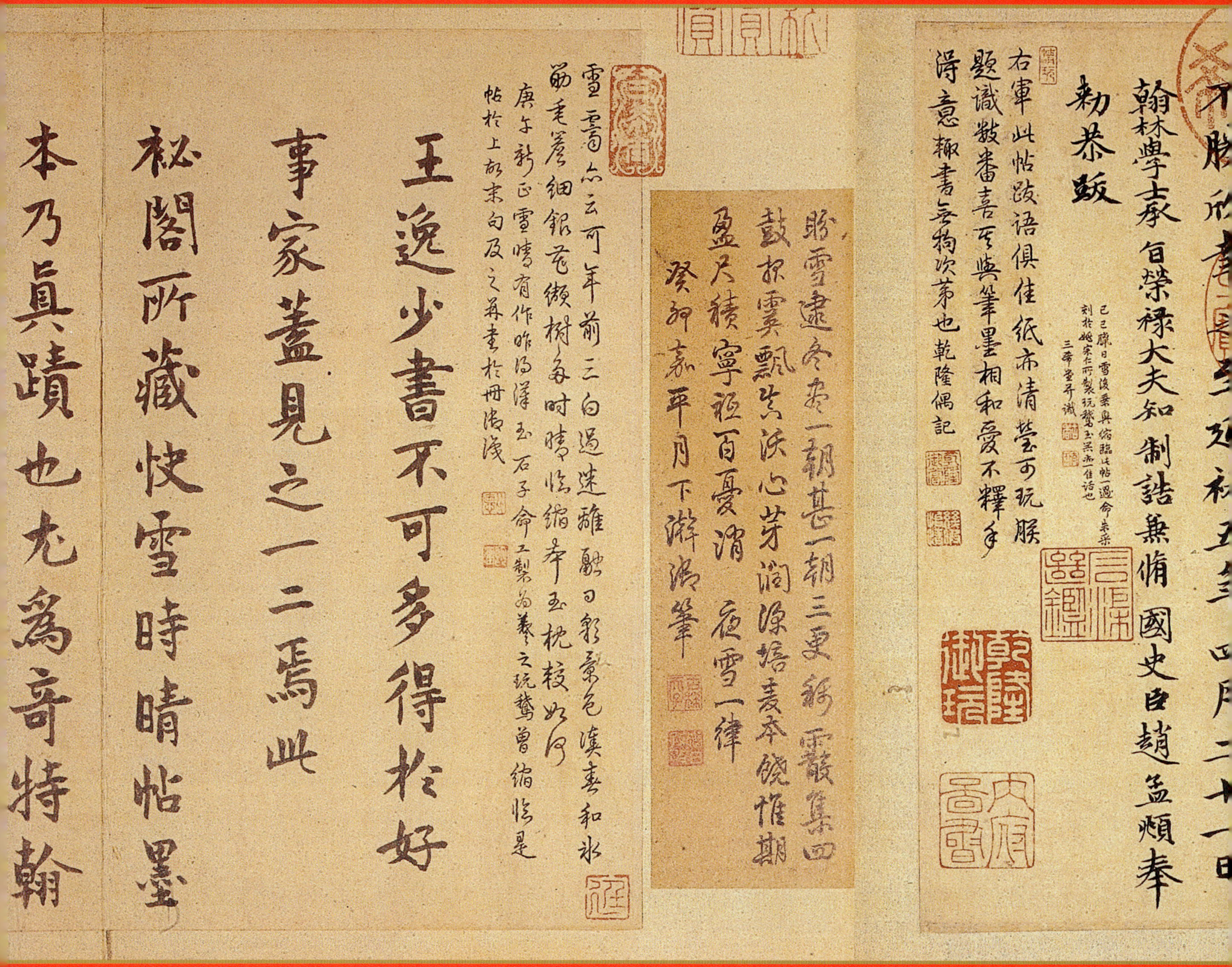
翰林學士承旨榮祿大夫知制誥兼修國史臣趙孟頫奉
敕恭跋
右軍此帖跋語俱佳紙亦清瑩可玩朕題識數番喜其與筆墨相和愛不釋手得意輒書無論次第也乾隆偶記
盼雪連冬春一朝甚一朝三更新霰集四鼓撥霙飄早沃心芽潤源培麥本饒惟期盈尺積寧辭百憂消 夜雪一律
癸卯嘉平月下澣御筆
王逸少書不可多得於好
事家蓋見之一二焉此
秘閣所藏快雪時晴帖墨
本乃真蹟也尤為奇特翰

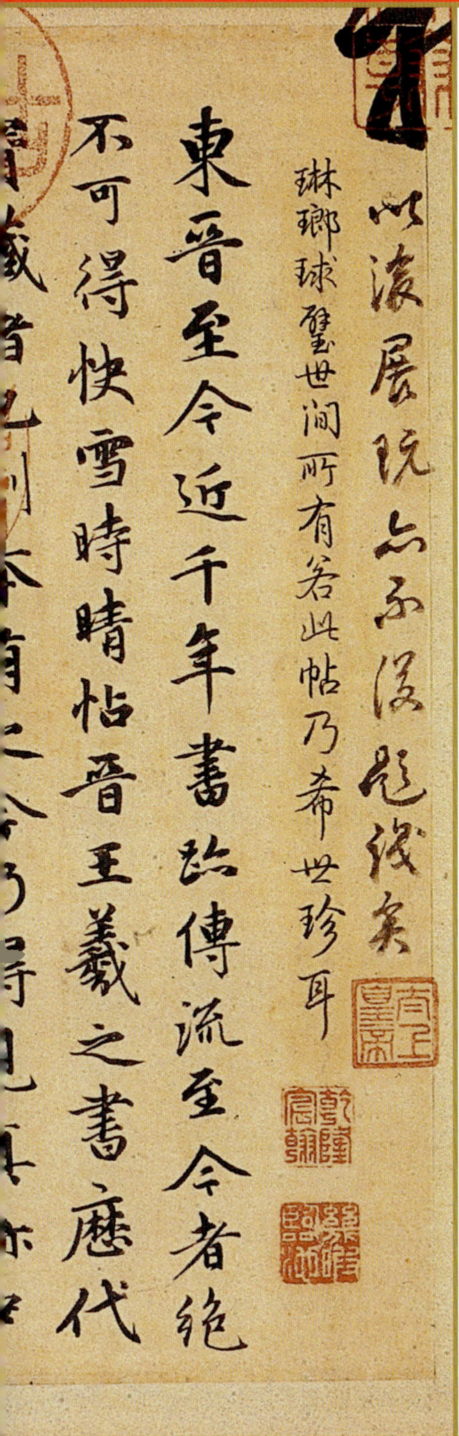

KULTUR

文化

DER GEIST CHINAS

China darf sich einer der ältesten und bemerkenswertesten Zivilisationen der Welt rühmen; seine kulturellen, geistigen und künstlerischen Traditionen sind bis heute die Grundlage von Gesellschaft und Staat. Zu Recht sind die Chinesen stolz auf ihr großes Erbe, und nicht wenige fürchten, dass Modernisierung und Globalisierung die althergebrachten Werte und Lebensweisen auslöschen könnten. Doch angesichts der Kraft der chinesischen Kultur, die immerhin 4000 Jahre alt ist, scheinen solche Befürchtungen gegenstandslos. Trotz der großen ethnischen und sprachlichen Vielfalt haben die gemeinsame Hoch- und Schriftsprache sowie eine tief verwurzelte Weltsicht das chinesische Volk über Jahrtausende zusammengehalten. China spielt international eine zunehmend bedeutende Rolle, daher sollte sich jeder, der das Land verstehen will, auch mit den Traditionen beschäftigen, die es geprägt haben. Dieses Kapitel wirft einen Blick auf Religion und Philosophie Chinas, auf Literatur und Kunst und bietet so ein erstes Panorama dieser faszinierenden und so überaus facettenreichen Kultur.

WEGE DES DENKENS

DIE WURZELN DER CHINESISCHEN KULTUR

三教

Trotz gewaltiger geografischer Barrieren, einer Vielfalt von Dialekten, gewaltsamen Umstürzen, Bürgerkriegen und Invasionen: Die chinesische Kultur ist über vier Jahrtausende lang bemerkenswert unverändert geblieben und vermittelt so ein klares und einheitliches Bild des »Chinesischen« an sich. Das kulturelle Erbe dieses Landes erschließt sich am besten durch die Kenntnis einiger Grundpfeiler: uralte Glaubenssysteme, Schöpfungsmythen sowie die traditionelle Philosophie – allesamt Grundlagen chinesischer Lebensart und -auffassung.

道 Das Dao

Im Mittelpunkt des chinesischen Denkens steht Dao, »der Weg«. Der Begriff kann sich auf den Lebensweg eines Individuums beziehen, steht aber auch für die Gesamtschau der Ordnung in Kosmos, Natur und Gesellschaft. Wird diese durch mangelnde Tugend gestört, kann es zu Naturkatastrophen wie Erdbeben oder Überschwemmungen kommen. Dem Herrscher und seinen Beamten obliegt es, die Harmonie aufrechtzuerhalten; verlassen sie den Pfad der Tugend, können sie ihr himmlisches Mandat *(tianming)* verlieren.

Die älteste Sammlung chinesischer Dichtung, das *Shijing (Buch der Lieder)*, aus dem 10. Jahrhundert v. Chr., zeichnet eine idealisierte Vergangenheit: Die Menschen lebten in Harmonie mit dem Land und den Jahreszeiten. Die Gesellschaft war hierarchisch strukturiert, und wenngleich es viele von Gewalt bestimmte Epochen gab, so setzte sich doch das Ideal gesellschaftlicher Harmonie, dem Dao folgend, durch.

Die wichtigste gesellschaftliche Einheit war und ist die Familie. In ihrer idealen Form ist sie stark patriarchalisch, dem Vater gebühren Verehrung und Gehorsam. Wie ein Herrscher hat auch der Familienvater die Pflicht, Harmonie zu bewahren, mit gutem Beispiel voranzugehen und dem Dao zu folgen. Jedes Familienmitglied hat eine feste Rolle, doch kann diese sich ändern: aus Söhnen werden Väter, aus Schwiegertöchtern Schwiegermütter, die dann ihrerseits die Ordnung des Dao zu wahren haben.

盘古 Pan Gu

Die Chinesen kennen viele Schöpfungsmythen. Der bekannteste ist jedoch die Geschichte um Pan Gu. Am Anfang, so die Legende, herrschte im Universum gestaltloses Chaos, das sich allmählich zu formen begann und die einander entgegengesetzten Prinzipien Yin und Yang hervorbrachte. Diesen entsprang Pan Gu, der in der kosmischen Trias Himmel, Erde und Mensch (*tian, di* und *ren*) das menschliche Element repräsentiert.

Pan Gu schuf die Welt, indem er Yin (Erde) und Yang (Himmel) mit seiner Axt trennte und sich, um sie voneinander getrennt zu halten, zwischen die beiden stellte. Das Ganze dauerte 18 000 Jahre: »Und jeden Tag hob sich der Himmel um zehn Fuß, und die Erde wurde zehn Fuß dicker, und jeden Tag wuchs Pan Gu um zehn Fuß. … Als sein Ende nahte, verwandelte sich Pan Gus Körper. Aus seinem Atem entstanden Wind und Wolken; seine Stimme wurde zum Grollen des Donners. Aus dem linken Auge entwickelte sich die Sonne, aus dem rechten der Mond, aus seinen vier Gliedmaßen die vier Himmelsrichtungen … Aus Blut und Samen wurden Wasser und Flüsse. Muskeln und Venen wandelten sich zu Adern der Erde; das Fleisch zu Feldern. Seine Haare wurden zu Sternbildern, die Körperhaare zu Pflanzen und Bäumen. Aus seinen Zähnen und Knochen entstanden Metall und Gestein. Aus dem Schweiß wurde der Regen. Und alle Milben auf seinem Leib berührte der Wind, und es wurden schwarzhaarige Menschen daraus.«

女 Nü Wa

娲 Nach älteren Mythen wollte die Göttin Nü Wa (auch Nü Gua) aus gelblichem Lehm menschliche Wesen schaffen, um die Erde zu bevölkern. Doch diese mühevolle Kleinarbeit ermüdete sie bald. Also zog sie ein Seil durch den Lehm und wand es sich um den Kopf. Dabei fielen Lehmklumpen herab, die dann zu Menschen wurden. In manchen Wiedergaben dieses Mythos heißt es, dass die von Hand gemachten Menschen die Adeligen seien, die den Lehmklumpen Entsprossenen dagegen das gemeine Volk. Nach einer anderen Version zerflossen die Lehmmenschen im Regen. So kamen Krankheiten und Missbildungen in die Welt. Verehrt wird Nü Wa auch als Retterin der Erde und des Himmels: Als das Wasser gegen das Feuer rebellierte und die Säulen des Himmels einzustürzen drohten, setzte sie diese mit geschmolzenen fünffarbigen Steinen wieder instand – ein Motiv, das im großen Roman aus dem 18. Jahrhundert, *Der Traum der roten Kammer*, wieder auftaucht. Nü Wa ersetzte die vier Säulen durch die Füße einer Riesenschildkröte. Aber sie konnte den Himmel nicht gerade richten, sodass sich Sonne, Mond und Sterne seither nach Nordwesten bewegen, Chinas Flüsse aber nach Südosten fließen. Um das Land Ji zu retten, tötete sie den schwarzen Drachen und verwünschte die Fluten, sodass von nun an Frieden herrschte unter den Elementen.

> Ihren Donnerwagen ziehen geflügelte Drachen, begleitet von einem Paar grüner Drachen ohne Hörner.

< NÜ WA UND FU XI
Die beiden Götter sind halb Mensch, halb Schlange und Drachen.

FU XI

In Erzählungen aus der Zeit der Han-Dynastie (202 v.–220 n. Chr.) spielt Nü Wa nicht mehr die Hauptrolle. Nun ist sie eng verbunden mit ihrem Bruder Fu Xi. Die Geschwister sind das »Elternpaar der Menschheit«. Fu Xi ist für die Kultur zuständig, gilt als Schöpfer vieler Erfindungen, so des Schreibens, der Netze für Jagd und Fischfang oder der Musik. Für seine Erfindungen beobachtete Fu Xi die Natur. So kam er durch die Beobachtung einer Spinne auf die Idee, Netze zu bauen. Die Hufspuren eines Drachen inspirierten ihn zu den Acht Trigrammen, Zeichenkombinationen aus je drei geschlossenen oder gebrochenen Linien, die für das Männliche (Yang) und das Weibliche (Yin) stehen und die Grundlage des berühmten Orakelbuchs *Yijing (I Ging; Buch der Wandlungen)* bilden. Fu Xi wird auch beim Knüpfen von Knotenschnüren zum Rechnen, Vermessen und Aufzeichnen dargestellt.

∧ NATUR UND FORM
Die alten Völker Chinas sahen die Beziehung zwischen Mensch und Natur als Dreiheit von Himmel, Erde und Mensch. Der Mensch vermittelt durch formende Tätigkeit zwischen Erde und Himmel.

黄帝 Der Gelbe Kaiser

Huang Di, der Gelbe Kaiser, gilt als Urahn aller Han-Chinesen. Der Legende nach sah seine Mutter einen seltsamen Blitz und gebar 23 Monate später den Gelben Kaiser, den mythischen Schöpfer der chinesischen Kultur. Seine Herrschaft wird auch als Goldenes Zeitalter Chinas gesehen. Er kämpfte nur, wenn sein Reich bedroht wurde, und galt daher als Friedensfürst.

Mit fürchterlichen Feinden hatte er es allerdings zu tun: mit dem Flammenden Herrscher, seinem Halbbruder und Rivalen, sowie mit dem Kriegsgott Chi You, dem er beinahe unterlegen wäre. Nur mit der Hilfe seiner Tochter, der Göttin der Dürre, und anderen Göttern und Drachen erlangte er den Sieg. Er musste eine Reihe weiterer Feinde niederringen, so etwa das einbeinige Monster Kui, aus dessen Haut er eine Trommel fertigte, die großen Schrecken unter seinen Gegnern verbreitete. Nach der Niederlage der Vier Kaiser aber führte er sein Land in Frieden und Harmonie zurück.

Viele Neuerungen soll der Gelbe Kaiser seinem Volk gebracht haben: das Feuer, Waffen, den Schiffsbau, die Landwirtschaft, Musikinstrumente, Kleidung, die Baukunst, Bewässerungssysteme und damit die gerechte Verteilung des Landes. Er soll hundert Jahre alt geworden sein, weil er gesund lebte. Überdies lehrte er, Krankheiten zu heilen, und gilt darum auch als Vater der chinesischen Medizin. Nach seinem physischen Tod wurde er unsterblich und als Gott verehrt.

DER VATER DER MEDIZIN
Der Gelbe Kaiser überreicht dem Donnergott Lei Gong in der Halle des Glanzes medizinische Schriften.

尧 舜 禹 Die Drei Halbgötter

Yao, Shun und Yu, die drei mythischen Halbgötter, werden auch als die Drei Erhabenen verehrt. Sie sind die altchinesischen Herrscher, auf die sich auch Konfuzius bezieht *(S. 242)*. Über Yao, den Sohn eines roten Drachen, ist nicht viel bekannt. Er soll von seinem 20. bis ins 119. Lebensjahr regiert und nicht seinen Söhnen, sondern dem Edlen Shun den Thron übergeben haben. Er setzte also Verdienst über Erbe – ein Verhalten, das nach Konfuzius den idealen Herrscher auszeichnet.

KAISER SHUN

Er war der Inbegriff des Sohnes, der seinen Vater ehrt, selbst wenn dieser ein grausamer Mann ist. Shuns Vater war blind und zog den Stiefbruder Xang vor, der Shun hasste. Dreimal versuchten Vater und Stiefbruder Shun zu ermorden, doch jedes Mal konnten ihn seine zwei Frauen – Töchter des Yao – durch magische Kräfte retten. Sie gaben Shun Zaubergewänder, die ihn in Augenblicken höchster Gefahr in einen Vogel oder einen Drachen verwandelten; beim dritten Komplott verhinderten sie Shuns Vergiftung. Trotz ihrer Grausamkeit vergab Shun seiner Familie und sorgte für sie, als er mit 53 Jahren den Thron bestieg. Er war ein großer Kaiser und seine 50-jährige Regentschaft eine der längsten in Chinas Geschichte. Nach seinem Tod weinten seine Witwen so sehr, dass ihre Tränen auf einer Bambusart Spuren hinterließen, die daher in Südchina bis heute als Symbol tiefer Trauer um einen Geliebten gilt. Auf dem Weg zum Grab ihres Mannes ertranken die Witwen und wurden zu den Flussgöttinnen der Provinz Hunan. Shuns reuiger Stiefbruder verwandelte sich in einen Elefanten und arbeitete fortan auf dem Feld.

DER GROSSE YU

Auch Shun gab den Thron nicht an einen seiner neun Söhne weiter, sondern an den Großen Yu. Schon zu Yaos Zeit bedeckten Wasserfluten die Erde, und die Menschen litten schwer. Yus Vater Gun sollte die Große Flut eindämmen und die Welt kartieren, doch er scheiterte und wurde hingerichtet. Da übernahm Yu diesen Auftrag. Der Mythos berichtet davon, wie er, mal alleine, mal unterstützt von Göttern und sagenhaften Mächten, heroisch versuchte, die Fluten zu bändigen. Sobald sich das Hochwasser zurückgezogen hatte, brachte er der Welt die Zivilisation zurück und belohnte die Würdigen.

Yu soll die Welt auch vermessen und in die Neun Provinzen geteilt haben (neun ist eine symbolische Zahl, verbunden mit dem männlichen Yang-Prinzip und dem Himmel). Als Krieger-Kaiser brachte er seinem Reich den Frieden. Auch die Neun Heiligen Kessel soll er gegossen haben, deren Besitz zum Symbol der moralischen Würde des Kaisers wurde und zum Zeichen für die Gunst des Himmels. Yu wählte seine Gemahlin Nu Jiao, nachdem er ein Zeichen wahrgenommen hatte: eine weiße Füchsin mit neun Schwänzen, die Fuchsfee, die mit Nu Jiaos Volk verbunden war. Sie wurde schwanger, erstarrte aber vor Schreck zu Stein, als sich Yu in einen Bären verwandelte. Er befahl dem Stein, sich zu öffnen. So wurde sein Sohn Kai geboren. Dieser soll der Welt die Musik des Himmels (»Neun Kontrapunkte« und »Neun Lieder«) gebracht haben.

> Yu wurde aus dem Leichnam seines Vaters geboren. Er war der letzte Herrscher des Goldenen Zeitalters und begründete die legendäre Xia-Dynastie.

> SHEN NONG
Shen Nong, der Gott der Landwirtschaft, lehrte die Chinesen, Getreide anzupflanzen. So waren sie imstande, sich zu ernähren, ohne Tiere töten zu müssen.

神 农 Götter des Ackerbaus

Eine für die chinesische Kultur höchst bedeutende Gestalt war Shen Nong, der Gott der Bauern, der das chinesische Volk im Ackerbau unterwies. Er brachte den Bauern den Pflug und zeigte ihnen den Anbau von Hirse. Bekannt ist er auch dafür, dass er die Chinesen lehrte, zwischen giftigen und harmlosen Pflanzen und Schalentieren zu unterscheiden. Er selbst probierte die Pflanzen, kostete auch das Wasser der Quellen und vergiftete sich 70-mal an einem Tag – aber nun wussten die Menschen, was sie ohne Risiko essen und trinken konnten. Dargestellt wird er oft mit einer rostroten Peitsche, mit der er die Pflanzen drosch, bis sie ihren Geschmack und Nutzen preisgaben.

Eine andere Legende überschneidet sich mit jener um den Gott Shen Nong. Sie handelt vom Herrn der Hirse. Er wurde gezeugt, als seine Mutter in die gigantischen Fußabdrücke eines Gottes trat. Weil ihn die Familie seiner Mutter verstieß, wuchs er unter den Vögeln und Tieren des Feldes auf. Davon handelt ein berühmter Hymnus im *Shijng (Buch der Lieder)*. Der Herr der Hirse, der in manchen frühen Texten auch als Göttin dargestellt wird, soll dem Volk den Ackerbau gebracht und die Zhou-Dynastie begründet haben.

< DAS KIND DES DRACHENS
Yao, der erste der Drei Halbgötter, war der Sohn eines roten Drachens. Sein Thronfolger war Shun, der die Fähigkeit besaß, die Gestalt eines Drachens anzunehmen.

后羿 Yi, der Bogenschütze

In der Überlieferung heißt es, dass die Göttin Xihe und der Gott Dijun zehn Kinder hatten: zehn Sonnen, eine für jeden Tag in der chinesischen Woche. Täglich badeten sie im Meer hinter dem Östlichen Ozean, ruhten im Riesenbaum Fusang und beschienen der Reihe nach die Erde. Eines Tages jedoch beschlossen sie aus Vergnügen, alle gleichzeitig zu scheinen. So kam großes Leid über die Menschen. Das Wasser verdunstete, die Pflanzen verdorrten, und es wurde so heiß, dass Mensch und Tier kaum mehr atmen konnten. Und aus den ausgetrockneten Seen und Wäldern erhoben sich Ungeheuer.

Die Sonnen kümmerten sich nicht um die Klagen der Menschen. Ihr Vater Dijun aber beschloss, etwas zur Rettung der Erde zu tun. Er übergab dem himmlischen Bogenschützen Yi einen zinnoberroten Bogen und erteilte ihm den Auftrag, dem Treiben seiner Kinder Einhalt zu gebieten. Diese aber wollten nicht gehorchen. Als Yi sah, was sie angerichtet hatten, packte ihn der Zorn. Er spannte seinen Bogen und schoss neun der Sonnen vom Himmel.

> Yi sollte den zehn Sonnen drohen, damit sie ihren gewohnten Lauf wieder annahmen. Als sie sich ihm aber widersetzten, schoss er neun Sonnen vom Himmel, damit ihre Zerstörung endete.

Eine nach der anderen fiel herab. Sterbend verwandelten sie sich in dreifüßige Krähen. Nur die letzte der Sonnen blieb am Himmel. Gewarnt durch das Schicksal ihrer Brüder, bringt sie der Erde, wie es ihre Pflicht ist, bis heute Wärme und Licht.

Yi kämpfte auch gegen die Ungeheuer, die nach der großen Trockenheit die Erde unsicher machten; darum wird er von den Chinesen als Retter der Erde verehrt. Dijun aber war zornig, weil Yi seine Kinder nicht zur Vernunft gebracht, sondern sie getötet hatte. Daher verbannte er ihn zusammen mit seiner Frau Chang E auf die Erde, wo sie den Rest ihrer Tage als gewöhnliche Sterbliche verbringen sollten.

Chang E jedoch war über die Verbannung aus dem Himmel so unglücklich, dass sie ihren Mann überredete, ins Kunlun-Gebirge zu ziehen. Dort sollte er die gefährliche Königinmutter des Westens, Xi Wang Mu, um das Wasser der Unsterblichkeit bitten. Nach vielen Prüfungen, die Yi seiner Frau zuliebe auf sich nahm, gelangte er schließlich in den Besitz des Elixirs und brachte es nach Hause. Sein Weib aber entwendete es, trank davon und schwebte zum Mond empor. Dort lebte sie fortan als Mondgöttin in einem Palast mit einem Hasen und einem Zimtbaum. Nach einer anderen Erzählung wiederum wurde sie zur Strafe für ihre Tat in eine Kröte verwandelt. Bis heute meinen manche, auf der Mondscheibe den Umriss einer Kröte zu erkennen.

DIE KÖNIGINMUTTER DES WESTENS

Ursprünglich wurde Xi Wang Mu als wilde, gefährliche Göttin mit tierischen Zügen dargestellt, die mit ihren Helfern, den Vögeln und wilden Tieren, im Kunlun-Gebirge weit im Westen Chinas lebte. Sie galt als Schrecken aller, die ihrer ansichtig wurden, doch mit der Zeit verwandelte sich ihr Bild: Sie wurde zu einer gütigen Göttin, die ewiges Leben verleihen konnte. So taucht sie auch in späteren Erzählungen auf, vor allem in der *Reise nach Westen* *(S. 271)*. Darin wird geschildert, wie ihr der Affenkönig die Pfirsiche vom Baum des ewigen Lebens stiehlt, der nur alle 3000 Jahre Früchte trägt.

YI, DER BOGENSCHÜTZE
Nur die letzte der zehn Sonnen verschonte er, sodass die Erde nicht in völliges Dunkel versank.

DAS LAND DER GÖTTER
Aufgrund ihres engen Bezugs zur Natur brachten die Chinesen viele Gottheiten mit der Landschaft in Verbindung.

卜 筮 Wahrsager und Schamanen

Zur Zeit der Shang-Dynastie (1766–um 1122 v. Chr.) kommunizierten die Chinesen durch Orakel mit Göttern und Ahnen. Dazu warfen sie Stäbchen aus geschnitzten Rinderknochen und Schildpatt und fragten, welches günstige Tage für die Jagd oder im Krieg seien, für die Ernte oder bestimmte Zeremonien, oder sogar, welcher Geist das Zahnweh des Königs verursacht habe.

In der Zhou-Dynastie (um 1127–249 v. Chr.) war es üblich, in besonderen Bronzekesseln rituelle Opfer darzubringen. Über die Zeremonien wurden genaue Berichte in das Metall geritzt. Dennoch verlor sich das Wissen über diese Opferrituale im Lauf der Jahrhunderte.

Das starke Naturempfinden der Chinesen brachte es mit sich, dass Naturphänomene wie Wind oder Donner und landschaftliche Besonderheiten wie Seen, Flüsse oder Berge mit niederen Gottheiten verbunden wurden; manchmal auch mit Drachen, die in unterseeischen Reichen lebten. Bekannt sind die Berg- und Wassergeister der Chu-Kultur von Hunan. Schamanen unternahmen spirituelle Reisen, um diese Götter zu finden und zu besänftigen, oder versuchten, mit Menschenopfern Unheil wie etwa Überschwemmungen abzuwenden. Durch Musik, Tanz und pflanzliche Drogen versetzten sich die Schamanen in Trance, um in Kontakt zu den Göttern zu treten.

Qu Yuan (um 340–278 v. Chr.), der erste namentlich bekannte Dichter Chinas, gilt als Autor schamanischer Lieder. Das bekannteste ist »Li Sao« (»Dem Schmerz begegnen«). Vor Rivalen am Hof von Chu floh er zu Völkern des Südens und erlebte deren Rituale. Bei der Besetzung der Chu-Residenzstadt ertränkte er sich. Auf die langwierige Suche nach seinem Leichnam geht das berühmte Drachenbootfest zurück. Spuren des Schamanismus finden sich in daoistischen Dichtungen und in den Volksreligionen.

BRONZEKESSEL DER SHANG-ZEIT
Diese Bronzekessel zeigten den Status dessen an, der rituelle Opfer vornahm.

PHOENIX UND DRACHE
Diese mythischen Geschöpfe symbolisieren den Gegensatz von *Yin* und *Yang*.

气 Die Idee des Qi

Qi ist ein Grundbegriff der chinesischen Kultur. Es ist in allen Dingen; einfach gesprochen, bedeutet es Luft, Atem, Dunst oder Dampf und wird verbunden mit Lebenskraft, mit dem Leben spendenden Atem des Kosmos, der Kraft, die in allem Lebenden wirkt. Es bestimmt alle Zyklen des Zu- und Abnehmens. Dieser Kreislauf wiederum spiegelt sich im Aufstieg und Fall der Dynastien und im stetigen Wandel der natürlichen Welt wie auch im Lebenszyklus der Menschen. Das Qi hat negative und positive Eigenschaften in Bezug auf Gefühle und moralisches Verhalten. Ein Übermaß dieser Energie kann die physischen, mentalen, politischen und kosmischen Welten stören. Alle, die Medizin, Meditation oder *Tai Chi* praktizieren, betonen die Bedeutung der Balance des Qi für die Gesundheit von Seele und Körper. Die traditionelle chinesische Medizin, zu der bekanntlich auch Akupunktur und Akupressur gehören, basiert auf den Wegen, die das Qi durch den Körper nimmt, den »Meridianen«. Sind Störungen der Balance des Qi oder Blockaden beseitigt, stellt sich die Gesundheit wieder ein.

阴 Yin und Yang

阳 Die einander ergänzenden Gegensätze Yin und Yang entspringen dem Qi und erklären, wie natürliche Muster (Dao) Welt, Gesellschaft und den menschlichen Körper formen. Entwickelt aus der Vorstellung von der schattigen (Yin) und der sonnigen (Yang) Seite eines Berges, fassen Yin und Yang alle miteinander verbundenen, ineinander übergehenden Polaritäten, männlich–weiblich ebenso wie dunkel–hell, Mond–Sonne, feucht–trocken, kalt–heiß, ab- und zunehmend, passiv–aktiv, Geisterwelt–Menschenwelt usw. Sie sind Gegensätze, und doch kann eines nicht ohne das andere sein. In guter Balance wirken sie harmonisch zusammen. Der Legende nach wurde der Himmel geschaffen durch aufströmendes Yang, die Erde durch Beruhigung des wirbelnden Yin. Traditionell wird Yang durch Drachen, Yin durch den Phoenix symbolisiert. Der menschliche Körper enthält beide Pole, und ihr ausgeglichenes Verhältnis gewährleistet Gesundheit.

TAI CHI IM MORGENGRAUEN
Viele Chinesen praktizieren Tai Chi, um den Energiefluss des Qi zu spüren und zu steuern – eine Voraussetzung für die Gesundheit von Körper und Geist.

Yin und Yang sind unabhängig voneinander, doch sind stets Elemente des einen im anderen enthalten. Hierarchisch steht Yang aber über dem Yin.

DIE HIERARCHIE VON YIN UND YANG

Insgesamt hat Yang mehr positive Bedeutungen als Yin; es symbolisiert nicht nur die Überlegenheit des Männlichen über das Weibliche, auch die des Herrn über den Diener, des Herrschers über die Beamten. Ist eine der Kräfte zu stark vertreten, kann dies zur Unordnung in der natürlichen oder sozialen Welt führen, wobei zu viel Yin – ein zu starker weiblicher Einfluss etwa – als gefährlicher gilt. Überschwemmungen können ein Omen für Disharmonien zwischen Yin und Yang sein. Yin und Yang stecken in allem: in der Nahrung, im Feng Shui, im körperlichen Befinden, sozialen Beziehungen, den Sitten, dem Wahrsagen und der Volksreligion.

> Die chinesischen Vorstellungen vom Aufbau des Universums sind eng mit traditionellen Naturtheorien und dem Glauben verbunden, dass sich die Prozesse in der Natur in Gesellschaft und Regierung widerspiegeln.

五行 Fünf Elemente

Die Vorstellung, dass die Welt aus Grundelementen aufgebaut ist, findet sich weltweit in vielen Religionen und Philosophien. Die chinesische Philosophie geht von Fünf Elementen aus, auch Wu Xing, die Fünf Wandlungsphasen, genannt. Sie entwickeln sich, wie Yin und Yang, aus dem Qi. Aus der Art der Veränderungen in der Beziehung zwischen den Fünf Elementen lässt sich erklären, welchen Einfluss Naturereignisse ausüben, auf nur die natürliche Welt wie auch auf die Gesellschaft oder historische Zyklen.

DIE WANDLUNGSPHASEN

Die Fünf Elemente sind Holz, Feuer, Metall, Wasser und Erde. Sie werden zyklisch betrachtet: Jedes Element kann »überwunden« werden, ist also nur eine Phase. So überwindet Wasser das Feuer, Metall (in Gestalt einer Axt) das Holz. Doch jede Phase bringt auch die nächste hervor: Wasser die Pflanzen (Holz), diese das Feuer usw. Jede Phase ist mit einer Himmelsrichtung, einem Tier und einer Farbe verbunden: Holz etwa wird symbolisiert durch Grünblau, Feuer durch Rot, Erde durch Gelb, Metall durch Weiß und Wasser durch Schwarz.

PRAKTISCHER NUTZEN

Die Fünf-Phasen-Theorie kann Disharmonien zwischen den Qi-Energien der Fünf Elemente ausgleichen. Traditionell dienten die Fünf Phasen zur Interpretation ganz unterschiedlicher Ereignisse, etwa des Aufstiegs und Niedergangs von Herrscherfamilien. So wurden den frühen Dynastien bestimmte Elemente oder Phasen zugeordnet.

Die Ärzte der Frühzeit nutzten diese Lehre, um die Beziehungen zwischen dem menschlichen Körper und der natürlichen Welt zu erklären – ein Ansatz, der noch heute der Akupunktur zugrunde liegt. Auch die Beschreibung der Körperfunktionen basiert auf der Phasenlehre, denn diese bestimmt die Auswahl der Medikamente, mit denen Disharmonien korrigiert und Krankheiten geheilt wurden. Auch in der chinesischen Astrologie, für Feng Shui, die Kampfkünste oder die Musik spielen die Fünf Phasen eine Rolle.

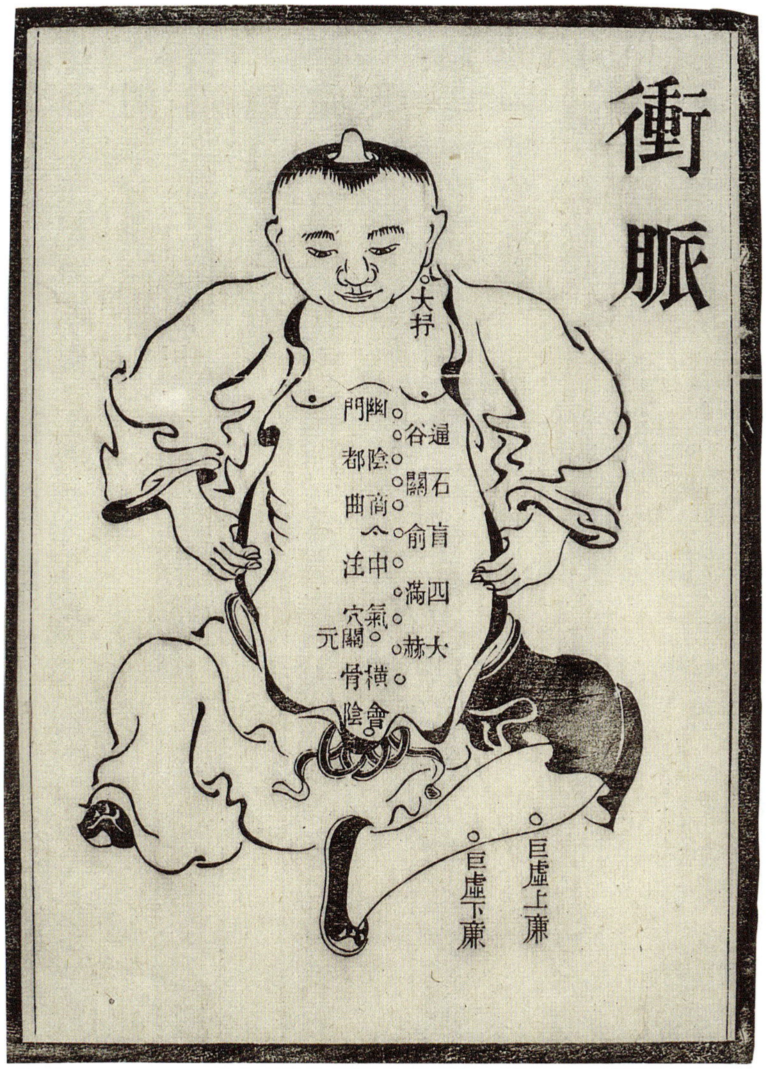

DIE WEGE DES QI
Nach der chinesischen Medizin ist der Lauf des Qi durch den Körper entscheidend für die Gesundheit. Die Zeichnung zeigt die Wege, denen es folgt.

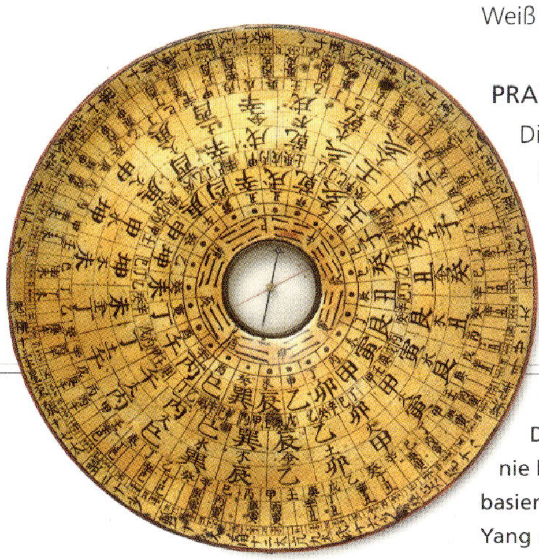

EIN FENG-SHUI-KOMPASS
Die Kunst des Feng Shui, die Harmonie bringende Anordnung von Dingen, basiert auf dem Fluss des Qi, dem Yin und Yang und den Fünf Elementen.

PHILOSOPHIE UND RELIGION

DIE HUNDERT SCHULEN DES DENKENS

哲学与宗教

Anders als die westlichen Religionen, die stark auf der spirituellen und mystischen Erfahrung beruhen, geht es in den chinesischen Glaubensrichtungen vor allem um Ethik und Moral. Im Zentrum steht stets das Dao *(S. 234)*. Die Entwicklung des chinesischen Denkens und Glaubens reicht bis in die Epoche der »Frühling- und Herbstperiode« um 722–481 v. Chr. zurück, in der die Hundert Schulen des Denkens entstanden. Damals entwickelten sich die bedeutendsten »Wege des Denkens«: Konfuzianismus, Daoismus und Buddhismus. Die beiden Ersten werden oft als zwei Seiten derselben Medaille betrachtet: Konfuzianismus als eher auf das öffentliche Leben, Daoismus auf die Kontemplation und künstlerisches Schaffen ausgerichtet. Neben den etablierten Philosophien und Religionen blieb aber auch eine Vielzahl von Volksreligionen lebendig.

孔子与儒家

Konfuzius und Konfuzianismus

Der Konfuzianismus war in China vom 2. Jahrhundert v. Chr. bis um 1911 Staatsreligion, und bis heute spielt er eine große Rolle für Regierungen und Gesellschaften in ganz Südostasien. Im Geist der optimistischen Ideale des Konfuzius hält man daran fest, dass moralische Überzeugungen wichtiger sind als Macht, dass sich die Menschen durch Lernen verändern und die Traditionen gewahrt werden müssen. Unter Mao Zedong verfolgt, gilt der Konfuzianismus seit 1976 wieder als nationales Kulturerbe.

Konfuzius, auch Kongfuzi (»Meister Kong«; 551–479 v. Chr.), lebte in einer Zeit des Umbruchs, die der »Zeit der streitenden Reiche« vorausging, der Auflösung des alten Feudalreichs. Zunächst arbeitete er als Beamter, beschloss dann aber, sich ganz dem Lernen und Lehren zu widmen. Er zog im Land umher, scharte Schüler um sich und gewann so an Einfluss. Nur die Rückkehr zu den Traditionen des feudalen Großreichs, so seine Meinung, konnte die Zeit der Unruhe beenden.

DIE SCHRIFTEN DES KONFUZIUS

Seine Hauptaufgabe sah der Gelehrte darin, die klassischen Texte wieder verfügbar zu machen – er ist der Herausgeber der *Fünf Klassiker.* Das eigene Denken entwickelte er in Dialogen mit seinen Schülern, die diese ein oder zwei Generationen nach seinem Tod aufzeichneten: *Lunyu (Gespräche des Konfuzius).* Sein Denken kreist um *ren,* das Menschsein, das zu Humanität und Güte verpflichte: den Alten das Leben angenehm machen, den Freunden vertrauen und die Jungen behüten.

Nach Konfuzius und seinen Anhängern muss ein dem Dao verpflichteter Herrscher gütig sein, durch moralisches Vorbild und nicht durch Zwang regieren. Auch jeder Einzelne hat die Pflicht, ein tugendhaftes Leben zu führen, von dem die Gesellschaft lernen und profitieren kann. Wer an seiner eigenen Vervollkommnung arbeitet, tut dies auch zum Wohl seiner Nachkommen, der Familie und damit der Gesellschaft und des Staates. Zum *junzi,* einem edlen Menschen und Vorbild, wird man nach Konfuzius durch Arbeit an sich selbst, Bildung und untadeliges Verhalten. So etwa, wenn man sich als familienbewusster Sohn versteht, die Eltern respektiert und ihnen folgt. *Xiao,* die Demut der Jüngeren, und das Bewusstsein für Rolle und Status in der eigenen Familie wie der Gesellschaft sind nach Konfuzius Voraussetzungen für eine geordnete und harmonische Welt. Diese wird gestützt durch *li,* die ritualisierte Höflichkeit, durch die jeder der eigenen Stellung entsprechend handelt und den Ahnen zugleich den gebo-

> »Die Herrschaft der Tugend kann man mit dem Polarstern vergleichen, der die Huldigung der vielen Sterne regiert, ohne sich fortzubewegen.«
>
> *Gespräche*, Konfuzius

tenen Respekt zollt. Konflikte vermeiden, gesellschaftliche Harmonie und Ordnung stützen – darauf basiert die konfuzianische Weltsicht, die damit ein Ideal individueller Anstrengung für das Wohl des Kollektivs vertritt, im Einklang mit dem Dao.

> Der Meister sagt: »Yu, soll ich dir sagen, was Wissen ist? Sagen, ich weiß, wenn du etwas weißt, und sagen, ich weiß nicht, wenn du es nicht tust, das ist Wissen.«
>
> *Gespräche*, Konfuzius

MENZIUS

Menzius, oder auch Mengzi (um 372–289 v. Chr.), war der bedeutendste Schüler des Konfuzius, aber auch ein durchaus eigenständiger Denker. Er entwickelte die Lehre seines Meisters so weiter, dass sie zur Staatsideologie werden konnte. Was Konfuzius sein Leben lang vergeblich erreichen wollte, ist Menzius somit gelungen, der zum bewunderten und vertrauten Berater vieler Fürsten wurde.

Er sah es als seine Aufgabe, Herrscher in der Kunst zu unterrichten, menschlich, dem »Königsweg folgend« zu regieren. Nur ein Herrscher, der für das Glück seiner Untertanen sorgt, kann ihr Herz gewinnen. Dem Volk sprach Menzius das Recht zu, schlechte Herrscher abzusetzen – womit er sich nicht nur Freunde machte. Er bildete die Ethik des Konfuzianismus weiter, die er ausdrücklich auf die Güte des Menschen gründet. Allerdings übersah er auch nicht die Verführbarkeit des Menschen durch vom Qi bestimmte äußere Einflüsse. Stets wird auf die Bedeutung der Mutter des Philosophen hingewiesen, die dreimal umzog, damit ihr Sohn nicht den schlechten Einflüssen böser Nachbarn ausgesetzt sei. Beide, Konfuzius und Menzius, waren optimistisch: Sie glaubten an die Fähigkeit der Menschen, sich selbst zu vervollkommnen und damit auch die Gesellschaft. So würde ein Leben in Harmonie statt in Zwietracht möglich sein und die Regierungen auf Druckmittel wie Gesetz und Strafe verzichten können.

^ WEISE IN WUYU
Das Gemälde aus dem 19. Jahrhundert illustriert eines der *Gespräche*, in dem der Schüler seinen Wunsch äußert, mit gebildeten Männern zu debattieren.

SYMBOLE DER UNSTERBLICHKEIT
Im Daoismus ist der Kranich ein Symbol der Unsterblichkeit. Die Erleuchteten, so die Lehre, werden leicht genug sein, um auf dem Rücken eines Kranichs zu entschweben.

道家 Daoismus

Der Daoismus will zu einem Leben im Einklang mit der Natur verhelfen, in deren Wandel Dao als Lebensgrundlage präsent ist *(S. 234)*. Nicht Willenskraft und bewusstes Handeln, sondern mystisch-intuitive Anpassung an den Lauf der Dinge bestimmt das Dao, den Weg.

Der Daoismus entwickelte sich etwa gleichzeitig mit dem Konfuzianismus und hatte wie dieser großen Einfluss auf die chinesische Gesellschaft, vor allem in der Kunst, der Literatur und im spekulativen Denken; Politik lehnt er ab. Chinas Beamten-Gelehrte handelten im öffentlichen Leben häufig als Konfuzianer, während sie selbst dem Daoismus anhingen. Auch wenn beide Philosophien in vielerlei Hinsicht fundamental entgegengesetzt waren, war es doch möglich, beiden gleichzeitig zu folgen. Es gehört zu den Vorzügen der chinesischen Kultur, dass unterschiedliche Religionen oder Philosophien weitgehend harmonisch nebeneinander bestehen und sogar Eigenschaften der jeweils anderen annehmen können. Dennoch bestehen grundsätzliche Unterschiede zwischen Daoismus und Konfuzianismus; vor allem insofern Letzterer den »Weg« allein als moralische Richtlinie für die Menschen ansieht.

LAOTSE (LAOZI)
Ungeklärt ist bis heute, ob Laotse (»Der Alte Meister«), der legendäre Gründer des Daoismus, eine reale Figur war, die im 4. oder 3. Jh. v. Chr. lebte.

LAOTSE UND DAS *DAODE JING*

Als Begründer des Daoismus wird Laotse verehrt, auch wenn umstritten ist, ob er überhaupt gelebt hat. Umso zahlreicher die Legenden, die sich um seine Gestalt und sein Wirken ranken. So soll er den Buddhismus in Indien beeinflusst haben, auch von Treffen mit Konfuzius wird erzählt. Man nennt ihn als Autor des *Daode Jing*, des poetischen *Buches vom Weg und der Kraft*, der Gründungsschrift des Daoismus. Bildreich und voller Gleichnisse enthält es nicht nur eine Kosmologie, sondern umschreibt auch den Weg, das Zentrum des Daoismus, der, wie der erste Satz sagt, nicht direkt zu beschreiben ist, und *de*, die Kraft, die allein durch Nicht-Tun entfaltet werden kann.

ZHUANGZI

Zhuangzi gilt als Autor des nach ihm benannten *Zhuangzi – Das wahre Buch vom südlichen Blumenland*. Es ist ein Meisterwerk der chinesischen Literatur und gilt als zweites Hauptbuch des Daoismus. Sicher zuzuschreiben sind Zhuangzi nur die ersten sieben »inneren Kapitel« des Buches, die übrigen stammen von verschiedenen Autoren. Die Schrift wurde im Verlauf von 200 Jahren zusammengestellt.

In einer großen Vielfalt von teils humorvollen Geschichten, Parabeln und kurzen Abhandlungen nimmt das Buch die traditionelle (konfuzianische) Wertordnung in die Kritik. Dem Vernunftbetonten und Regelhaften wird die daoistische Philosophie entgegengesetzt, die dafür plädiert, nicht in den Lauf der Dinge einzugreifen. In einem der zahlreichen Gleichnisse auf die Konfuzianer haben auch die Figuren Shu und Hu *(s. u.)* die besten Absichten, doch sie scheitern, weil sie der Natur ins Handwerk pfuschen. Die Natur ist in ständigem Wandel, und die Menschen stören sie nur mit ihren Eingriffen. Zum Wandel gehört auch der Tod, darauf bezieht sich ein Gleichnis, das sich gegen den Ahnenkult des Konfuzianismus richtet.

Es handelt von Zhuangzi, der nach dem Tod seiner Frau fröhlich auf einem Fass trommelt: Er trauert, doch zugleich freut er sich auch über diese letzte Wandlung, die seine Frau durchlebt hat. Wie die Jahreszeiten, so ist auch alles Wesen dem Wandel unterworfen.

Wie Laotse spricht Zhuangzi von der Unmöglichkeit, das Dao zu definieren. Anders als Konfuzius sieht er es nicht als Regelwerk zur Lenkung des Staates, der Familie und des Einzelnen. Am nächsten komme man dem Dao durch meditative Techniken des »Nichtdenkens«, die man in langen Jahren der Übung erlernt.

> Der Kaiser des Südlichen Meeres, Shu genannt, und der Kaiser des Nördlichen Meeres, Hu genannt, trafen sich von Zeit zu Zeit im Reich des Kaisers der Mitte, der Hundun genannt wurde. Dieser bewirtete seine Gäste stets sehr großzügig. Shu und Hu wollten ihm diese Freundlichkeit vergelten. »Alle Menschen«, sagten sie sich, »haben sieben Öffnungen. So können sie sehen, hören, essen und atmen. Alleine Hundun hat nicht eine einzige. Lasst uns versuchen, ihm einige zu bohren.« So bohrten sie jeden Tag eine Öffnung in Hunduns Körper, und am siebten Tag starb dieser.
>
> Gleichnis aus *Zhuangzi*

> Mit dem Köder lockst du den Fisch dahin, wo du ihn haben willst; fängst du den Fisch, wirfst du den Köder fort. Mit Worten lockst du eine Idee dahin, wo du sie haben willst; begreifst du die Idee, vergisst du die Wörter.
>
> Gleichnis aus *Zhuangzi*

DIE HARMONIE DER NATUR
Daoisten betrachten Gebirgslandschaften als Orte, an denen Himmel und Erde zusammentreffen. Ein Leben in Harmonie mit der Natur ist das Ziel des Daoismus.

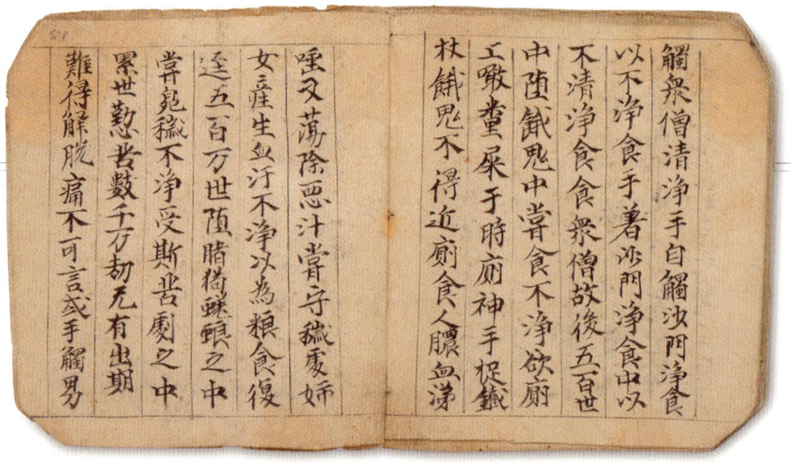

> ANTIKER BUDDHISTISCHER TEXT
Buddhistische Schriften wie dieser 1000 Jahre alte Text werden bis heute hochverehrt.

佛教 Buddhismus

Der Buddhismus ist die im heutigen China am weitesten verbreitete Religion. Neben Konfuzianismus und Daoismus gilt er als einer der »Drei Wege«. Über die Seidenstraße gelangte die Lehre im 1. und 2. Jahrhundert nach China und entwickelte sich allmählich zu einer das Denken und das gesellschaftliche Leben bestimmenden Kraft. Als Erste wandten sich Gelehrte, die durch spirituelle Übungen und Meditation Unsterblichkeit erreichen wollten, dem Buddhismus zu. Später waren es die Ideen, die vor allem die Philosophen faszinierten. Viele Menschen fanden geistigen Trost in Buddhas Botschaft von Mitleid und Erlösung.

CHINESISCHER BUDDHISMUS

Im 4. Jahrhundert reisten gelehrte Mönche nach Indien, um den Buddhismus zu studieren. Sie kehrten mit den ersten übersetzten Texten zurück. Andere übernahmen die Lehre von ausländischen Mönchen. Der berühmteste war Kumarajiva (350–413), der die Übertragung von fast 40 Texten leitete. Seine Übersetzung des Lotus-Sutra wurde zur meistgeschätzten buddhistischen Schrift in China. Um den Chinesen buddhistische Vorstellungen nahezubringen, setzten die Übersetzer Ideen und Terminologie des Daoismus ein. Dies beschleunigte die Aufnahme des Buddhismus in der chinesischen Gesellschaft. Vom 5. Jahrhundert an entstanden Schulen des Buddhismus in China. Dafür gab es keine Vorbilder in Indien, wo der Buddhismus bereits im Niedergang begriffen war. Die im Abendland bekannteste dieser Lehrrichtungen ist Chan; sie entstand im 7. Jahrhundert, zur Blütezeit des Buddhismus in China, und wurde in Japan später als Zen übernommen. Eine der anderen Richtungen mit mehr Anhängern ist der Reines-Land-Buddhismus *(amitabha)*. Er beruft sich auf den transzendenten Buddha Amitabha und Bodhisattva Guanyin, einen Erleuchteten, der im Lauf der Zeit zur Göttin des Mitgefühls wurde. Allen Schulen gemeinsam sind die Lehren, die in den Vier Edlen Wahrheiten zusammengefasst sind, die Gautama Buddha (um 563–483 v. Chr.) lehrte.

Das Ziel des Buddhismus ist *nirvana*, das völlige Losgelöstsein, die Ausschaltung des Bewusstseins und des Wollens. Zu erreichen ist dieser Zustand im Diesseits durch Meditation, Gebete, gute Taten oder im alltäglichen Handeln, wenn es sich auf das Hier und Jetzt des Tuns konzentriert. Nur so ist der ewige Kreislauf des Lebens *(samsara)* in Tod und Wiedergeburt zu durchbrechen. Es gibt keine Transzendenz, kein Paradies. Erleuchtung besteht in der Erkenntnis der Nichtigkeit des Daseins. Im chinesischen Buddhismus allerdings, im *mahayana*, besteht auch die Vorstellung von der Erlösung und einem Leben nach dem Tod. So näherte sich diese Variante dem Konfuzianismus (Ahnenkult) und dem Daoismus (mystische Vereinigung mit dem Weltwesen) an, was ihre Aufnahme vor allem durch das einfache Volk erleichterte. Der buddhistische Gedanke des *karma*, der Wiedergeburt als einer Folge des eigenen Handelns, verband sich mit der chinesischen Vorstellung des *bao*. Dies ist die himmlische Ver-

> Nach Gautama Buddha ist alles Leben Leiden. Die Menschen sind gefangen im Kreislauf von Leben, Tod und Wiedergeburt. Nur indem sie sich von allen Bindungen und Bedürfnissen frei machen, beheben sie die Ursache des Leidens.

< BUDDHA-BILDNISSE
Ein goldener Buddha in Hongkong: Riesige Skulpturen und Statuen zeigen, wie stark der Buddhismus die religiöse Kunst Chinas beeinflusst hat.

> GUANYIN
Bodhisattvas wie Guanyin erreichten die Erleuchtung, nahmen die Buddhaschaft aber nicht an, damit sie für die Erlösung anderer tätig bleiben konnten.

geltung, nach der gute Taten belohnt, böse bestraft werden. Dies ist bis heute ein wesentliches Element des chinesischen Volksglaubens.

WIDERSTÄNDE

Viele einflussreiche Chinesen übernahmen den Buddhismus. Der im Niedergang befindliche Konfuzianismus suchte zu seiner Wiederbelebung zunächst die Annäherung an buddhistische Vorstellungen. Doch gab es in der konfuzianisch erzogenen Elite Chinas auch viele, die die neue Religion strikt ablehnten. Ein Grund dafür war die Abwehr fremder Einflüsse, vor allem aber sahen die Gegner des Buddhismus, dass darin für zentrale Werte der chinesischen Kultur wie Familie und Ahnen kein Platz war. Ein zölibatäres Leben und die Lösung familiärer Bindungen (chinesisch *chujia,* Verlassen der Familie) widerspricht dem berühmten Diktum des Menzius, nach dem es die höchste Pflicht ist, einen Sohn zu zeugen, um die Familie zu erhalten: Wer sich das Haupt rasiert und Mönch oder Nonne wird, verletzt diese Pflicht und entstellt den Körper, den ihm oder ihr die Eltern gaben. Dem hielten die Buddhisten entgegen, auch das Gebet für das Heil der Eltern erfülle die Kindespflicht.

DAS ERBE DES BUDDHISMUS

Der Buddhismus hat sich stark auf die chinesische Kultur ausgewirkt. Zunächst war die Begegnung mit diesem Glaubenssystem die erste mit einer der eigenen ebenbürtigen, fremden Kultur. Darüber hinaus aber hat sich der Buddhismus mit allen Aspekten des chinesischen Alltagslebens verbunden. Die buddhistische Kunst veränderte die chinesische Kultur und Landschaft. In den Bergen, seit jeher als heilige Orte verehrt, entstanden zahllose buddhistische Tempel, Klöster und Pilgerstätten. Höhlentempel und gewaltige Buddha-Statuen zeugen von Reichtum und Hingabe der Buddhisten. Auch in der chinesischen Literatur und der Sprache hinterließen die von buddhistischen Mönchen verbreiteten volkstümlichen Erzählungen, die Vielfalt buddhistischer Motive und Geschichten zahlreiche Spuren. Alle diese Götter, Heiligen, Wächter und Dämonen bevölkern das chinesische Pantheon; und die buddhistischen Höllen verbanden sich mit dem volkstümlichen Glauben an Unterwelten und das Gericht, das die Toten für Taten und Untaten zu erwarten hatten. Nicht zuletzt war die buddhistische Tugend des Mitgefühls prägend für die charakteristische chinesische Philanthropie.

民间宗教 Religionen und Volksglauben

Neben dem offiziellen Konfuzianismus gab es in China stets auch lebendige Volksreligionen, manchmal nutzten sie sogar dieselben Tempel. Jahrhundertelang fürchtete man die Volksreligionen einerseits als Brutstätten von Bauernaufständen und verfolgte sie, andererseits wurden sie wegen ihres Sinns für Gemeinschaft und öffentliche Ordnung auch offiziell gefördert. Erst unter dem Kommunismus hatten volkstümliche Glaubenssysteme, als Aberglaube denunziert, schwer zu leiden; heute jedoch erleben sie in China wie auch in den chinesischen Gemeinden in aller Welt eine neue Blüte. Lokale Gemeinschaften verehrten überall der jeweiligen Region verbundene Götter und Göttinnen, aber auch tugendhafte Gelehrte wie Konfuzius. Solche Tempel und Schreine findet man bis heute in allen Teilen Chinas.

RELIGIÖSER DAOISMUS

Gleichzeitig mit der Verbreitung des Buddhismus in China entwickelte sich eine neue Form des Daoismus, die man, um ihn von der rein philosophischen Ausrichtung abzugrenzen, auch als religiösen Daoismus bezeichnet. Eigene Tempel und Schreine, Liturgien, mystische Rituale sind in diesem Zusammenhang entstanden, viele buddhistische Elemente haben darin ihren Niederschlag gefunden. So wurde ein überweltliches Pantheon mit Unsterblichen und Göttern bevölkert, die in entfernten Gebirgen leben.

^ KÜCHENGÖTTER
Figuren wie der Küchengott Zao Jun und seine Frau werden über dem Herd aufgehängt. Zu Neujahr berichten sie dem himmlischen Jadekaiser, was im Haushalt vorgefallen ist.

TÜRWÄCHTER
Farbenprächtige Bilder wie diese werden traditionell an den Haustüren angebracht, um böse Geister oder zerstörerische Kräfte abzuschrecken.

Daoistische Ärzte suchten das Geheimnis eines langen Lebens und der Unsterblichkeit zu ergründen: Sie nahmen Pflanzenextrakte und giftige Substanzen wie Zinnober zu sich, machten alchemistische Experimente, übten Meditation und sexuelle Praktiken, die das Yang im Körper stärken sollten. Manche zogen sich als Einsiedler ins Gebirge zurück, weit weg vom Alltag der Menschen. Wer die Unsterblichkeit erreiche, so glaubten sie, der werde so leicht, dass er auf dem Rücken eines Kranichs davonschweben könne. Der religiöse Daoismus konkurrierte mit dem Buddhismus um kaiserliche Unterstützung. Mit der Zeit aber näherten sich die Strömungen einander an, und ihre Priester, Nonnen und Mönche beteiligten sich nebeneinander an hohen Festen und Familienritualen; von den konfuzianischen Gelehrten wurden sie als lästiger, aber unvermeidlicher Teil des Alltagslebens hingenommen.

> **Viele Beamte nahmen an konfuzianischen Ritualen und Festen teil, folgten privat aber buddhistischen oder daoistischen Lehren.**

ANDERE GOTTHEITEN

Fast überall in China werden Stadtgötter verehrt: als Hüter der unterirdischen Gerechtigkeit (in der sich die irdische spiegelt), die Strafen und Belohnungen für die Toten der Stadt aussprechen. In Prozessionen wird ihr Bildnis die Stadtgrenze entlanggetragen, um ihr jeweiliges Gebiet zu markieren und die Stadtbewohner an ihre Bedeutung zu erinnern. Die Tempel der Stadtgötter sind ausgemalt mit schrecklichen Szenen aus den zehn Höllen; wilde, bis an die Zähne bewaffnete Türwächter warten darauf, Übeltäter zu bestrafen.

Eine populäre Göttergestalt ist Zhong Kui, der Bezwinger der Geister und Dämonen. Er soll in der Hauptstadt die Beamtenprüfung abgelegt haben, aber den Titel wegen seines hässlichen Äußeren nicht erhalten haben. Daraufhin tötete er sich selbst und kehrte als »König der Geister« in die irdische Welt zurück. Dort bezähmt er seither herumstreifende Dämonen, und darum findet man sein Bildnis auch an vielen Laden- und Wohnungstüren.

In vielen Teilen Chinas sind dem Kriegsgott Guan Yu geweihte Schreine aufgestellt. Er ist unter anderem der Held der *Geschichte der Drei Reiche* *(S. 268)*. Kaufleute und Geheimgesellschaften verehren ihn wegen seiner Treue und seines Gerechtigkeitssinns. Als Nothelfer des Daoismus fungieren die Acht Unsterblichen mit ihren unterschiedlichen, sich ergänzenden Fähigkeiten. In bestimmten Regionen werden auch starke Göttinnen verehrt, so etwa Ma Zu, die auch mit Guanyin in Verbindung gebracht wird. Dazu kommen die regionalen Götter und ihre Schreine. Ahnenschreine wiederum werden in vielen Häusern eingerichtet, manchmal in Ahnengalerien, in denen zu Ehren der Vorfahren feierliche Rituale abgehalten werden. Mit Opfergaben besänftigt man die Küchengötter, damit sie den Haushalt reich, gesund und fruchtbar erhalten – Kerninhalte der meisten Glaubensformen.

TEMPEL DER BARMHERZIGKEIT
Dieser Tempel ist der Göttin Guanyin geweiht. Wie hier werden Gottheiten an vielen Orten Chinas durch Weihrauch geehrt und günstig gestimmt.

SYMBOLE IN DER KUNST
Frühlingsblüten und Weihrauch: Diese Malerei zeigt Symbole des Frühlings und des Glücks. Das Blumenstück wurde vermutlich für das Neujahrsfest angefertigt.

符号 Symbole, Zeichen und Schicksal

Für die chinesischen Glaubenssysteme sind Symbole und Zeichen von großer Bedeutung. Viele Wörter des Chinesischen klingen gleich, obwohl sich Bedeutung und Schriftzeichen vollkommen voneinander unterscheiden. Mit dieser Besonderheit ihrer Sprache mag die Liebe der Chinesen zu Wortspielen zusammenhängen, die – grafisch umgesetzt – zu einem reichen und faszinierenden System von Symbolen und Zeichen entwickelt wurden. Die Symbole spielen meist auf ein günstiges Schicksal, ein langes Leben und den Wunsch nach Söhnen an. Man findet sie überall: auf Gefäßen, Schmuck und Kleidung, auf Papier- und Holzschnitten und sogar auf Lebensmitteln. Mit der Homofonie, also der lautlichen Übereinstimmung von Worten mit unterschiedlicher Bedeutung, erklärt sich beispielsweise, warum Darstellungen von Fledermäusen und Fischen Glück bringen sollen: Die Worte dafür sind gleichlautend mit jenen für Reichtum und Überfluss.

Auch Bronzekessel und Vasen gelten als Synonyme für Glück und Wohlstand, denn die Komponenten des Wortes für Bronze bedeuten wörtlich »goldähnlich«, verweisen also auf Reichtum; und das Wort für »Vase« bedeutet auch »Frieden«.

Auch die Symbolik der Zahlen spielt in der chinesischen Kultur eine Rolle: So stehen die geraden Zahlen für Glück, weil dieses immer paarweise kommt. Die Acht gilt Daoisten wie Buddhisten als Glücksbringer, und sie steht auch in Verbindung mit den Acht Trigrammen des konfuzianischen Orakelbuchs *Yijing*, dem *Buch der Wandlungen*. Ob Spieler oder Hausbesitzer: Für alle Chinesen ist die Acht eine Glückszahl. Die Vier dagegen – das Wort dafür klingt im Chinesischen ähnlich wie das für Tod – wird gemieden. Die Numerologie hat Eingang in viele Bereiche der chinesischen Kultur gefunden.

ASTROLOGIE UND HOROSKOPE

Anders als ihre westlichen Kollegen befragen die traditionellen chinesischen Astrologen nicht die Sterne: Der chinesische Tierkreis basiert allein auf dem Kalender. Das persönliche Horoskop spielt eine entscheidende Rolle in allen möglichen Lebensbereichen, etwa für das Arrangement der Hochzeit, Geschäftsabschlüsse und andere wichtige Ereignisse. Die zwölf Tiere des chinesischen Zodiakus sind: Ratte, Ochse, Tiger, Hase, Drache, Schlange, Pferd, Schaf, Affe, Hahn, Hund und Schwein. Deren Zyklus, die damit verbundenen Farben, dazu die Abfolge von Stunden und Jahren – all das bestimmt, so die Überzeugung, Schicksal und Charak-

Der Reichtum an symbolischem Dekor und die vielfältige Ikonografie zeugen von der hohen Bedeutung des Visuellen in der chinesischen Kultur. Diese lebendige Bildsprache verspricht auch in schweren Zeiten Schutz und Glück.

WAHRSAGESTÄBCHEN
Diese mit Schnitzerei verzierten Stäbe werden auf die Erde geworfen, und aus dem Muster, das sie bilden, liest der Wahrsager die Zukunft.

ter eines Menschen. So gilt eine Frau, die im Jahr des Tigers geboren wurde, traditionell nicht als gute Ehefrau. Die Geburt Pan Linlians, der berüchtigten Hauptfigur des Romans *Jin Ping Mei* (16. Jh., *vgl. S. 270*), stand unter solch negativen Vorzeichen: Geboren im Jahr des weißen Tigers, galt ihr Horoskop eingeweihten Lesern wegen der Verbindung von Weiß und Tod sogar als doppelt unheilvoll.

Vor vielen alltäglichen Entscheidungen werden noch heute Jahrbücher und Kalender befragt. Landwirtschaftliche Almanache geben Auskunft über günstige Tage für Aussaat und Ernte. Wahrsager und Priester beraten trauernde Familien bei der Wahl der Grabstätte und des Beerdigungstages. Überhaupt verlangen Beerdigungszeremonien große Sorgfalt, um den Verstorbenen Unannehmlichkeiten zu ersparen, die auch für die Überlebenden böse Folgen hätten: Die Toten könnten als Rachegeister zurückkehren.

FENG SHUI

Feng Shui, wörtlich übersetzt »Wind und Wasser«, ist die chinesische Form der Geomantie, der Kunst, Bauwerke oder Gräber an die richtige, Glück bringende Stelle zu setzen. Diese Praxis ist nach wie vor ein wichtiger Bestandteil der chinesischen Kultur, insbesondere in den südlichen Regionen, wo derlei nicht unbedingt als Aberglaube gilt. Im Grunde zeigt sich auch im Feng Shui die Suche nach Harmonie in der kosmischen Triade von Himmel, Erde und Menschen (S. 234 f.). Wer Feng Shui praktiziert, richtet alle Bau- und innenarchitektonischen Pläne danach aus, den bestmöglichen Fluss des vor Ort herrschenden Qi zu gewährleisten. Selbst beim Bau der Hochhäuser von Hongkong haben sich einige Architekten an den Regeln des Feng Shui orientiert. Aus diesen lassen sich auch die traditionellen Bauformen der Pagode ableiten. Öffnungen, Dächer, Zahl und Höhe der Stockwerke, Lage in der Landschaft etc. – alles wird darauf abgestimmt, dass Qi fließt, Yin und Yang harmonieren und Bewohner und Besucher sich darum wohlfühlen. Das gilt, im Zusammenhang mit dem Ahnenkult, natürlich auch für die Gebäude der Toten.

PAGODE IM 10 000-BUDDHA-KLOSTER
Die Chinesen sind davon überzeugt, dass Pagoden der Umgebung Glück bringen. »Pagode« bedeutet »Achtseitiger Turm«, und die Acht gilt als besondere Glückszahl.

ASTROLOGISCHE SYMBOLE
Dieser Scherenschnitt zeigt die zwölf Tiere des chinesischen Zodiakus. Das achtseitige Trigramm in der Mitte ist um das Feng-Shui-Symbol herum angeordnet.

DIE KUNST DES PINSELS

KALLIGRAFIE, MALEREI UND POESIE

书道

Kalligrafie, Malerei und Dichtung sind zentraler Bestandteil der chinesischen Kultur. Sie werden auch als die Drei Vollkommenheiten bezeichnet. In ganz Südostasien gelten diese Fertigkeiten als die höchsten Formen der Kunst. Huizong, der letzte Kaiser der Nördlichen Song-Dynastie (960–1126), war ein leidenschaftlicher Maler, Dichter und Kalligraf. Unter seiner Herrschaft wurde die Kunst des schönen Schreibens zu einer eigenständigen Disziplin. Seit damals ist die Verbindung der drei Künste in einem Werk sehr beliebt. Die Erkundung der Drei Vollkommenheiten erlaubt einen tiefen Einblick in Anmut und Schönheit der traditionellen chinesischen Kunst.

中文 Das geschriebene Wort

Die Überlieferung berichtet von Cang Jie, einem Weisen der alten Zeit, der vier Augen hatte und acht Schüler. Er schuf die chinesischen Schriftzeichen. Den Auftrag dazu erhielt er als Hofgeschichtsschreiber von dem legendären Gelben Kaiser. Mit seinem doppelten Augenpaar verfolgte Cang Jie den Flug der Vögel im Himmel und die Spuren der Tiere auf der Erde. Diese Zeichen verwandelte er sodann in geschriebene Wörter. Soweit die Legende. Der wahre Ursprung der chinesischen Schrift liegt im Dunkeln.

DIE SCHRIFTKUNDIGE ELITE

Ein umfassendes System von Schriftzeichen zur Fixierung der chinesischen Sprache entstand zur Zeit der Shang-Dynastie (1766–um 1122 v. Chr.). Aus diesem entwickelten sich mit der Zeit die vereinfachten Schriftzeichen, die noch heute in Gebrauch sind. Jedes Zeichen korrespondiert mit einer einzigen Silbe, und die meisten von ihnen sind »piktophonetisch«, also aus einem stark abstrahierten Piktogramm und aus einem Zeichen für die Lautung zusammengefügt. Da die meisten Worte des Chinesischen aus mehr als einer Silbe bestehen, braucht man für jedes Wort zwei oder mehr Zeichen. Weil es kein rein phonetisches Alphabet gibt, bereiten Lesen und Schreiben des Chinesischen erhebliche Schwierigkeiten. Historisch hatte dies zur Folge, dass nur eine kleine gebildete Elite schriftkundig war. Je besser jemand schreiben und lesen konnte, desto höher waren seine Chancen auf eine hohe soziale Stellung, desto größer die Macht, die er erreichen konnte. In der Tang-Dynastie wurde ein bis heute genutztes Prüfungssystem für Beamte entwickelt, um Gelehrte für die Beamtenlaufbahn auszuwählen. Wichtigste Voraussetzung waren ihre Kenntnisse der konfuzianischen Klassiker und ihre Fähigkeit zu schreiben.

Im 2. Jahrhundert v. Chr., während der Qin-Dynastie, wurden die Schriftzeichen landesweit vereinheitlicht. Auf dieser Basis entwickelte sich die Schriftsprache, und die klassischen Texte wurden zu einem verbindenden Element zwischen den disparaten Völkern Chinas.

VEREINIGUNG DES LANDES

Papier wurde seit dem 1. Jahrhundert hergestellt, und als der Buchdruck erfunden war (11. Jh.), konnten preiswerte Bücher gedruckt und vertrieben werden. Sie waren leichter beweglich als die empfindlichen Seidenrollen oder die unhandlichen Bambusstreifen, zu deren Transport man einen Wagen brauchte. Die Schriftsprache aber bietet nach wie vor die Möglichkeit, Dialektgrenzen zu überwinden und sich im ganzen Land zu verständigen.

> Das geschriebene Wort hat sich über Jahrhunderte nicht verändert. So konnten die Gebildeten über Zeiten und Regionen hinweg miteinander kommunizieren.

书法 Kalligrafie

Die hohe Bedeutung des geschriebenen Wortes für die chinesische Kultur erkennt man am deutlichsten in der Wertschätzung, die der Kalligrafie entgegengebracht wird. Diese Kunst wird in China seit Jahrtausenden praktiziert und ist weit mehr als die ansprechende Wiedergabe von Zeichen: Der Kalligraf verbindet Körper, Verstand und Pinsel, wenn er spontan und doch kontrolliert Striche setzt. Jedes Zeichen ist ein Sinnbild der inneren Sammlung des Künstlers sowie der Harmonie mit dem Rhythmus der Natur. Die Entwicklung der chinesischen Schriftkunst war ein komplexer Vorgang, Zeichen und Texte sind auf vielen Ebenen mit der Entfaltung der chinesischen Kultur verknüpft. Die Zeichen verkörpern Geschichte, Kunst und Kultur der ganzen Nation. Schon darum waren alle Versuche, die Zeichen zu modernisieren oder die Schrift zu latinisieren, stets erfolglos.

Die frühesten bekannten chinesischen Schriftsymbole stammen von Keramiken aus dem Neolithikum und Bronzen aus der Shang-Zeit. Die ersten Zeichen, die als tatsächliche Vorläufer der chinesischen Schrift zu erkennen sind, finden sich auf Orakelknochen derselben Epoche. Alte kalligrafische Texte sind meist Gedichte, buddhistische oder daoistische Schriften, die der Kalligraf mit Bedacht gewählt hat, um mit den Strichen seines Pinsels ihr Wesen auszudrücken. Das Schreiben mit dem Pinsel ist noch heute eine Methode, um Ausgeglichenheit zu erreichen, das Bewusstsein zu klären, die Körperhaltung zu schulen und den Atem zu kontrollieren. Das Material hat dabei einen fast heiligen Status, denn es bahnt den Weg zu einem spirituellen Zustand, in dem solche Kunstwerke entstehen können.

MEISTER DER KALLIGRAFIE

Die großen Meister der Schreibkunst wurden in China nicht nur als Künstler verehrt, sondern auch als Denker. Der berühmteste war der daoistische Meister Wang Xizhi (303–361). Legendär ist sein Vorwort zu der Gedichtsammlung *Orchideenpavillon*: Ein Kaiser der Tang-Dynastie bewunderte es so sehr, dass er es sorgfältig kopieren und in Stein meißeln ließ. Das Original nahm er mit ins Grab. Wang Xizhi war es auch, der die Zeichen in acht Grundstriche auflöste, die sich in *yong*, dem Zeichen für »Ewigkeit«, finden. Nur wer diese Striche beherrscht, so seine Lehre, kann einen eigenen kalligrafischen Stil entwickeln. Die acht Komponenten des Zeichens *yong* sind: der Punkt (*ce* oder *dian*), die Horizontale (*lei* oder *heng*), die Vertikale (*nu* oder *shu*), der Haken (*ti* oder *gi*), die Steigung (*ce* oder *tiao*), seitwärts (*lue* oder *pie*), der Abschwung (*ce* oder *piao*) und das richtige Fallen (*zhe* oder *na*).

Als Goldenes Zeitalter der Kalligrafie gilt die Tang-Dynastie, während derer sich die Schriftstile ausprägten, die bis heute verwendet werden: Siegelschrift, Kanzleischrift, Grasschrift und andere mehr.

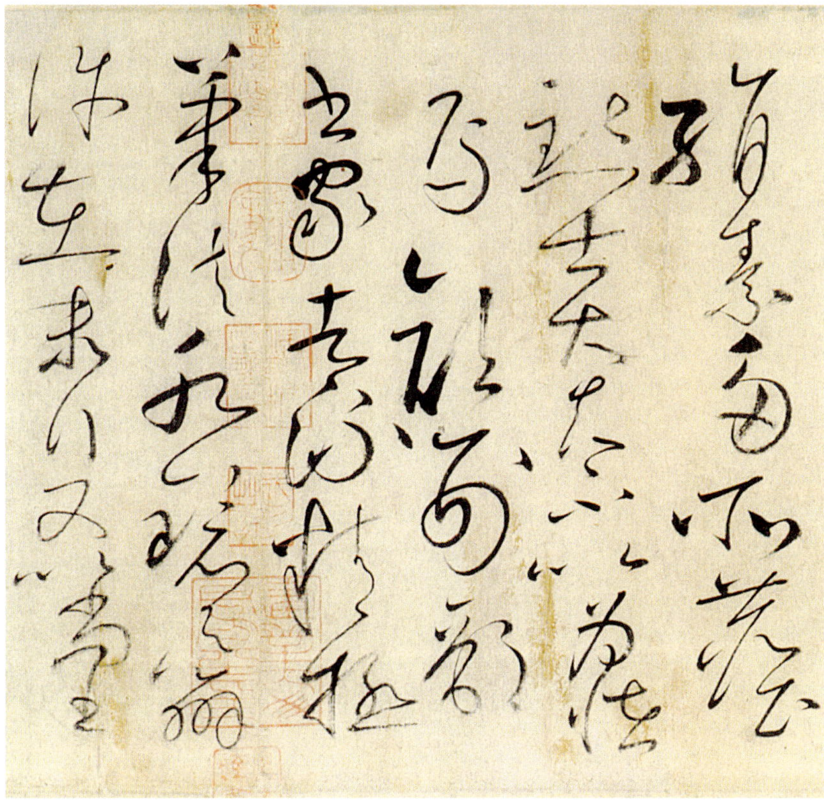

˅ KONZEPTSCHRIFT
Dieses Manuskript aus der Tang-Dynastie ist in der Grasschrift geschrieben, wahrscheinlich vom Mönch Huai Su (725–85), berühmt für seinen fließenden Schreibstil.

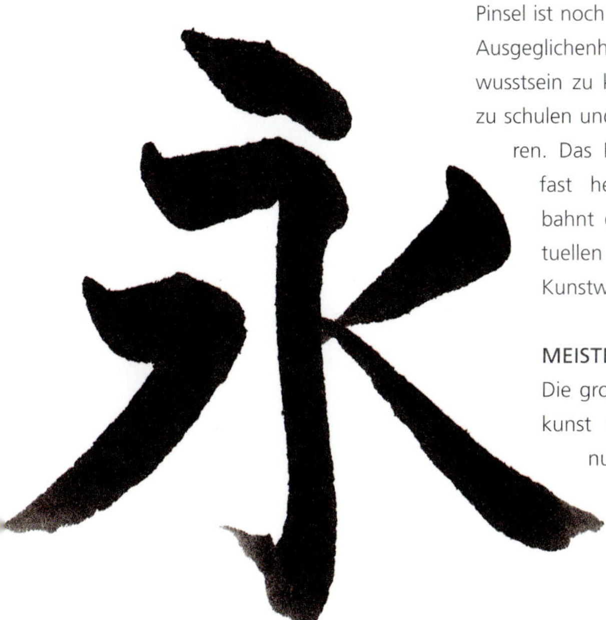

˄ DAS UNIVERSELLE ZEICHEN
Alle chinesischen Schriftzeichen können aus acht Grundstrichen entwickelt werden. Das Zeichen für »Ewigkeit« *(oben)* enthält alle diese Grundstriche.

Kalligrafiepinsel und Tuschestein

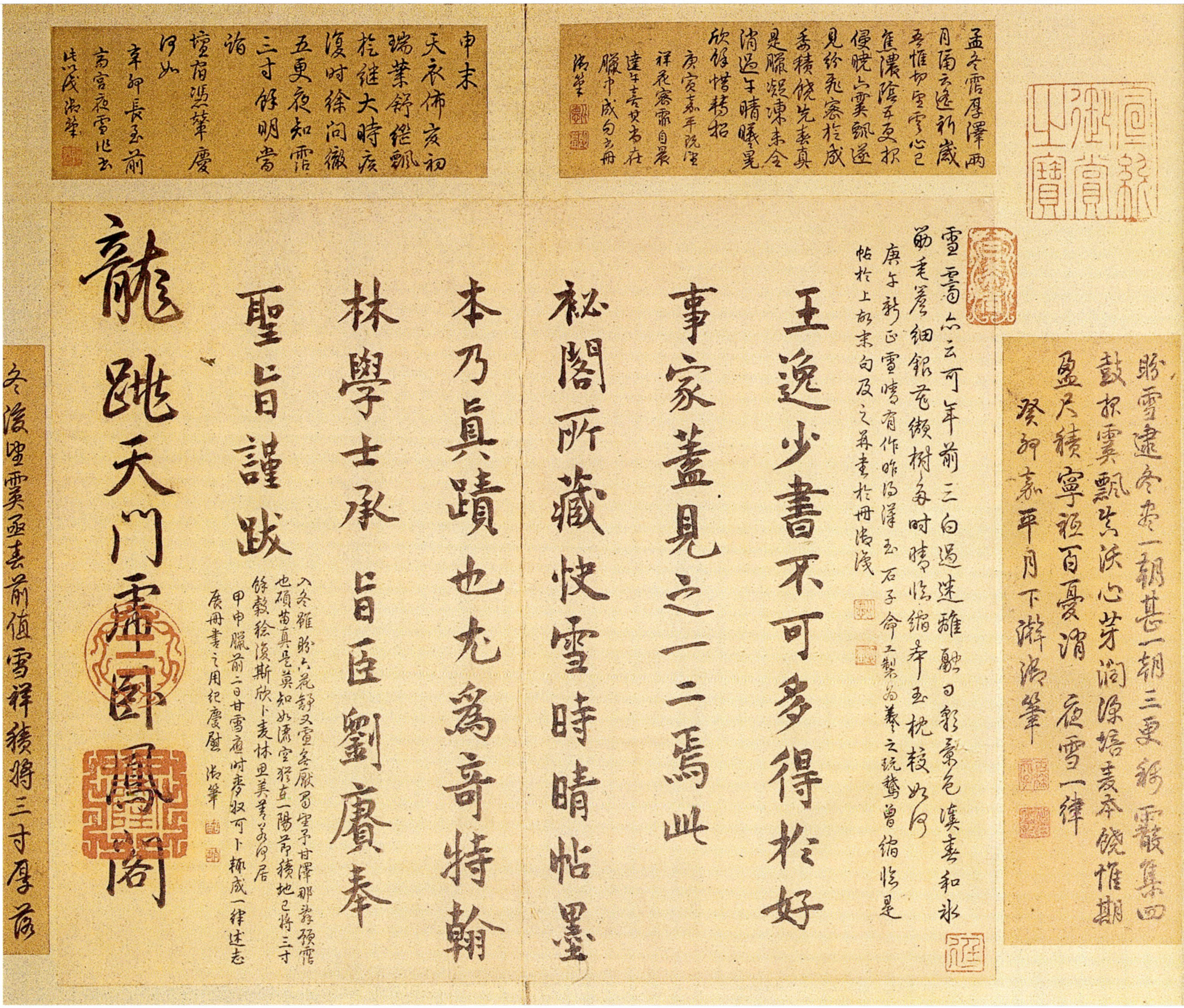
王逸少書不可多得於好
事家蓋見之一二焉此
秘閣所藏快雪時晴帖墨
本乃真蹟也尤為奇特翰
林學士承旨臣劉賡奉
聖旨謹跋
龍跳天門虎卧鳳閣

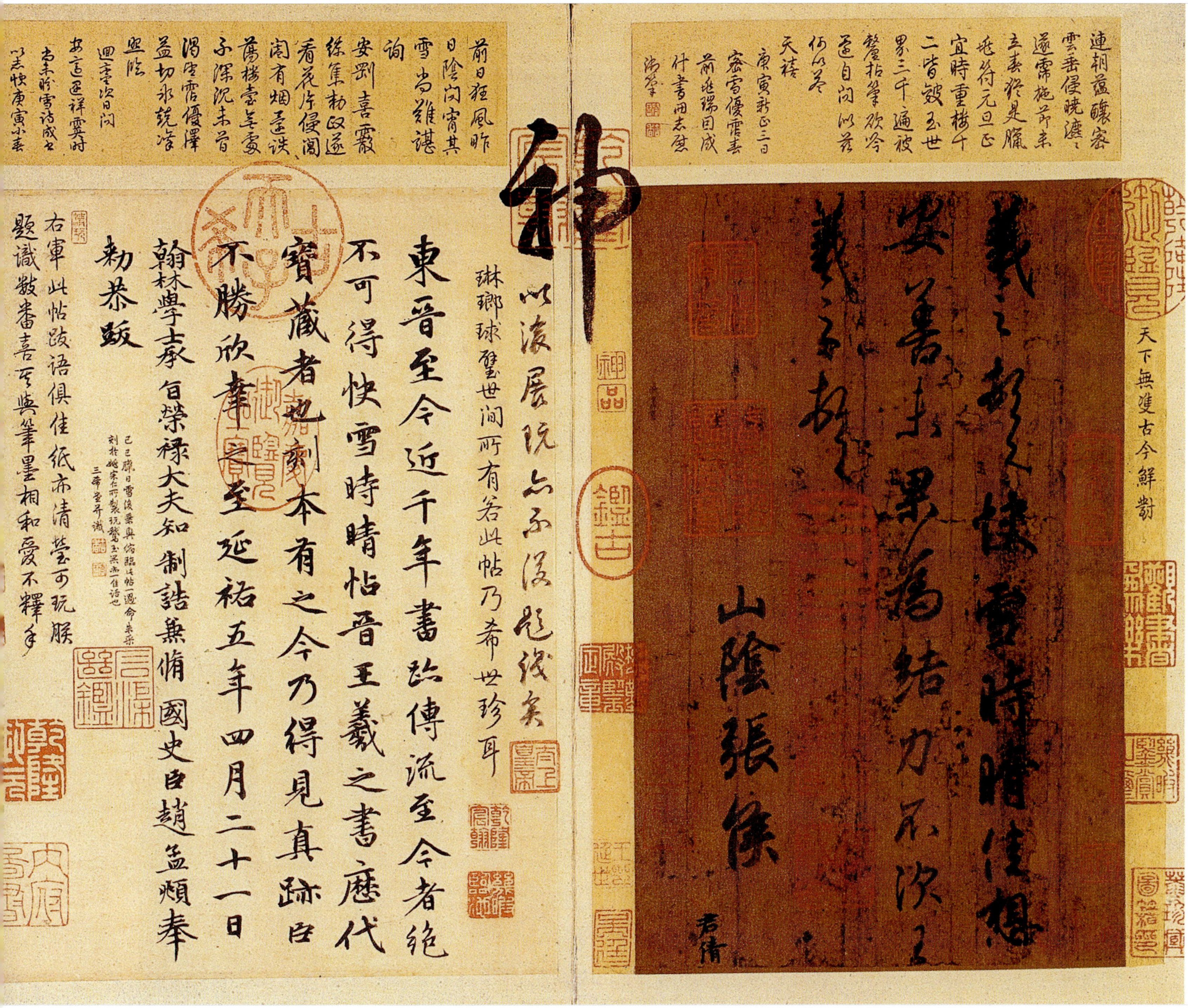

^ **WANG XIZHI**
Ein Text des »Weisen Kalligrafen«, der mit seinem Schaffen die chinesische Kalligrafie bis heute beeinflusst.

绘画 Malerei

Hinsichtlich der Philosophie, der Materialien und Techniken ist die chinesische Malerei eng mit der Kalligrafie verbunden. Wandmalerei und Personendarstellungen haben eine altehrwürdige Tradition, das höchste Ansehen genießt jedoch die Landschaftsmalerei – möglicherweise weil sie das Wesen der natürlichen Welt am direktesten widerzuspiegeln scheint.

Gemalt wurde auf Seide und Papier, mit Pinsel, Tusche und Wasserfarben; beliebte Formate sind lange, vertikale Rollen zum Hängen oder horizontale Bänder, die Szene für Szene von rechts nach links entrollt werden. Die chinesischen Landschaftsbilder offenbaren die Sehnsucht der Künstler nach einer Welt der Kultiviertheit und Schönheit. Auch Alben mit reizvollen Landschaftsminiaturen oder Szenen mit Vögeln, Blüten und Bambus, auf Fächer oder gerundete Quadrate gemalt, waren sehr beliebt.

LANDSCHAFTEN DER SONG-ZEIT

Sie gelten vielfach als der Höhepunkt der chinesischen Kunst. Die natürliche Ordnung einer Landschaft wurde als Sinnbild für die Ordnung in Politik und Staat gesehen. Besonders schön zeigt das die monumentale Gebirgsszenerie *Reisende mit Bergen und Strömen (rechts),* ein Werk des daoistischen

> **GLANZLICHTER DER KUNST**
Angesichts der von Fan Kuan als so erhaben dargestellten Natur fühlt sich der Betrachter klein.

Malers Fan Kuan (um 990–1020). In diesem großen, über zwei Meter hohen Gemälde ragen waldbedeckte Berge mit runden Kuppen steil in den Himmel, herabstürzende Wasserfälle betonen die gewaltige Höhe noch. Etwa in der Mitte wird die dominante Vertikale von einer Nebelbank durchbrochen. An dieser Stelle entsteht eine geheimnisvolle Leere, in der man Einsiedeleien oder Unsterbliche vermuten mag. Kompositorisch dient diese Ebene der Verbindung des Vordergrundes mit dem kolossalen Gebirge im Hintergrund. Im unteren Bilddrittel sind blanke Felsen zu sehen, außerdem Reisende und ein kleiner Tempel. Die Aussage ist deutlich: Die Menschen und ihre Werke wirken zwergenhaft angesichts der gewaltigen Natur.

TUSCHMALEREI

In deutlichem Kontrast zur prächtigen Landschaftsmalerei der Song-Zeit stehen die kargeren, trocken gemalten Tuschlandschaften der Yuan-Dynastie, insbesondere das Werk des großen, exzentrischen Künstlers Ni Zan. Man hat seine Malerei oft als ungegenständlich bezeichnet, als Variationen auf Motive wie Felsen, Wasser, Bäume und Bambus, die eine Aussage machen über die Persönlichkeit des Künstlers. Tatsächlich geht es der chinesischen Landschaftsmalerei nicht in erster Linie um die Reproduktion einer vorgefundenen Szenerie, sondern vielmehr um die Darstellung von Tugenden und Eigenschaften des Künstlers, um die Wiedergabe kosmischer Muster, um das Dao und manchmal auch um eine subtile, indirekte Kritik politischer Zustände.

> Das chinesische Wort für Landschaft ist *shanshui,* wörtlich »Berge und Wasser«, und diese sind auch Hauptelemente der gemalten Landschaften.

NI ZAN
Der bewunderte Künstler Ni Zan hat diese Tuschmalerei einer kargen Landschaft aus dem 14. Jh. mit einem kalligrafischen Kolofon ausgeschmückt.

TRADITIONELLE BILDROLLEN

Eine andere Art der Landschaftsmalerei findet man in den äußerst detailreichen, langhorizontalen Bildrollen, auf denen Zhang Zeduan gegen Ende der Song-Zeit das Stadtleben von Kaifeng darstellte *(S. 258/259).* Eine Vielzahl von Vignetten zeigt das Leben am Fluss, innerhalb der Stadtmauern: Zu sehen sind Gasthäuser, Läden, Schreibstuben, Schiffe und Menschen aller Stände und Berufe, die sich auf Straßen und Brücken drängen – ein anschauliches Zeugnis städtischen Lebens vor 900 Jahren.

KOLOFONE UND SIEGEL

Chinesische Malereien stehen selten für sich selbst, sondern sind meist vom Künstler oder Besitzer durch Schriftzüge ergänzt. Erstere nennen üblicherweise das Entstehungsdatum und geben knappe Erläuterungen zum Anlass der Arbeit, gelegentlich auch ein Gedicht, von dem die Inspiration ausging oder das wiederum auf das Bild zurückgeht. Spätere Besitzer setzten ihr Siegel dazu. In der engen Verbindung von Wort und Bild entstehen zusätzliche Bedeutungsebenen.

FIGURENMALEREI

Im Kanon der chinesischen Kunst nimmt die Landschaftsmalerei einen hohen Rang ein, doch gibt es auch eine lange Tradition figürlicher Malerei – lebendige und wunderschöne Darstellungen von Menschen und Tieren. Erst spät wurde die chinesische Malerei vom Realismus und der perspektivischen Darstellungsweise der westlichen Malerei beeinflusst. Allerdings belegen die Terrakotta-Krieger, die im Grab des Kaisers Xi'an gefunden wurden *(S. 84–85),* ebenso wie in Nordchina gefundene, griechisch beeinflusste Buddhastatuen, dass den antiken chinesischen Künstlern europäische Vorstellungen nicht unbekannt waren. Charakteristisch für die chinesische Maltradition sind die mit dem Pinsel gezeichneten Umrisslinien, nicht die Darstellung von Volumen, Schatten und Licht, die in der westlichen Kunst dominieren.

FLORALE KUNST
Li Shan ist der Maler dieses Blumenstücks mit Weiden und Pfirsichblüten (18. Jh.).

STADTLEBEN

> ZHANG ZEDUAN
Seine berühmte 528 cm lange Rolle *Am Fluss während des Qingming-Festes* befindet sich im Palast-Museum in Peking.

> STADTLEBEN
Die chinesischen Bildrollen werden von rechts nach links betrachtet. Am Ende der Rolle erscheint hier das Siegel des Besitzers.

< **FLUSSUFER**
Zhangs Bildrolle gibt mit der Darstellung von Kleidung und Architektur der Song-Dynastie ein Zeugnis der Lebensstile der unterschiedlichen Klassen der chinesischen Gesellschaft.

> **BADA SHANREN**
Diese Malerei aus dem 20. Jahrhundert ist eine Hommage an den berühmten Maler und Kalligrafen der Qing-Zeit, einem Meister der Tuschmalerei.

Selten haben Chinesen direkt nach der Natur gemalt; schon frühe Wandmalereien in Gräbern und Tempeln wie auch auf Keramikfliesen sind meist hochstilisiert. Dennoch vermitteln sie durchaus Dynamik, die durch verwischte Pinselstriche und durchscheinende Farbspritzer entsteht.

Die buddhistische Malerei gelangte von Indien nach China. Sie prägte Ikonografie, Farben und Stil der chinesischen Malerei nachhaltig. Auf diese Tradition geht auch die Betonung des Typologischen statt des Individuellen in der Porträtmalerei zurück. Buddhistische, daoistische und Volkskunst lieferten eine reiche Bilderwelt, Götter, Dämonen und Tempelwächter, die wiederum stark stilisiert sind. Andererseits gibt es sehr detailgetreue Darstellungen von Mönchen, Gelehrten und Philosophen, von Tieren und Pflanzen.

Eine andere Art der Malerei widmete sich den Hofdamen und eleganten Frauen in ihren Gemächern, den Kindern und Dienerinnen. Sie werden bei den verschiedensten Beschäftigungen gezeigt, reitend, webend oder beim Spiel. Von der Song-Dynastie an entstehen außerdem facettenreiche Szenen mit dem einfachen Volk, mit Soldaten, Schauspielern und Händlern. Mit der Entwicklung des Blockdrucks in der Ming-Zeit ließen sich auch Holzschnitte beliebter Helden aus Literatur und Theater preiswert vervielfältigen.

Unter jesuitischem Einfluss entwickelten sich in der Qing-Zeit Kaiserporträts, die auch von perspektivischer Darstellung Gebrauch machen. Vielleicht am eindrucksvollsten sind die Bildnisse des Kaisers Qianlong und die Serie von Porträts des Kaisers Yongzheng, die dessen Macht so spielerisch wie selbstbewusst zum Ausdruck bringt: Er ließ sich in den verschiedenen Trachten seines riesigen Reiches darstellen. In den Selbstporträts von Ren Bonian aus der späten Qing-Dynastie ist eine sehr eindrucksvolle Verbindung westlicher und chinesischer Traditionen gelungen. Die betonten Umrisslinien werden durch die dreidimensionale Darstellung der Figuren noch verstärkt.

^ **KAISER YONGZHENG**
Diese Porträts, die den Kaiser in verschiedenen Trachten zeigen, sind typisch für die westlich beeinflusste Porträtmalerei der späten Kaiserzeit.

诗 Dichtung

歌 Die Schriften des Konfuzius und andere philosophische wie religiöse Abhandlungen gehören zu den größten Schätzen der chinesischen Literatur. Darüber steht nur noch die Dichtkunst. Für Chinesen verkörpert sie die Integrität und moralische Haltung des Dichters und gilt als die erhabenste Form des emotionalen, philosophischen und geistigen Ausdrucks.

Generell wird der Ursprung der chinesischen Dichtung auf zwei uralte Quellen zurückgeführt: auf die bodenständigen, realitätsnahen Volkslieder einerseits sowie andererseits auf die Hymnen des konfuzianischen Buchs der Lieder und die Gesänge aus Chu (Chuci), jene Reisen in imaginäre Landschaften und mythische Welten, die dem schamanischen Dichter Qu Yuan (um 340–278 v. Chr.) zugeschrieben werden.

Besonders in der chinesischen Lyrik ist der Sprachklang prägend. Grundlegend ist daher nicht nur die Komposition, auch komplexe Rhythmen und tonale Muster sind zentral für die Wirkung eines Gedichtes. Diese Werke wurden nicht für die stille Lektüre, sondern für den öffentlichen Vortrag geschrieben. Noch heute lernen chinesische Kinder viele Gedichte auswendig, oft ohne ihren Sinn vollständig zu erfassen. Gedichte hatten stets ihren Platz im Alltagsleben, insbesondere bei der gebildeten Elite; von den Schriftkundigen erwartete man, dass sie bei gesellschaftlichen Anlässen aus dem Stegreif ein Gedicht verfassen konnten. Zeitweise gehörte das Dichten auch zu den Inhalten des kaiserlichen Prüfungssystems, denn man glaubte, dass sich darin der Charakter eines Menschen offenbare. Im Lauf der Zeit sind Gelegenheitsgedichte in großer Zahl geschrieben worden, und nicht wenige davon hatten über den Tag hinaus Bestand.

TAO YUANMING

Während der Epoche der Sechs Dynastien (220–598) wuchs die Zahl der Autoren, die literarisch anspruchsvolle Gedichte verfassten. Tao Yuanming war einer der beliebtesten Dichter dieser Ära. Hinsichtlich Themen und Bildwelt war seine Dichtung daoistisch inspiriert, doch er hielt auch, im Sinne der Konfuzianer, trauernd am Ideal einer verlorenen, einfacheren und besseren Zeit fest. Berühmt wurde sein Selbstporträt als einsiedlerischer Bauer, der friedlich in Armut lebt, das Land bestellend, trinkend und eins mit der Natur. Wein spielt in seiner Dichtung eine große Rolle, er erlaubt eine Flucht aus der täglichen Mühsal, dient aber gleichzeitig als Vermittler zur Natur. Taos Sprache ist bewusst einfach, dabei sind seine Themen philosophisch. Bekannt wurde die *Wundersame Geschichte vom Pfirsichblütenquell*. Darin erzählt Tao von einem Fischer, der auf eine versteckt lebende daoistische Gemeinde stößt, dort glücklich lebt und beim Abschied verspricht, niemandem davon zu erzählen. Er bricht sein Versprechen, doch niemand findet den Ort. Als Gedicht lieferte die Erzählung ein wichtiges Motiv daoistischer Literatur: die Suche nach einem verlorenen Utopia.

Hab mir unter Menschen ein Hüttchen gebaut,
und rollt auch manch Wagen vorbei,
mich stört es nicht, wiehern die Pferde laut.
Ihr fragt mich, warum das so sei?
Wenn das Herz sich fern von den Dingen hält,
liegt jeder Ort fernab vom Lärme der Welt.

Chrysanthemen pflück ich am Gartenzaun,
zu den Bergen gerichtet den Blick,
und kann nicht genug zu den Bergen schaun.
Mit den Vögeln kehr ich zurück.
Darin liegt ein Glück, so wahr und so schlicht,
wollt ich's euch auch sagen, ich könnte es nicht.

»Das große Glück«, Tao Yuanming

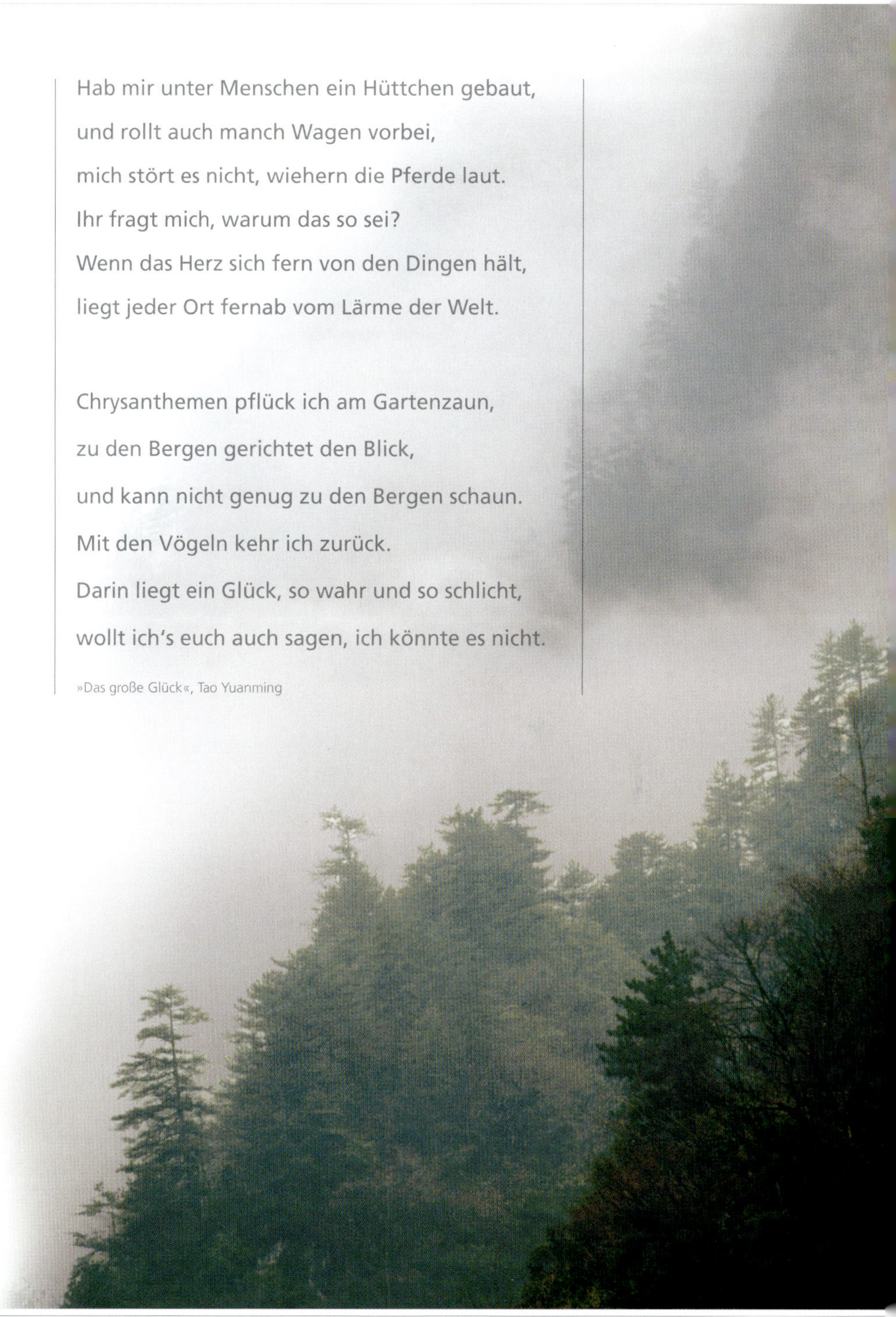

∧ BERGE IM NEBEL
Die friedliche Einsamkeit des Wolong-Tals im Himalaja erinnert an die idealisierten Landschaften, wie sie in vielen daoistischen Gedichten beschworen werden.

DAS GOLDENE ZEITALTER DER LYRIK

Die chinesische Dichtkunst erlebte ihren Höhepunkt während der weltoffenen Tang-Dynastie (618–907). Einige der größten Dichter Chinas lebten in dieser Zeit, in die auch die lange und ruhmreiche Herrschaft des Kaisers Xuanzong fiel (um 712–758; auch Minghuan genannt). Wang Wei, Li Bai und Du Fu – die Werke dieser drei Dichter repräsentieren die Hochzeit lyrischen Schaffens des alten China. In ihrer Poesie und Philosophie sind sie sehr unterschiedlich, was sie eint, ist ihre Fähigkeit, Gefühle in Worte zu fassen, die Zeit und Raum überdauert haben.

WANG WEI

Er war zugleich ein frommer Buddhist und ein konfuzianischer Staatsdiener; in seiner Dichtung greift er auch auf daoistische Themen und Bilder zurück. Wang Wei (um 701–761) war nicht nur einer der großen Dichter Chinas, sondern auch Gelehrter, Musiker und Maler, wobei sein malerisches Werk leider nicht erhalten ist. Viele seiner Gedichte, die er zum großen Teil auf dem Anwesen seiner Familie verfasste, sind Landschaftsbeschreibungen, die von Bäumen, Flüssen, Bergtempeln, dem Mond (einem Symbol der Erleuchtung) und im Wind bewegtem Bambus handeln.

Metaphern der selbstvergessenen Kontemplation, der Leere und Versunkenheit durchziehen seine Gedichte, über die gesagt wurde, sie glichen in ihrer ruhigen, transparenten Einfachheit einem tiefen Teich. Viele Texte beschäftigen sich mit der Sehnsucht nach wahrem Verstehen aus der Einheit mit der Natur; für diese stehen weise Fischer und Holzschnitzer, die der Dichter auf seinen Wanderungen trifft. Oft aber sitzt er auch die Laute schlagend in einem Bambusgehölz.

> Verlassene Berge, niemand zu sehen,
> Nur Echos von Stimmen irgendwo.
> Wo Sonne tief in den Wald eindringt,
> Scheint sie wieder auf dunkles Moos.
>
> »Das Hirschgehege«, Wang Wei

> Verborgen im Bambus sitz ich allein,
> Spiele auf meiner Laute und summe dazu.
> Hier tief im Wald, wo keiner mich kennt,
> Schaut nur der helle Mond mir zu.
>
> »Die Hütte im Bambus«, Wang Wei

DIE NATÜRLICHE WELT
Bambushaine und Wälder sind beliebte poetische Bilder der Tang-Zeit. Sie symbolisieren die daoistische Liebe zur Natur und die Sehnsucht nach Einklang mit ihr.

< **DER DICHTER LI BAI**
Auf diesem Gemälde zeigt der Maler Qiu Ling den »Verbannten Unsterblichen« Li Bai, der in seinem Pfirsichgarten Freunde empfängt (16. Jh.).

LI BAI

Von diesem Dichter, auch Li Bo genannt (702–762), sind 1 100 Gedichte überliefert. Er trug den Beinamen »Verbannter Unsterblicher«: Aufgrund von Intrigen musste er den Kaiserhof von Chang'an verlassen und verbrachte sein Leben auf Wanderschaft. Der Name weist aber auch auf seinen freimütigen Charakter und seine zahlreichen spirituellen Reisen im Sinne des Daoismus hin.

Li Bais Herkunft liegt im Dunkeln; er selbst liebte es, sein Leben mit geheimnisvollen Erzählungen auszumalen. Sein unkonventionelles Verhalten, seine Vorliebe für Alkohol und die Frauen sind in China sprichwörtlich. Sein rastloses Umherwandern fiel in eine Zeit, als das Tang-Reich vor seiner Auflösung stand. Dennoch ist seine Dichtung, anders als die seines jüngeren Zeitgenossen Du Fu, nicht unglücklich oder pessimistisch.

Getragen von spielerischer Spontaneität, gelingen ihm grandiose Verse und verblüffende sprachliche Bilder. Ganz im Sinne der daoistischen Tradition geht es ihm um das Leben im Einklang mit der Natur, aber er schreibt auch über Situationen in der Schänke oder am kaiserlichen Hof. Sein Hauptthema ist die Suche nach Lebensfreude. Der Legende nach soll er bei dem Versuch, den sich im Wasser spiegelnden Mond zu umarmen, ertrunken sein.

Hier zwischen Blumen ein Krug mit Wein.
Keine Freunde zugegen, trink ich allein.

Ich hebe den Becher zum hellen Mond, lad ihn ein.
Mit meinem Schatten sind wir nun drei.

Der Mond versteht nichts vom Trinken,
Doch mein Schatten tut es mir gleich.

Mond und Schatten sind meine Gefährten für einige Zeit,
um fröhlich zu sein, solange der Frühling verweilt.

Ich singe, und der Mond schaut mir zu.
Ich tanze, und mein Schatten taumelt umher.

Noch nüchtern sind wir lust'ge Kumpanen,
Im Rausch geht jeder seines Weges

Lasst uns vereint jenseits irdischer Sorgen wandern.
Und Pläne schmieden uns weit im Sternenfluss wiederzusehen.

»Einsamer Trunk im Mondenschein«, Li Bai

DU FU

Du Fu (712–770) ist der Konfuzianer im Dichter-Dreigestirn der Tang-Zeit, ein Mann von großer Integrität und Leidenschaft, der sich in einer unruhigen und blutigen Epoche für das Land und die leidenden Menschen einsetzte. Vor dem Hintergrund seiner zerrissenen Zeit schuf er ausdrucksstarke, tiefsinnige Gedichte über die Folgen aktueller und historischer Ereignisse für den Menschen. Häufig handeln seine Gedichte von ihm selbst und seiner Familie, von der er durch den Bürgerkrieg getrennt war. Seine Wanderschaft war, im Unterschied zu jener des Li Bai, keine frei gewählte Lebensform, sondern erzwungen. Mehrfach musste er in seinen letzten Lebensjahren die Flucht ergreifen – ein sorgenfreies Leben kannte er nicht. So spiegeln die Werke von Du Fu und Li Bai zwei extrem verschiedene Biografien und Persönlichkeiten aus derselben Epoche wider.

In ihrer formalen Strenge, mit der Fülle historischer Anspielungen, aber auch in ihrer mitfühlenden Parteilichkeit steht Du Fus Lyrik modernen Lesern möglicherweise näher als die Li Bais. Er verbindet Gedanken über die Einflüsse des Kosmos und der Natur mit Schilderungen der Welt der Menschen, er konzentriert sich auf Details, geht dann wieder auf Distanz und gelangt so zu ebenso intimen wie umfassenden Einsichten. In China gilt er als einer der größten nationalen Dichter, doch auch außerhalb Asiens berühren die persönlichen wie überindividuellen Gedanken dieses erregten, oft auch selbstironischen Mannes bis heute.

Die Land zerstört, geblieben nur Flüsse und Hügel.
Frühling in der Stadt, üppige Pflanzen und Bäume.
Die Zeiten beklagend, vergießen Blumen Tränen,
Gegrämt über den Abschied,
schrecken die Vögel das Herz.
Alarmfeuer des Krieges brennen schon drei Monde
Ein Brief aus der Heimat,
Tausende Goldstücke wert.
Finger fahren durch weißes Haar, bis es dünn wird,
Und beinah keine Haarnadel mehr hält.

»Ankunft des Frühlings«, Du Fu

Ein einsamer Raubvogel hoch oben am Himmel,
Zwei weiße Möwen zwischen den Ufern des Flusses.
Schwebend, vom Wind hin und hergeworfen,
angriffsbereit;
wandert das Paar unbekümmert hin und her.
Und auch der Tau liegt dick auf den Gräsern,
Spinnenfäden noch überall.
Wandel in der Natur wirkt auf der Menschen Leben
Ich stehe allein inmitten Tausender Sorgen.

»Ich steh' allein«, Du Fu

< HOMMAGE AN DU FU
Dieses Landschaftsbild gehört zu einem zwölfteiligen Zyklus, den Wang Shimin (16. Jh.) nach der Lektüre von Gedichten Du Fus malte.

BAI JUYI

Bai Juyi (772–846), lebte in einer weniger bewegten Zeit der Tang-Dynastie als Li Bai oder Du Fu. Vor allem die Satiren über die Ungerechtigkeiten, die einfache Menschen zu erdulden haben, sind im modernen China hochgeschätzt. Auch Bai Juyi kannte Höhen und Tiefen. Häufig geriet er wegen seiner Ansichten in Konflikt mit dem Hof. Durch die bewusst einfache Sprache ist seine Dichtung eingängig. Seine Verse wurden an die Wände von Wohnhäusern und Wirtshäusern geschrieben – von Lesern, die ihr Vergnügen mit anderen teilen wollten. Seine berühmtesten Werke sind wohl zwei längere Erzählgedichte über die unglückliche Beziehung zwischen Kaiser Xuanzong und seiner Gefährtin Yang Guifei und über einen Lautenspieler, der ins Unglück stürzt.

Häufig bedient sich Bai Juyi der Figur eines alten Mannes, der sich in die Berge zurückgezogen hat und dort in wilde Gesänge ausbricht, voller Seligkeit über das Einssein mit der Natur. Eines der bewegendsten Gedichte ist die Klage über den Tod seiner Tochter.

Gebrochen und krank – ein Mann von Vierzig,
Arglos und hold – ein Mädchen von drei.
Kein Sohn, doch besser als nichts,
um das Herz zu betören – mitunter ein Kuss.
Dann kam der Tag, da sie mir plötzlich entrissen.
Ihrer Seele Schatten entwich, ich weiß nicht, wohin.
Wenn ich mir in die Erinnerung rufe, wie sie gerade
Anfing zu sprechen und Worte zu bilden,
So weiß ich genau, dass die Bande des Blutes
Uns nur zu Kummer und Sorge verbinden.
Bei ihrem Tod rief ich mein Dasein zurück,
bevor sie geboren,
Und bannte den Schmerz durch weise Vernunft.
So vergaß sie mein Herz. Es vergingen die Tage,
Und dreimal schon kehrte sich Winter in Lenz.
Heut früh jedoch schmerzte die alte Wunde:
Ich traf auf dem Wege Goldglockes Amme.

»Erinnerung an Goldglocke«, Bai Juyi

> BAI JUYI
Der Dichter entstammte einer armen Gelehrtenfamilie. Seine unkomplizierte Sprache machte ihn berühmt.

KLASSISCHE LITERATUR

DIE GROSSEN ROMANE CHINAS

古典文学

Die Lyrik gehörte stets zum privaten und öffentlichen Leben der Eliten Chinas. Prosatexte dagegen wurden lange Zeit als »seichtes Geschwätz« angesehen und genossen geringeres Ansehen. Dichter brüsteten sich gerne ihrer Werke, Romanschriftsteller dagegen blieben häufig ungenannt; über ihr Leben ist wenig bekannt. Gleichwohl waren Romane bei den Lesern äußerst beliebt. Vor allem die großen Romane wurden wieder und wieder gelesen, hatten großen kulturellen Einfluss, und die damals aufgeschriebenen Geschichten werden bis heute weiterverarbeitet: in Theaterstücken, Fernsehserien, Comics und sogar in Computerspielen.

小说之源

Ursprünge

Manche sehen den Beginn der erzählenden Literatur Chinas in den spielerischen und tiefsinnigen Parabeln des daoistischen Klassikers *Zhuangzi (S. 244)*. Die fiktionale Literatur dürfte aber noch stärker von den dynastischen Geschichtsbüchern beeinflusst worden sein. Zu

diesen gehört etwa das *Zuozhua*, die *Frühling-und-Herbst-Chronik* aus dem 4. Jahrhundert v. Chr., mit minutiösen Schilderungen der Intrigen und Kämpfe am Hof. Beispielhaft waren auch die Biografien von Kaisern, Kaiserinnen, Generälen, Beamten, Kriegsfürsten, Attentätern etc. Der Hofgeschichtsschreiber Sima Qian (um 145–185 v. Chr.) fasste sie im *Shiji* (*Buch der Geschichte*) zusammen, jener »Bibel« der chinesischen Geschichtsschreibung. Sein Erzählstil, die Verwendung direkter Rede und die Art der Charakterdarstellung wurden zum Vorbild für die offizielle Wiedergabe der chinesischen Geschichte wie auch für die erzählende Literatur.

BERICHTE VOM UNGEWÖHNLICHEN

Vom 4. Jahrhundert n. Chr. an entwickelte sich das Genre magischer Erzählungen. Den Grundstein hierfür legte das *Zhiguai* (*Berichte über Geister und Dämonen*), eine Sammlung kurzer Anekdoten und Geschichten, verfasst von daoistischen und buddhistischen Autoren, die ihre religiös-philosophischen Botschaften vermitteln wollten. In der Form historischer Biografien berichten die Geschichten des *Zhiguai* über außergewöhnliche Ereignisse, befremdliche Wesen und die Wunder, die Heilige und Weise vollbracht haben.

ÜBERLIEFERTE MERKWÜRDIGKEITEN

In der Tang-Dynastie (618–907) entwickelten sich solche Erzählungen zu anspruchsvolleren Geschichten, zu den *Chuanqi* oder *Überlieferten Merkwürdigkeiten*. Geschrieben wurden sie häufig von jungen Gelehrten, die ihre literarischen Fähigkeiten unter Beweis stellen wollten. In poetischem, elegantem Stil handeln viele dieser Erzählungen von unglücklichen Beziehungen zwischen schönen Frauen oder Kurtisanen und

> »Nur aus einem Grund wird meine Art von den Menschen verachtet und gehasst. Sie denken, wir fügen ihnen Leid zu. Ich bin nicht so. Wenn du mich nicht fortstößt, dann werde ich dir bis ans Ende meiner Tage als dein Weib dienen.«
>
> *Die Geschichte des Fräulein Ren*

jungen Gelehrten, die sich einer Liebschaft hingeben, bevor sie ein respektables Leben als Beamte und Ehemänner beginnen. Am bekanntesten wurde wohl die unglückliche Romanze zwischen der leidenschaftlichen und rätselhaften Yingying und Zhang, einem seriösen Gelehrten. Dieser entschließt sich, die Geliebte zu verlassen, weil er fürchtet, dass sie in ihrer unkonventionellen Art seiner Karriere und seinem Ruf schaden werde. Noch immer wird über diese Novelle hitzig debattiert, mal überwiegen dabei die Argumente zu seinen, mal zu ihren Gunsten.

FRÄULEIN REN

Shen Jiji, die *Geschichte des Fräulein Ren*, gilt als Kabinettstück der chinesischen Fuchsgeistergeschichten. Erzählt wird, wie die Fuchsfee treu zu ihrem wenig attraktiven menschlichen Geliebten steht und wie sie diesem und seinem Freund mit einer Reihe von Plänen und Zaubereien zu Reichtum und Ansehen verhilft. Bei all ihren magischen Fähigkeiten verfügt Fräulein Ren doch über keinerlei praktisches Geschick – sie kann noch nicht einmal ihre Kleider nähen. Und so kann sie auch nicht ihren Tod abwenden, als sie von Jagdhunden gejagt wird. Sterbend verwandelt sie sich wieder in eine Füchsin, ihre Kleider bleiben zurück wie der verlassene Panzer einer Zikade.

Es sind solche Stoffe, die ins Gewebe der chinesischen Kultur geflochten sind, die immer wieder erzählt und in andere Formen gegossen wurden, so in Opern, Lyrik, bildende Kunst und heute auch in Filme.

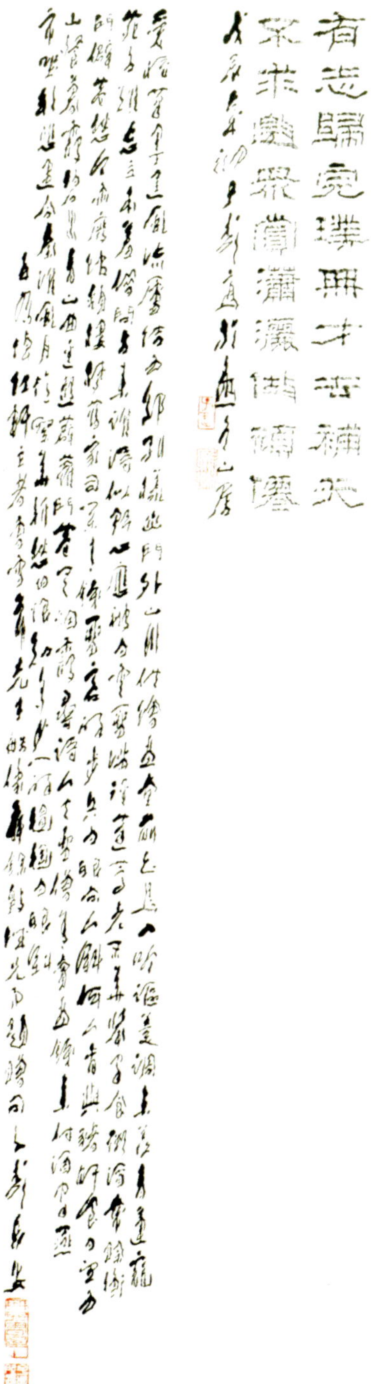

六大奇书 Die sechs klassischen Romane

Während der Ming-Dynastie (1368–1644) entstand ein neues Genre: umfangreiche Romane, nicht im klassischen Stil, sondern eher umgangssprachlich geschrieben. Vier Meisterwerke lieferten das Vorbild: *Die Geschichte der drei Reiche*, Luo Guanzhong zugeschrieben (um 1330–1400); *Die Räuber vom Liang-Shan-Moor* vom selben Autor oder aber von Shi Nai'an, *Jin Ping Mei* von einem anonymen Meister sowie *Die Reise nach Westen* von Wu Cheng'en (um 1506–1582).

Zu diesen kamen während der Qing-Dynastie (1644–1911) zwei weitere: *Die inoffizielle Geschichte des Gelehrtenwalds* von Wu Jingzi (gest. 1754) und *Der Traum der roten Kammer* von Cao Xueqin (um 1715–1763). Natürlich gibt es unzählige weitere Romane, doch gelten diese sechs noch immer als die Krönung chinesischer Romankunst.

> EIN GROSSER AUTOR
Cao Xueqin entstammte einer reichen mächtigen Familie, die ins Unglück stürzte. Sein Roman *Der Traum der roten Kammer* gilt als teils autobiografisch.

> ZEICHEN DER NIEDERLAGE
In der Nacht vor der entscheidenden Schlacht hört der böse Held Cao Cao, in einem Boot stehend, krächzende Krähen: Er wird die Schlacht verlieren.

三国演义

Die Geschichte der drei Reiche

Der Roman *Die drei Reiche* spielt nach dem Ende der Han-Dynastie (220 n. Chr.), als die drei Königreiche Wei, Wu und Shu Han um die Herrschaft kämpften. Der Roman basiert auf der historischen Wirklichkeit und verfolgt das Schicksal der drei Herrscher und ihrer Nachfahren. Dabei konzentriert sich die Erzählung im Wesentlichen auf Liu Bei, der Herrscher von Shu Han, und seine Schwertbrüder, den stolzen Guan Yu und den wilden, aufbrausenden Krieger Zhang Fei.

> Die Welt strebt nach einer langen Zeit der Trennung zur Einheit; und nach einer langen Zeit der Einheit wiederum zur Trennung. Das ist so seit alters her.
>
> *Die drei Reiche*, Luo Guanzhong

Liu Bei ist ein armer, entfernter Verwandter der Han, der mithilfe des weisen Zhuge Liang an die Macht gelangt. Diesen hat er aus seiner Einsiedelei gelockt und zu seinem engsten Berater erwählt. Nach dem Tod des Helden versucht der treue Zhuge Lian, den Traum seines Herrn zu verwirklichen und China unter dem Banner der Shu Han wieder zu einen.

Liu Bei wird als aufrechter, aber schwacher Herrscher gezeichnet. Sein größter Fehler ist es, dass er den Tod seiner Schwertbrüder ohne Rücksicht auf die Kosten für das Reich rächen will. Seine Gefährten Guan Yu (der Kriegsgott Guan) und Zhang Fei waren schon lange vor dem Roman Luo Guanzhongs populäre Fantasiehelden. Doch im Verlauf dieser Erzählung verlieren die tapferen Krieger mehr und mehr an Statur.

Liu Beis Rivale ist Cao Cao, der Herrscher von Wei. Der historische Cao Cao war ein charismatischer Führer und Dichter mit einer großen Anhängerschaft. Doch auf der Bühne und in der Literatur wurde er – wie Richard III. von England – als beispielloser Schurke porträtiert. Auch der Roman zeichnet eine skrupellose, gleichwohl attraktive Gestalt. Er lacht den Gefahren des Lebens ins Gesicht, ganz anders als sein larmoyanter Gegenspieler Liu Bei. Aus derlei kontrastierenden Charakteren gewinnt der Roman viel von seiner Faszinationskraft.

Viele halten Zhuge Liang für den eigentlichen Helden des Romans. Seine Listen und Fähigkeiten nehmen die Leser gefangen. In einer Episode etwa stiehlt er den Feinden die Pfeile und setzt ihre Schiffe mithilfe eines magischen Windes in Brand. Andere Gegner lockt er mit dem Trick der »leeren Stadt« in einen Hinterhalt. Mit der Kraft seiner Worte ist Zhuge Liang sehr überzeugend, und er hat magische Fähigkeiten zur Verfügung. Doch letztlich überschätzt er sich, und obwohl er seinem Herrn treu ergeben ist, bringt er seinen Plan dadurch in Gefahr.

Die Erzählung umfasst 300 Jahre. Sie endet mit der erneuten Einigung Chinas, zunächst unter den Sui, dann unter den glanzvollen Tang. Ein besonders überzeugender Aspekt des Romans *Die drei Reiche* ist sicher die komplexe Erzählweise mit zahlreichen Nebenhandlungen, die jede wiederum genügend Stoff für einen eigenen fesselnden Roman böte. Sprachlich ist der Roman recht einfach, aber mitreißend geschrieben, in einem der Volkssprache angenäherten Stil. 120 Kapitel, einige Hundert Figuren – dieser gewichtige Roman war prägend nicht nur für die chinesische, sondern für die Kultur ganz Südostasiens. Das geht so weit, dass viele Koreaner den Roman für ihr Nationalepos halten. Und seine Helden haben in Comics ebenso wie in Büchern zur Managementstrategie und anderen Texten überlebt.

< SCHWER VERLEUMDET
Der Geschichtsschreibung zufolge war Cao Cao, der Bösewicht aus den *Drei Reichen,* ein brillanter Herrscher, als Romanheld ist er listig und verräterisch.

> Wir drei schließen einen Bruderbund, verbinden Kraft und Entschluss, um die Krise zu beenden. Wir werden unsere Pflicht dem Kaiser gegenüber erfüllen und das einfache Volk beschützen. Wir dürfen kaum hoffen, stets die gleichen Wege zu gehen, aber wir schwören, am gleichen Tag zu sterben.
>
> Der Eid im Pfirsichgarten, *Die Geschichte der drei Reiche*

∧ MODERNE ADAPTIONEN
Die aktionsgeladene Geschichte *Die drei Reiche* mit ihren zahlreichen Schlachten lieferte jede Menge Stoff für moderne Umsetzungen in Film und Fernsehen.

< EINE RÄUBERBANDE
Die Helden des Liang-Shan-Moor, vor allem die 102 Hauptleute, wurden zu beliebten Figuren der chinesischen Literatur.

水浒传 Ein Rebellenroman

Überzeugt vom großen Einfluss des geschriebenen Wortes – im Guten wie im Bösen –, ließen konfuzianische Beamte den Roman *Die Räuber vom Liang-Shan-Moor* immer wieder verbieten. Dass er zu Mao Zedongs Lieblingsbüchern gehörte, scheint diese Furcht zu bestätigen.

Die Geschichte geht auf ein Volksbuch aus dem 13. Jahrhundert zurück, aufgeschrieben von Shi Nai'an. Es wurde 1624 von Kin Shong Tan für seine Sammlung »Die vier merkwürdigen Bücher« neu herausgegeben, worüber die ältere, längere Ausgabe in Vergessenheit geriet. Diese hat der Beijinger Literaturwissenschaftler Hu Shi 1933 rekonstruiert. Erzählt wird, wie sich eine Räuberbande zu einem Gemeinwesen von Rebellen entwickelt. Die Männer, die so zusammenfinden, sind Opfer der Machenschaften korrupter Beamter. In vielen Episoden wird ihr Weg ins Moor von Liang Shan geschildert, und so entsteht ein pralles Bild des Lebens an Fluss und Landstraßen, auf Märkten, in Schänken, Bauernhäusern und Palästen des 12. Jahrhunderts. Gegen die Raffgier höherer Beamten, hinter denen als oberste Ränkeschmiede kaiserliche Hofbeamte stecken, treten archaische, mit unglaublichen Waffenkünsten, Körperkräften und Magie begabte Helden an. Unter ihnen die Hauptfigur des Romans, Lu Ta, der Eiserne Mönch, der seine ungestüme Kämpfernatur in der Mönchskutte bezwingen will und mit seiner Fress-, Sauf- und Rauflust ein ganzes Kloster in Aufruhr versetzt. Zum Anführer der Rebellen wird Sung Kung Ming: Der Provinzbeamte fällt wegen seines Gerechtigkeitssinns in Ungnade, nimmt aus Gehorsam gegenüber dem Vater die Verbannung auf sich, gerät dabei in Intrigen, wird aber von seinem Kerkermeister und späteren Waffenbruder Li Kweh befreit.

Als 102 Helden samt Mannschaften auf der Bergfeste im Moor versammelt sind, nimmt die Bande den Kampf gegen den Provinzfürsten auf. Wegen ihrer Wohltaten, die sie mit Raub- und Kriegszügen dem einfachen Volk erweisen, aber wohl auch wegen der konfuzianischen Tugenden ihres Anführers werden sie schließlich vom Kaiser begnadigt und als kaiserliches Heer gegen die Tartaren eingesetzt. Viele werden erschlagen, die Heimkehrer werden reich belohnt. Sung fällt schließlich einem Anschlag seiner höfischen Widersacher zum Opfer und nimmt den Eisernen Mönch mit in den Tod, damit er nicht erneut Unruhe stiftet. Die Romanfiguren sind keine reinen Helden, doch sie verkörpern das Ideal der chinesischen Kriegskunst und Gerechtigkeit.

> Einem chinesischen Sprichwort folgend, sollten Alte *Die Geschichte der drei Reiche* nicht lesen, weil der Roman sie zu Ränkeschmieden mache; und Junge *Die Räuber von Liang-Shan-Moor* meiden, weil deren Lektüre sie zur Rebellion aufstachle.

金瓶梅 Jin Ping Meh

Der Roman gehört in den Erzählkreis der *Räuber vom Liang-Shan-Moor*. Geschildert werden die Affären des Ximen Qing, eines reichen Kaufmanns mit verschiedenen Frauen und Geliebten. Es ist ein Sittenroman mit alltäglichen und erotischen Passagen, der das Leben in Haus und Hof der Ming-Zeit schildert. Luxus und Armut werden ebenso geschildert wie üble Geschäfte und sexuelle Spiele. Drastische Schilderungen für eine moralische Absicht: Der anonyme Autor wollte seiner Zeit den Spiegel vorhalten. Das Lotterleben des Ximen Qing führt zu seinem Sturz – eine Metapher auf den Sittenverfall der Ming-Zeit. Entsprechend fällt schließlich die Strafe für ihn und seine grausame Geliebte Pan Jinlian aus: Einer der Helden aus dem *Liang-Shan-Moor* erschlägt sie, um den Tod seines Bruders zu rächen.

Auch der Autor soll Rache geübt haben: Angeblich schilderte er hier einen Beamten, den er für den Tod seines Vaters verantwortlich machte. Er spielte ihm ein Exemplar zu, dessen Seiten mit Gift präpariert waren. Dieses soll den Beamten getötet haben, nachdem er seine Finger zum Umblättern stets mit der Zunge befeuchtete.

< KRIEGSKÜNSTE
Von *Kung Fu* und anderen Kampftechniken bestimmte Szenen inspirierten viele spätere Romane und dann auch Filme und Fernsehserien.

GROSSE OPER
Ein Schauspieler trägt Maske und Kostüm des Affenkönigs: *Die Reise nach Westen* lieferte den Stoff für eine beliebte Peking-Oper.

西游记 Die Reise nach Westen

Diesen so komischen wie fantastischen Roman aus der Ming-Zeit bevölkern einige der bekanntesten Figuren der chinesischen Literatur. Er spielt zur Zeit der Tang-Dynastie und erzählt von der Reise des legendären Mönchs Xuanzang, der nach Indien reiste, um buddhistische Texte nach China zu bringen. Dessen Rolle übernimmt im Roman der heilige, jedoch ungeschickte und weinerliche Tripitaka. Begleitet wird er von einem wirren Trupp Helfer, die der Bodhisattva Guanyin *(S. 247)* zu seinem Schutz bereitgestellt hat. Ihr Anführer ist der ungestüme Affenkönig, der aus dem Himmel verbannt wurde, weil er der Königinmutter die Pfirsiche der Unsterblichkeit gestohlen hat *(S. 238)*. Des Weiteren gehören zwei ehemalige Himmelsgenerale, Pigsy und Sandy, zu Tripitakas Schutzmannschaft, die sich ebenfalls von ihrer Schuld reinigen sollen. Der ewig hungrige Pigsy ist während einer Feier der Götter im Rausch derart entgleist, dass er auf die Erde verbannt wurde. Sandy, in einen Flussdämon verwandelt, lebt im irdischen Exil, weil er den Kristallpokal der Königinmutter zerbrochen hat.

Unterwegs werden die unerschrockenen Wanderer immer wieder von den verschiedensten Ungeheuern und mythologischen Geschöpfen angefallen, die den festen Glauben haben, sie würden unsterblich, wenn sie den heiligen Tripitaka verzehrten. Doch jedes

AFFENTHEATER
Der großmäulige Affenkönig sorgt wie üblich für Chaos, hier in einem Frauengarten.

> In alten Zeiten war einmal ein magischer Felsen auf dem Berg der Blumen und Früchte ... Millionen Jahre lang ein bevorzugter Ort für die Elemente der Natur. Eines Tages jedoch sprang der Felsen plötzlich auf, ein steinernes Ei kam zum Vorschein und aus diesem ein steinerner Affe.
>
> *Die Reise nach Westen,* Wu Cheng'en

Mal gelingt es den magischen Schülern des Mönchs, die Gefahr abzuwenden. Vor allem der Affenkönig tut sich dabei hervor, der nicht nur seinen magischen Knüppel schwingen, sondern sich auch in Fisch, Vogel oder Libelle verwandeln kann. Am Ende der 14-jährigen Reise werden die Schüler für ihre Taten belohnt, indem sie wieder in den Himmel aufgenommen werden.

BUDDHISTISCHE EINFLÜSSE

Der philosophische Kern des Romans ist ein Satz aus der *Herz-Sutra,* nämlich: »Leere ist Form, Form ist Leere.« Darin ist eine buddhistische Grundüberzeugung zusammengefasst, der zufolge alles Illusion (Leere) ist, weswegen Erleuchtung nur erlangt, wer sich von allen irdischen Bindungen (Form) befreit, auch von so positiven Gefühlen wie Liebe oder Mitleid. Entschiedener als der Mönch nimmt sich der Affenkönig – dessen Name *Wu Kong* mit »die Leere verstehen« zu übersetzen ist – diese Botschaft zu Herzen. Am Ende des Romans erlangen die Gefährten jedoch beide die Erleuchtung.

VOLKSKULTUR

Die Episoden des Romans sind in China und Japan Allgemeingut, insbesondere die Heldentaten des unerschütterlichen Affenkönigs, dessen charakteristische Züge man ebenso auf Briefmarken findet wie im Olympia-Logo für die Spiele des Jahres 2008. Und natürlich werden die Figuren und Geschichten auch im Kino, im Fernsehen, auf der Bühne oder in Computerspielen in immer neuen Variationen eingesetzt.

> Zusammen begaben sich der Affenkönig und Meister Tripitaka auf die Reise ins Paradies des Westens. So begann ihre Pilgerreise zu den buddhistischen Schriften.
>
> *Die Reise nach Westen,* Wu Cheng'en

DIE PILGER
Diese Figuren aus Eselshaut zeigen die Helden der *Reise nach Westen:* Affenkönig, Pigsy, Sandy und Tripitaka.

儒林外史 Im Gelehrtenwald

Von Wu Jingzi stammt der Kurzroman *Die inoffizielle Geschichte des Gelehrtenwaldes* (1749). In 55 locker verbundenen Kapiteln wird darin die Gelehrten- und Beamtenhierarchie Chinas mit satirischem Realismus und in bewusst volkstümlichem Stil aufs Korn genommen. Die Handlung entspannt sich um eine Gruppe konfuzianischer Gelehrter, die während der Ming-Dynastie in der reichen Küstenregion Südostchinas lebt.

Erbarmungslos verspottet Wu Jingzi den Niedergang der schriftkundigen Klassen jener Zeit, die Ungerechtigkeiten des kaiserlichen Prüfungssystems und die sozialen Ungleichheiten, die es erzeugt. Mit Paaren gegensätzlicher Figuren und teils autobiografisch gefärbt, schildert der Roman Szenarios des Alltagslebens, porträtiert Möchtegern-Gelehrte, Hochstapler, Geizhälse und Intriganten, aber auch fehlgeleitete Idealisten und grausame Richter. Die einen suchen, statt die vorgeschriebenen Laufbahnen einzuschlagen, das angenehmere Leben als Künstler oder aber das spirituelle Leben eines Einsiedlers. Andere wiederum ziehen Geld, Einfluss und Erfolg der Wahrheitssuche vor.

< BERGEREMITEN
Im Gelehrtenwald erzählt die Geschichte von Wang Mien, einem berühmten Maler, der sich dem Einfluss der Mächtigen entzieht und das Leben als Eremit vorzieht.

^ **ADELIGE DAMEN IM GARTEN**
Untypisch für die chinesische Literatur sind im *Traum der roten Kammer* Frauen die Hauptfiguren und erweisen sich als fähiger als ihre männlichen Gegenspieler.

石头记 Der Traum der roten Kammer

Auch bekannt als *Geschichte des Steins*, stellt dieser Roman einen Höhepunkt der chinesischen Literatur dar und ist der wohl bekannteste unter den »Sechs Klassikern«.

Jahrelang arbeitete Cao Xueqin an diesem Roman, abgeschlossen hat ihn Gao E (1792), wobei über den literarischen Wert dieser Ergänzungen bis heute gestritten wird. Der Roman ist eine komplexe Mischung aus Mythos, Allegorie und historischen Ereignissen, der überdies verschiedene Anfänge hat. Es geht um Aufstieg und Fall einer adeligen Familie. Im Mittelpunkt steht das Leben des exzentrischen Jia Baoyu, des unangepassten Sohnes des wohlhabenden und einflussreichen Jia Zheng, und dessen Cousinen, die feine und sensible Lin Daiyu und die konventionellere, aber hochintelligente Xue Baochai. Ihre Schicksale sind symbolisch, aber auch emotional eng miteinander verknüpft. In der Idylle ihres Gartens, hinter den Mauern des Anwesens der Jia, führen sie ein abgeschiedenes Leben. Doch immer stärker machen sich Eingriffe einer korrupten Außen- und Erwachsenenwelt in ihrem Leben bemerkbar. Nach dem Tod seiner geliebten Daiyu entsagt Baoyu der Welt und wird buddhistischer Mönch.

> Der ganze Garten wurde zu einem schimmernden See nickender Blüten und flatternder bunter Bänder.
>
> *Der Traum der roten Kammer,* Cao Xuekin

Der Roman ist voller Detailschilderungen und Beschreibungen architektonischer und kultureller Aspekte der damaligen Zeit. Mit facettenreichen Charakterporträts ist dies aber vor allem der erste Roman Chinas, der die psychologischen und emotionalen Prozesse des Erwachsenwerdens auf eine so reiche und komplexe Weise darstellt, und zwar so, dass er Leser bis heute fasziniert. Zugleich liefert er ein Bild des privaten Lebens aus der Zeit der Qing-Dynastie mit durchaus sozialkritischen Untertönen.

Neben – auch westlichen – Verfilmungen und Verarbeitungen als TV-Serie widmet sich eine ganze Industrie dem Roman. So gibt es nicht nur Nachbauten des Jia-Anwesens, sondern unendlich viel Forschungsliteratur zu diesem Werk, die – ähnlich wie die Literatur zu Shakespeare im Westen – Bibliotheken füllt.

> **FLIEGENDES HIMMELSWESEN**
Übernatürliche Frauengestalten bevölkern die Erzählungen von Pu Songling. Dieses Gemälde einer Himmelsnymphe stammt aus den Mogao-Höhlen bei Dunhang.

短篇小说 Kurzprosa

Im 17. Jahrhundert erlebte die Kurzprosa eine Blütezeit: realistische Geschichten vom Leben einfacher Leute, von Kaufleuten, Händlern, kleinen Beamten und Dienstboten. Sie sind im Ton der Erzähler vom Marktplatz verfasst, also in der Sprache des Volkes. Durch den mündlichen Erzählstil wirkten sie besonders unmittelbar und hatten meist eine moralische Pointe. Nachdem die Qing die Macht erlangt hatten (1644), erlebte diese Tradition einen Niedergang. Erst heute regt sich wieder das Interesse an solchen Erzählungen.

Ein Erzähler allerdings blieb durchgängig beliebt: Pu Songling (1640–1715). Seine Sammlung *Seltsamer Geschichten aus dem Gelehrtenzimmer* im klassischen Hochchinesisch berichtet von übernatürlichen Ereignissen, formal folgen sie den *Berichten vom Übernatürlichen* *(S. 266)*. Pu war ein verarmter Gelehrter, der in der von Hunger und Krieg geplagten Provinz Shandong lebte, der Heimat des Konfuzius und berüchtigt für ihren engen Bezug zu höheren Welten – nicht zuletzt, weil hier auch der Berg Tai liegt, der Sitz König Yamas, des Herrschers und Richters der Unterwelt. Pu soll in der Hauptstraße dieses Ortes einen Tisch aufgebaut und Reisenden Tee angeboten haben. Dafür bat er sie im Tausch um Geschichten, aus denen er dann seine eleganten und verschlungenen Texte schuf.

Alle seine Geschichten handeln von unerklärlichen Ereignissen. Am berühmtesten wurden seine Erzählungen über unglückliche Bücherwürmer, die von weiblichen Dämonen oder Fuchsgöttinnen heimgesucht werden. In vielen Geschichten erleben diese eine Wiedergeburt oder Wandlung, durch die sie zu richtigen Menschen werden, und der glückliche Held lebt schließlich mit zwei Frauen. Trotz ihrer anspruchsvollen Sprache sind Pus Geistergeschichten nach wie vor sehr geschätzt und liefern oft den Stoff für Filme und andere Umsetzungen.

> »Es gibt so viele schöne Frauen auf der Welt«, klagte die Mutter, »warum müssen es ein Geist und eine Füchsin sein?«
>
> *Seidenraupe*, Pu Songling

^ **FEST AM SEE**
Die volkstümliche Kurzprosa, eine Tradition seit dem 17. Jahrhundert, liefert ein lebendiges Bild des chinesischen Alltagslebens, von Festen und Vergnügungen.

TRADITIONELLE OPER

DER KERN DES CHINESISCHEN THEATERS

戏曲

Ein Feuerwerk visueller Eindrücke, erregende Musik – die traditionelle chinesische Oper ist vielfach verflochten mit dem chinesischen Leben: durch Vorführungen bei Tempel- und Dorffesten, auf Märkten, in privaten Theatern wohlhabender Familien, am Hof sowie in heutiger Zeit in Radio, Film und Fernsehen. Theater und insbesondere die Oper haben eine lange Tradition in China, ihre Wurzeln liegen in rituellen Tänzen, akrobatischen Vorführungen und Straßenfesten. Für viele Besucher des Landes bringen die Bilder und Klänge der Oper einen Hauch der chinesischen Vergangenheit in die moderne Welt.

戏曲历史 Geschichte

Musik, Tanz und Akrobatik waren immer wesentliche Elemente des chinesischen Theaters, und vor allem auch der Gesang. Anders als in westlichen Operntraditionen gibt es in China allerdings nur ein begrenztes Repertoire von Liedern und wenige Instrumente (Trommeln, zweisaitige Geigen und Klappern). Rhythmus ist der Harmonie übergeordnet, das Wichtigste bleibt der Gesang, in erster Linie der solistische Vortrag bekannter und hochpoetischer Arien.

Die Zuschauer bringen ihr Lob der Virtuosen überaus geräuschvoll zum Ausdruck, bei einem Opernbesuch in China erinnert nichts an das respektvolle Flüstern, wie wir es im Westen kennen. Auch die Aufführungen sind laut und temperamentvoll: Nichts ist aufregender als die Gongs und Becken, die den Auftritt der Schauspieler ankündigen. Requisiten und Bühne sind eher sparsam gestaltet, die Gebärden wiederum hochstilisiert.

FARBSYMBOLIK

Grell und vielfarbig geschminkte Gesichter, Kostüme, Masken und Kopfputz verraten den Charakter der Figuren: Gelb und Weiß zeigen den Listigen, Rot steht für Entschlossenheit und Treue, Schwarz signalisiert Tapferkeit und Weisheit, Blau und Grün schmücken die Rebellen, Gold und Silber stehen für mystische, übernatürliche Kräfte. So können Kenner eine Figur schon bei ihrem ersten Auftritt einschätzen, noch bevor sie überhaupt einen Ton gesungen oder eine Figur getanzt hat.

DARSTELLER

Die Ausbildung der männlichen wie weiblichen Schauspieler beginnt in früher Jugend und läuft auf eine gewisse Rollenspezialisierung hinaus: der junge Gelehrte, der tapfere General, der aufrechte Beamte, die schöne junge Frau, die ungeschickte Dienerin, der Clown etc. Der soziale Status von Schauspielern war früher eher gering, und Frauen durften jahrhundertelang gar nicht auf die Bühne. Frauenrollen wurden von Männern übernommen. Das änderte sich erst zu Beginn des 20. Jahrhunderts, aber auch nur allmählich: Die Beliebtheit bestimmter Frauendarsteller sorgte dafür, dass diese noch lange auftraten.

> Während der Tang-Dynastie wurde die Opernschule mit dem Namen Liyuan gegründet, wörtlich »Birnengarten«. In dieser Tradition werden Operndarsteller bis heute sehr poetisch »Schüler des Birnengartens« genannt.

Der wohl berühmteste von ihnen war Mei Lafang, der Mitte des 20. Jahrhunderts mit großem Erfolg Europa und Nordamerika bereiste und die chinesische Oper dort bekannt machte. Er stammte aus einer Sängerfamilie und stand 50 Jahre auf der Bühne, seine Auftritte waren legendär. Am bekanntesten wurde seine Interpreta-

< MEI LANFANG
Der berühmte Frauendarsteller der chinesischen Oper, Mei Lanfang (1894–1961), in der Rolle der Konkubine Yang in *Die betrunkene Konkubine*.

tion der Heldin Du Liniang aus *Der Päonien-Pavillon*.

STILRICHTUNGEN

Die China-Oper kennt viele Formen und regionale Stile, die inszenierten Geschichten jedoch sind ähnlich: Sie basieren auf dem unerschöpflichen Vorrat chinesischer Mythen, Legenden und Geschichtsschreibung. Die Oper spricht alle Schichten an und bietet Chinesen ebenso wie dem internationalen Publikum einen Zugang zu dem so vielfältigen kulturellen Erbe Chinas.

In der Ming- und der frühen Qing-Zeit war Kunqu vorherrschend. Dieser Theaterstil hat spätere Formen stark beeinflusst, so auch die Peking-Oper. Die oft langen Stücke erzählen meist Liebesgeschichten. Einige der beliebtesten dramatischen und literarischen Werke wurden für Kunqu adaptiert oder entwickelten sich daraus, darunter auch der *Päonien-Pavillon, Die weiße Schlange* oder *Der Pfirsichblütenfächer*.

Die Peking-Oper entstand nicht in der Hauptstadt, sondern in der Provinz. Die dortigen Theaterformen wurden von kaiserlichen Beamten entdeckt und an den Hof geholt. Mitte des 19. Jahrhunderts war sie die beliebteste Form, und zwar nicht nur bei Hofe, sondern auch auf Märkten oder bei Tempelfesten. In der Peking-Oper gibt es neben den Soli auch Duette und Chöre.

In der Yuan-Zeit (1279–1368) entstand im Norden die Zaju-Oper, die auch soziale Themen aufgreift. In jedem der meist vier Akte steht einer der Sänger im Vordergrund. Zu diesen kurzen Varieté-Stücken ertönen Trommeln und Becken.

Die Shaoxing-Oper, hervorgegangen aus der 800 Jahre alten Yue-Oper, einer Art »Geschichten-Singen«, ist bis heute beliebt und wird oft von rein weiblichen Ensembles aufgeführt.

Während der Kulturrevolution (1966–1976) nutzte Maos vierte Frau, die ehemalige Schauspielerin Jiang Qing, das Medium der Oper, um kommunistische Parolen zu verbreiten. Die offiziellen Revolutionsdramen basieren auf der Peking-Oper, wurden aber auch anderen regionalen Formen angepasst.

^ TRADITIONELLES KOSTÜM
Ein Kostüm der Peking-Oper: prächtige Kostüme und Masken sind »Markenzeichen« aller China-Opern.

»Himmel und Erde tyrannisieren die Schwachen und fürchten die Starken, wagen nicht, gegen den Strom zu stehen. Erde, du unterscheidest nicht zwischen richtig und falsch, und du, Himmel, verwechselst Weise mit Narren.« *Die unschuldige Dou E,* Guan Hanqing

DER GEIST DER DOU E
In der berühmten Rolle der unglücklichen Dou E will jede Schauspielerin einmal auftreten.

窦娥冤 *Die unschuldige Dou E*

Diese Oper aus der Yuan-Zeit ist das wohl bekannteste Werk des erfolgreichsten chinesischen Dramatikers Guan Hanqing – dem »chinesischen Shakespeare«. Ihr liegt die Geschichte *Schnee im Mittsommer* aus dem 13. Jahrhundert zugrunde, die wiederum auf eine Erzählung aus der Han-Zeit zurückgeht. Der Autor belebte diese alte Geschichte wieder, um die Ungerechtigkeiten aufzuzeigen, die im China seiner Zeit herrschten. Das Werk ist die beliebteste Oper im Zaju-Stil.

Erzählt wird die Geschichte der jungen Dou E aus Chouzou, die früh zur Witwe geworden ist. Nach dem Tod ihres Mannes versucht sie, die Schwiegermutter vor dem lokalen Tyrannen Donkey Zhang zu beschützen und erregt dabei wider Willen dessen Aufmerksamkeit. Als sie sich weigert, seine Frau zu werden, schiebt ihr Donkey Zhang den Mord an seinem Vater in die Schuhe (den er selbst versehentlich getötet hat). Die Provinzbeamten folgen seinen Anschuldigungen und Einflüsterungen, und Dou E kann ihre Unschuld nicht beweisen.

Vor der Hinrichtung prophezeit Dou E, dass ihre Unschuld an den Tag kommen werde: Ihr Blut werde nach oben steigend ein weißes Seidenband beflecken, es werde Schnee fallen mitten im Sommer, und es werde drei Jahre lang fürchterliche Dürre herrschen. Und in der Tat, alle drei Ereignisse treffen ihrer Voraussage entsprechend ein. Die Szene, in der der Schnee fällt und die Unschuld der Dou E beweist, ist eine der eindrucksvollsten in der chinesischen Opernliteratur.

Drei Jahre später kehrt der Vater Dou Es nach langer Abwesenheit nach Chouzou zurück. Er wird zum Richter über den Fall, der nun auf Wunsch Dou Es Geist wieder aufgenommen wird. So wird Dou E rehabilitiert und Donkey Zhang samt seinen korrupten Beamten der gerechten Strafe zugeführt.

»Dreierlei möchte ich sagen, Offizier … Ich möchte eine saubere Matte, und ein zwölf Fuß langes Band soll am Flaggenmast flattern. Wenn das Schwert meinen Kopf abtrennt, wird kein Tropfen die Erde beflecken. Es wird alles emporsteigen zum weißen Band. Herr, es ist die heißeste Zeit des Sommers. Ist ein Unrecht geschehen, wird weißer Schnee drei Fuß hoch meinen Körper bedecken. Und der Distrikt wird drei Jahre unter einer Dürre leiden.«

Die unschuldige Dou E, Guan Hanqing

牡丹亭 *Der Päonien-Pavillon*

Diese berühmte Liebesgeschichte verfasste Tang Xianzu während der Ming-Zeit, und seither ist sie nicht aus den Spielplänen wegzudenken. Sie handelt von Du Liniang, der Tochter des Gouverneurs, die in einem Garten schlummert und im Traum Liu Mengmei begegnet. Dieser wird im Pfingstrosen-Pavillon zu ihrem Liebhaber. Von herabfallenden Blütenblättern geweckt, beginnt sie nach dem Geliebten zu suchen. Unfähig, den Zauber des Traums wiederzubeleben, malt sie ihr Porträt, setzt ein Liebesgedicht hinzu und stirbt an gebrochenem Herzen. Das Bildnis wird in einen Schrein an ihrem Grab unter einem Pflaumenbaum gestellt.

Die Vestorbene gelangt in die Unterwelt, aus der sie der Richter entlässt: ihre Heirat mit Liu Mengmei sei vorherbestimmt. So schickt er sie als Geist in den Garten zurück. In der Zwischenzeit kommt Liu Mengmei auf dem Rückweg von seiner Beamtenprüfung am Grab Du Liniangs vorbei. Er entdeckt das Porträt im Schrein und erkennt in Du Liniang die Frau seiner Träume. Er öffnet das Grab, und so kann sich ihre Seele mit ihrem Körper wiedervereinen.

Auf ihre Bitten hin berichtet Liu Mengmei ihrem Vater, dass sie dem Grab entstiegen ist. Daraufhin aber wird er als Grabräuber angeklagt und zum Tode verurteilt. Im letzten Augenblick wird bekannt, dass er sein Examen als bester Kandidat bestanden hat. Liu Mengmei wird vom Kaiser begnadigt, der auch Du Liniangs Vater davon überzeugen kann, dass er die Liebe obsiegen lassen müsse.

NACHWIRKUNGEN

Der Tradition nach müsste die Erzählung wegen der erotischen Untertöne als skandalös gelten. Diese Liebe wird jedoch toleriert, weil die Vereinigung nur im Traum stattfindet. In der Ming- und Qing-Zeit führte die tragisch-romantische Geschichte zu fatalen Nachahmungen: Junge Mädchen, die sich in die Rolle der verlassenen, liebeskranken Opernheldin hineinsteigerten, hungerten sich buchstäblich zu Tode.

> »Hat die Welt je eine Liebe gesehen, die an jene Du Liniangs heranreicht? Von ihrem Liebsten träumend, wurde sie liebeskrank … und schließlich … starb sie. Nur wer ist wie Du Liniang, hat die Liebe erfahren.«
>
> *Der Päonien-Pavillon*, Tang Xianzu

^ DAS LIEBESPAAR
Du Liniang und Liu Mengmei, die Protagonisten von *Der Päonien-Pavillon,* in einer zeitgenössischen Inszenierung des Kunqu-Meisterwerks.

ARCHITEKTUR

建筑

AUFBAU EINER NATION

Seien es bescheidene, regionaltypische Häuser oder Kaiserpaläste und moderne Bürogebäude: Die Bauten, in denen die Chinesen leben, arbeiten und beten, sind von erstaunlicher Schönheit und Vielfalt, denn chinesische Architekten sind seit jeher wahre Baukünstler und erfahrene Handwerker gewesen. Die Architektur Chinas wurde schon früh durch Holzbauten geprägt. Der Hauptbeitrag des Landes zur Weltarchitektur besteht aus seinen Ständerbauten mit ihrer beispiellosen Elastizität, Wandlungsfähigkeit und Erdbebensicherheit. China blickt zurück auf eine 7000-jährige Holzbau-Tradition. Heute werden die vier Schichten des Ständerbaus (Plattform, Pfosten/Säulen, Konsolen und Dachstuhl) immer als »typisch chinesisch« beschrieben. Die Symbolsprache der chinesischen Architektur macht keinen Unterschied zwischen der Konstruktion eines Palastes und der eines Tempels, obwohl der erste einen Thron, der zweite aber eine Buddhafigur enthält. Dieses Kapitel führt den Leser auf eine Rundreise zu 16 bedeutenden, öffentlichen und privaten, traditionellen und modernen Bauten in ganz China.

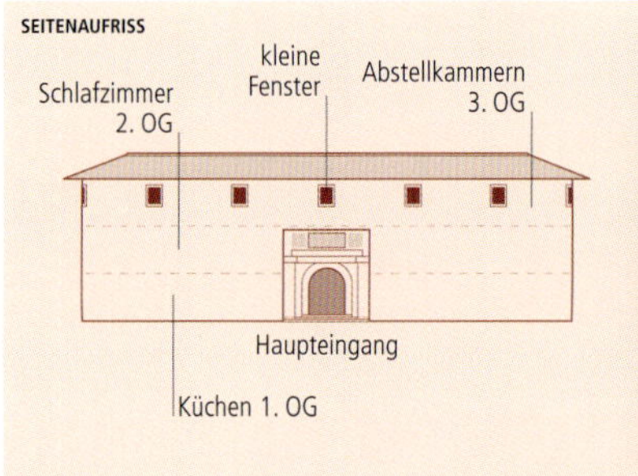

< RUNDBAU
Mit nur wenigen kleinen Fenstern hoch oben in den Mauern wirkt Shengwu Lou von außen wie eine kreisrunde Festung.

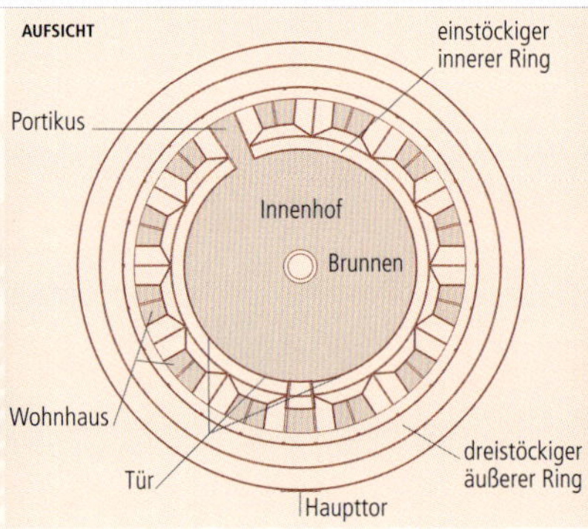

Zu den bemerkenswertesten Bauten

绳
武
楼

Chinas zählen die Tulous (»Erdhäuser«), massive mehrstöckige Wohnhäuser aus Holz und Lehm, die vor allem vom Volk der Hakka erbaut wurden. Festungen gleich, stehen sie in den zerklüfteten Bergen der Provinz Fujian im Südwesten Chinas sowie, in abgewandelten Formen, in den Nachbarprovinzen Jiangxi und Guangdong. Wahrscheinlich sind zahlreiche Tulous in diesen Bergen überhaupt noch nicht entdeckt worden. Bis in die zweite Hälfte des 20. Jahrhunderts hinein waren Bauten dieses Typs weitgehend unbekannt, heute sind viele über moderne Straßen zugänglich – jedenfalls für Reisende, die auch Wege abseits der Haupttouristenrouten zu gehen bereit sind.

Derzeit gibt es noch rund 1 000 Hakka-Wohnburgen aus Chinas Kaiserzeiten (vor 1900), eine Handvoll sind sogar über 500 Jahre alt. In Dörfern um Yongding und Nanking (der Ursprungsregion dieses Bautyps) wurden noch bis vor wenigen Jahren derartige Komplexe errichtet. Viele der alten Tulous in den wilderen Bergregionen sind verlassen und verfallen. Sie sind unterschiedlich geformt: quadratisch, länglich, fünfeckig, achteckig oder rhombenförmig. Am eindrucksvollsten aber sind die kreisrunden.

Das Shengwu-Lou-Gebäude im Dorf Jiaolu in der Provinz Fujian ist ein typischer kleinerer Tulou aus der Qing-Zeit (1644–1912). Der einstöckige innere und der dreistöckige äußere Ring sind in 15 Wohneinheiten unterteilt und umgeben den Brunnenhof. Die sanierungsbedürftigen Häuser waren einst prachtvolle Residenzen. Küchen und Essplätze befinden sich im Erdgeschoss, Schlafzimmer und Abstellkammern in den oberen Etagen.

Chinesische Architekten haben berechnet, dass eine kreisrunde Mauer mehr Raum umschließt als eine ebenso lange, aber zum Quadrat geformte, sodass man Material spart. Außerdem lässt sich ein runder Innenraum leichter in gleich große, keilförmige Einheiten unterteilen als ein quadratischer in rechteckige Räume, was in der egalitären Hakka-Gesellschaft ein wichtiger Grundsatz war. Verschiedene Fachleute halten runde Bauten außerdem für erdbebensicherer und widerstandsfähiger gegen die starken Taifune in dieser Gegend.

^ HAUSNAME
Über der Eingangstür jedes Hakka-Hauses ist der aus drei Schriftzeichen bestehende Hausname eingemeißelt.

> HAUPTTOR
Durch das Haupttor von Shengwu Lou gelangt man in den Innenhof. Das Tor besteht aus großen Steinquadern. Der Torsturz ist mit feinen Reliefs dekoriert.

> SCHMALER PORTIKUS
In diesem Bereich halten sich tagsüber Frauen, Kinder und alte Männer auf. Hier kochen die Frauen, schälen Reis und fertigen Stickereien an.

> DEKORATIVES SCHNITZWERK
Der Bau ist zum größten Teil schlicht und funktional, wird aber wo immer möglich mit dekorativen Details geschmückt, wie etwa mit einer solchen Holzschnitzerei an einem Stützpfosten.

SHENGWU LOU

HAKKA-HAUS AUS DER QING-ZEIT, FUJIAN

> BLICK ÜBER DIE DÄCHER
Die Dächer treffen in wechselnden Winkeln aufeinander und sind mit mörtelverfugten Ziegeln gedeckt.

∨ MEHRSTÖCKIGE BEHAUSUNGEN
Der einstöckige innere Häuserring wird vom dreistöckigen äußeren Wohnhausring umgeben.

< GESCHWUNGENE DACHECKE
Ein geschwungener, glasierter Formziegel bildet den dekorativen Eckstein des Dachs und zeugt vom Ursprung des Wohnkomplexes als Residenz.

∨ SÄULEN MIT PLASTISCHEM DEKOR
Die Backsteinsäulen im zweiten Stock sind von skulptierten Steinen bekrönt, auf denen die Querbalken liegen.

< ZENTRALER BRUNNEN
Ein tiefer Brunnen im Zentrum des gepflasterten Hofes ist Mittelpunkt des Alltagslebens in den Tulous. Die Küchen befinden sich im Erdgeschoss und öffnen sich zum Hof, sodass man nah am Wasser ist.

∧ > DEKORATIVE TÜREN
Die Holzpfosten mit zwei Pendeltürflügeln sind in verzierte Steinpfosten eingelassen, die aus den Backsteinmauerflächen hervortreten. An dieser Küchentür hängen Neujahrsgrüße.

IM ZENTRALEN INNENHOF
Von jeder mehrstöckigen Wohnung aus gelangt man direkt in den zentralen Innenhof, der als Treffpunkt der Bewohner, Auslauf für die Haustiere und Kornlager dient.

NEUJAHRSDEKORATIONEN
Zu Neujahr wird jede Tür mit roten Papierstreifen geschmückt, die mit Glück bringenden oder weisen Sprüchen bedruckt sind.

LÜFTUNGSSCHLITZE
Mit Schnitzereien und Latten versehene Fensterläden lassen Luft und Licht in die oberen Räume.

SCHMUCKZIEGEL
Außer Holz und Stein wurden auch Formsteine aus gebranntem Ton mit dekoriert.

BALKONGITTER
Reich geschnitzte Holzgeländer und -gitter vor den Fensteröffnungen der Schlafzimmer im zweiten und dritten Stock

< DACHSTÜTZE
Das weit überstehende Dach wird von Holzpfosten und durch Mörtel und Gurte verbundene Querbalken und Konsolen getragen.

∨ ESSECKE
Die Erdgeschosse des äußeren Tulou-Rings enthalten eine Wohnküche, die als Allzweckwohnraum der Familie dient.

> AUF DEM TREPPENABSATZ
Auf dem obersten Treppenabsatz ist deutlich zu sehen, dass die Außenmauern aus Holzfachwerk und gestampftem Lehm bestehen.

∧ ANDACHTSWINKEL
In einer Zimmerecke sind Tontöpfe und eine Metallschale aufgestellt. In der Schale wird Spielgeld als Opfer für die Ahnen verbrannt.

∧ WÄSCHELEINE VOR AHNENBILDERN
Prüfend scheinen die Ahnen auf die trocknende Wäsche zu blicken. Andenken an die Vorfahren haben in vielen chinesischen Wohnungen einen Ehrenplatz.

< ALKOVEN
Ein Alkoven ist ein kleiner Raum im Raum. In China sind sie meist mit Glückssymbolen und erbaulichen Bildern ausgeschmückt.

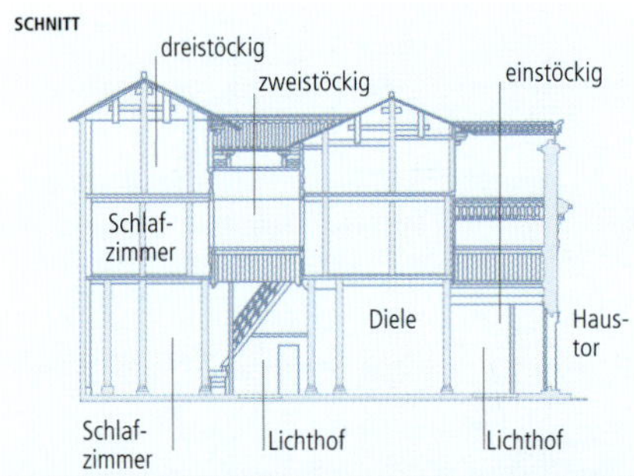

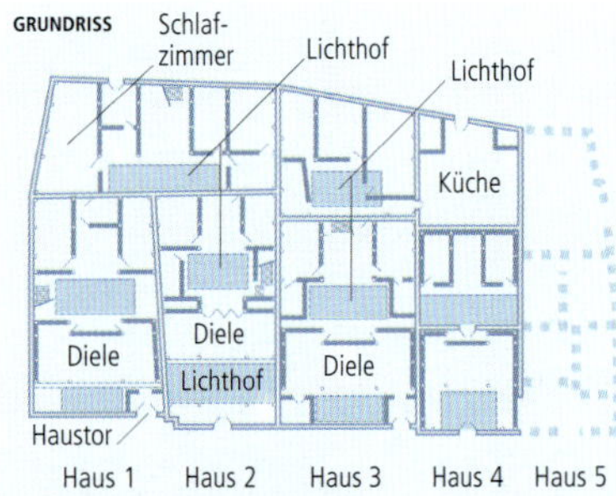

SEITENANSICHT
Die Baugesetze aus der Ming-Periode bestimmten das schlichte Erscheinungsbild der Häuser in Huizhou, die nur kleine Fenster (meist in den oberen Stockwerken) hatten.

FENSTER
Weil die kleinen Fenster der Obergeschosse wenig Licht und Luft einlassen, wurden Schächte eingebaut.

Die Häuser wohlhabender Kaufleute

五房厅

aus der Ming-Periode (1368–1644) in der Region Huizhou (Provinzen Anhui und Jiangxi) gehören zu den ältesten erhaltenen Gebäuden in China. Diese imposanten Residenzen mit Ahnengedenkhallen sind erst vor relativ kurzer Zeit wiederentdeckt worden. Von außen wirken sie bescheiden, ja sogar ärmlich, im Inneren sind sie jedoch geräumig und reich geschmückt. Die scheinbar niedrigen Kästen sind dreistöckig. Einige bestehen auch aus aneinandergereihten Häusern für die Kleinfamilien innerhalb der Großfamilie.

Eines der schönsten Beispiele ist Wu Fang Ting (Hallen der fünf Zweige) im Dorf Chengkan (Landkreis Shexian, Provinz Anhui). Der erhaltene Bau stellte früher ein Ensemble aus fünf aneinandergereihten Wohnhäusern dar. Fünf Brüder errichteten sie im 16. Jahrhundert (späte Ming-Zeit) für sich und ihre Familien. In den 1970er-Jahren befand sich eines davon in irreparablem Zustand, aber die anderen vier konnten kürzlich restauriert werden.

Häuser in der Region Huizhou zeichnen sich vor allem durch ihre kleinen Lichthöfe (*tianjing*) aus, deren Böden abgesenkt sind, damit sie das Regenwasser auffangen und ableiten. Von hier gelangen Licht und Luft in die nach außen geschlossenen Räume.

Der erste Lichthof des Vorderhauses ist ein schmaler Durchgang zu einer offenen Halle, dem zentralen Innenhof und der Empfangshalle. Alle Höfe werden von zwei Schlafzimmern flankiert. Die Küchen (zwei mit seitlichen Höfen) befinden sich in den Hinterhäusern, ebenso die Zimmer der älteren Frauen der Familie. Steile Treppen führen zu den Wohnräumen, Schlafzimmern, Hallen und Lagerräumen in den oberen Etagen, die besser durchlüftet und daher trockener sind. Mindestens einer der oberen Räume wurde als Getreidekammer genutzt.

Die Innenräume sind mit geschnitzten Holztafeln, Ziegelmauerwerk und Steinplatten, Balustraden, verzierten Deckenbalken, Konsolen, Pfosten und Türen ausgestattet. An den Wänden hängen Rollbilder mit Gedichten in chinesischer Kalligrafie. Die Galerien der Obergeschosse sind nach außen überwiegend fensterlos und nach innen holzvergittert, sodass Licht und Luft hineinkommen.

ZUGANG ZU HAUS 1
Eine schmale gepflasterte Gasse führt jeweils zu den Haupteingängen der fünf Wu-Fang-Ting-Häuser, hier zu Haus 1.

STEINPLATTENTÜR
Das zweiflügelige Tor von Haus 1 ist aus Steinplatten gefertigt, die mit dicken Nägeln in starken Metallrahmen befestigt sind.

WU FANG TING

MING-WOHNKOMPLEX IN CHENGKAN, ANHUI

GRANITSOCKEL
Dieser Granitsockel am Eingang zu Haus 2 zeugt von der großen Sorgfalt, mit der jedes Detail des Baus geschmückt wurde.

EINGANG ZUM HAUS 2
Der Zugang zu diesem Haus erfolgt durch ein mächtiges zweiflügeliges Tor, das von einem schmalen, üppig verzierten Vordach (*menzhao*) bekrönt wird.

TOR VON HAUS 3
Der Haupteingang von Haus 3 ist bescheidener. Das hohe Vordach bietet kaum Schutz vor Regen und Wind. Rechts daneben der Eingang zu Haus 4.

GIEBELAUFSATZ
Die abgetreppte Giebelwand endet auf einem mit Ornamenten geschmückten Aufsatz.

DACH- UND TRAUFZIEGEL
Die Dächer sind mit konvexen und konkaven Klosterziegeln (Mönch und Nonne) gedeckt. Die Traufsteine schließen die Ziegelreihen unten ab und bilden eine dekorative Dachkante. Sie sind jeweils mit dem Schriftzeichen *wan* (langes Leben) und einem Tigergesicht verziert.

> **BLICK IN DEN HIMMEL**
Die rechteckige Dachöffnung des Lichthofs lässt Licht und Regenwasser ins Haus und dient zugleich als Wärme- und Rauchabzug.

> **VERBLASSTE TAPETE**
Reste einer bunten Tapete mit Pflaumenblütenmuster (wahrscheinlich frühes 20. Jh.) an einer Schlafzimmerwand im Obergeschoss von Haus 1.

∨ **ABGESENKTER FUSSBODEN**
Durch den Lichthof dringt Tageslicht bis ins Erdgeschoss. Der abgesenkte Fußboden fungiert als Regenwasserauffangbecken mit Abfluss.

∧ **SCHMUCKGITTER**
So gelangt Luft in Hohlräume unter den Böden, um sie trocken zu halten.

∧ **OFFENE DACHKONSTRUKTION**
Holzpfosten und -balken werden selten verkleidet und bilden ein wichtiges Element der Innendekoration.

LICHTHOF VON HAUS 3
In jedem der fünf Häuser bildet ein direkt hinter dem Haupttor liegender Lichthof den Eingangsbereich.

TÜRÖFFNUNG IN HAUS 4
Das Eingangstor von Haus 4 ist kleiner als das der anderen Häuser, weil auch das Haus selbst nicht so hoch und prächtig ausgestattet ist.

KÜCHENHOF
Dieser niedrige, fast vollständig überdachte kleine Innenhof von Haus 3 befindet sich neben der Küche und dient u. a. als Rauchabzug.

REICH VERZIERTE GALERIE
Die Galerien im dritten Obergeschoss des Hauses weisen die für die Ming-Zeit typischen geometrischen Holzgitter auf.

HAUS 5
Diese einfache, heute verschlossene Holztür war früher der Eingang zu Haus 5, das jedoch so verfallen war, dass es abgerissen werden musste.

HOFHAUS

TRADITIONELLES WOHNHAUS MIT INNENHOF, BEIJING

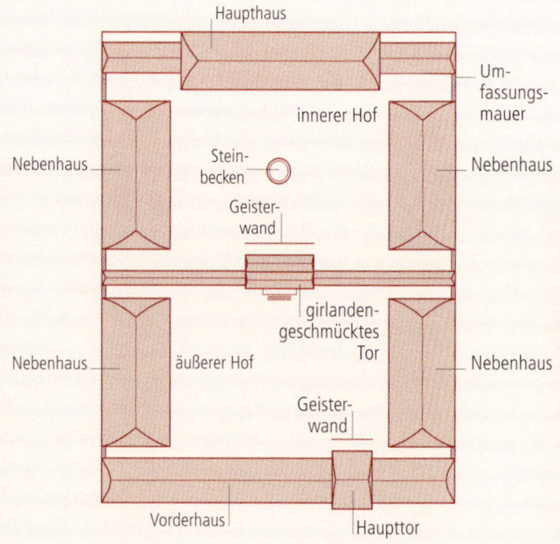

Der offene Raum des Hofes ist in jedem gut geplanten chinesischen Haus ein ganz wichtiger Ort. Diese klassische Wohnform findet man in Nordchina im Umland der Hauptstadt Beijing. Die ebenerdigen Wohnhäuser dieses Typs heißen Siheyuan. Sie umfassen einen rechteckigen, fast quadratischen Innenhof und haben kleine Seitenhöfe, die ihrerseits von Mauern und Gebäuden eingefasst sind.

四合院

Vor dem grundlegenden Wandel in eine moderne Stadt standen diese Hofhäuser in Beijing dicht gedrängt in den von schmalen Gassen (*hutong*) durchzogenen, schachbrettartig angeordneten alten Stadtvierteln. Nach 50 Jahren des Verfalls und der Zerstörung gibt es heute nicht einmal mehr 1 000 Siheyuans. Einige Exemplare wurden gerettet, weil sie früher von Prominenten (z. B. Politikern) bewohnt wurden; andere wurden zu Hotels umgebaut. Nur ganz wenige werden noch von den Nachfahren der ursprünglichen Besitzer bewohnt.

Im hier gezeigten Hofhaus lebte von 1937 bis zu seinem Tod der Mandschu Cheng Yanqiu (1904–1958), Sänger an der Oper von Beijing. Seither haben seine drei Söhne das Hofhaus so erhalten, dass es noch heute Besuchern das Leben von vor 50 Jahren vor Augen führt. Auf einer Grundfläche von 390 Quadratmetern umfasst es die ganze Palette der klassischen chinesischen Architektur und Innenausstattung.

Die Hauptelemente jedes Siheyuans heißen Einfriedung, Symmetrie und Hierarchie: Eine hohe graue Mauer umgibt die symmetrisch angeordneten, hierarchisch in offene und geschlossene Räume gegliederten Wohngebäude und den Hof, zu dem von außen nur ein einziges Tor seitlich der Mittelachse führt. Die Häuser öffnen sich zum Innenhof, sodass dieser ebenfalls als Wohnraum nutzbar ist. Das Haupthaus eines Siheyuan ist meist nach Süden oder Südosten ausgerichtet. Dadurch erhält es im Winter so viel Sonnenlicht wie möglich.

Die Erhaltung und Pflege der alten Häuser des Typs Siheyuan – des wichtigsten chinesischen Wohnhaustyps – ist ein Hauptanliegen engagierter Denkmalschützer, die dafür kämpfen, dass der historische Charakter der Hauptstadt Chinas erhalten bleibt.

> **EINGANGSTOR (HAUPTTOR)**
Die rot lackierte Eingangstür führt direkt auf die schmale Gasse (*hutong*). Hohe Mauern umgeben die Häusergruppe.

∨ **ADRESSSCHILD**
Nach 1949 wechselten viele der Siheyuans den Besitzer, die meisten wurden zerstört. Das Haus von Cheng Yanqiu mit der Nr. 39 entging diesem Schicksal.

∧ **HOLZGIRLANDE ÜBER DEM TOR**
Das Tor unter dem schmuckvollen Überdach ist zum Neujahrsfest mit Glück bringenden Schildern behängt.

> **TORPOSTAMENT**
Zwei dieser mit Reliefs geschmückten Steinpostamente flankieren den dahinter liegenden Eingang zum inneren Hof.

˅ TÜRBESCHLÄGE AUS MESSING
Messingbeschläge mit Ringen als Griffen am roten Eingangstor. Früher hat man sie wahrscheinlich mit einer Kette verbunden, um das Tor zu verschließen.

˂ ˅ DER TORBAU VON INNEN
Die Geisterwand versperrt den Blick in den Hof und hält böse Geister fern, die sich nur vorwärts bewegen können. Der Durchgang ist von einem Schmuckgiebel bekrönt.

˅ INNERER HOF
Der große innere Hof ist von einstöckigen Gebäuden umgeben: vom Haupthaus (Norden), zwei kleineren Häusern (das abgebildete steht auf der Ostseite) und dem zentralen Torbau (Süden). Die Hofflächen sind fast halb so groß wie die Grundflächen aller Bauten eines Siheyuans.

˄ TORSCHMUCK
In die über das Tor vorkragenden Balkenenden sind Bildsymbole und Schriftzeichen geschnitzt.

HOLZKONSTRUKTION
Das Anwesen ist aus Backstein und Holz erbaut. Viele Holzbauteile sind elegant geschnitzt.

SEITLICHES WOHNHAUS
Zwei kleinere Häuser flankieren das Haupthaus. Traditionell wohnten darin die jüngeren oder weniger hoch gestellten Familienmitglieder.

PRIVATE ZUFLUCHT
In den Außenmauern liegen nur kleine, hoch gelegene Fenster. So sind die Innenräume vor Einblicken von der Straße aus geschützt.

STEINBECKEN
Der innere Hof ist einfach, offen und groß. Das schön gearbeitete Steinbecken stammt wahrscheinlich aus einem Tempel- oder Palasthof.

SEITLICHE PASSAGE
Da es keine Abstellräume oder Keller gibt, werden alle möglichen brauchbaren und alten Dinge in den offenen Gängen und Winkeln der Höfe gelagert.

LOGGIA ALS ABSTELLRAUM
Die weiten Überstände der Holzdächer schützen Gegenstände, die im Freien gelagert werden, vor Regen.

> ESSZIMMER
In diesem traditionellen Haus wohnt eine Familie. Das Esszimmer ist mit modernen Möbeln und Glasfenstern ausgestattet.

v GITTERPANEELE
Die hölzernen Fenstergitter rahmen den Blick von der Küche über den gesamten Innenhof.

^ SONNIGE ECKEN
Alle Gebäude öffnen sich mit großen Fenstern zum Innenhof und profitieren so zu jeder Jahreszeit von der Lichtfülle dieses großen offenen Raums.

^ ARBEITSZIMMER
In vielen Siheyuans ist das Haupthaus dreigeteilt: Der Wohnraum in der Mitte wird von zwei kleineren Zimmern flankiert.

> WOHNZIMMER
Das Schriftzeichen (*wan*) auf der Bildrolle an der Wand des Wohnzimmers bedeutet Langlebigkeit. Vom Sofa aus blickt man in den Hof.

PFAHLHAUS

WOHNHAUS DER DONG-MINDERHEIT, GUANGXI

< ADRESSSCHILD
In China steht neben der Hausnummer auch die Adresse auf solchen Schildern, hier: Nr. 26 (Dorf) Ma'an, (Ort) Pingyan, (Stadt) Linxi.

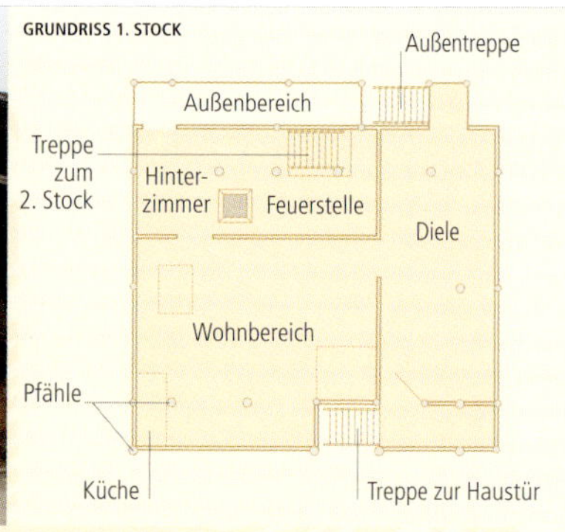

侗族吊脚楼

Von allen 55 ethnischen Minderheiten Chinas bauen die Dong die eindrucksvollsten Häuser. Das Volk der Dong zählt rund 2,5 Millionen Menschen und lebt in Dörfern in einem Gebiet, das Teile der Provinzen Guangxi, Guizhou und Hunan umfasst. Zu einer typischen Ansiedlung der Dong gehört ein Dorftor, der Trommelturm, eine Bühne und die »Wind-und-Regen-Brücke«. Besonders bemerkenswert aber ist die ausgezeichnete Zimmermannstechnik, mit der sie traditionell ihre auf Pfählen stehenden Holzhäuser errichten.

Die Ortschaft Ma'an liegt bei Sanjiang im Norden des Autonomen Gebiets Guangxi. Das Dorf ist umgeben von gepflegten Reisfeldern und Fischteichen, von Hügeln und einer Flussschleife des Linxi. Aufgrund seiner fantastischen Lage und ungewöhnlichen Architektur gilt es als eines der schönsten Dörfer des Landes. Die Häuser sind geräumig, die meisten werden von nur zwei Generationen einer Familie bewohnt.

Durch ihre spezielle Bauweise lassen sich die Dong-Häuser leicht jedem Terrain anpassen. Ein typisches Haus ist drei Stockwerke hoch und drei Räume breit. Hohe Pfosten, die sogenannten Pfähle, tragen die Geschossdecken ebenso wie das Dach; die Trennwände sind selbsttragende Konstruktionen.

Die Ställe und Vorratskammern befinden sich unter dem etwa zwei Meter über dem Erdboden beginnenden Obergeschoss mit zwei oder drei großen Räumen. In vielen Häusern ist der erste Stock heute eine Wohnküche, ausgestattet mit elektronischen Geräten, Tischen, Stühlen, Sesseln, Sofa, Gasherd und Kühlschrank. In diesem luftigen, meist auch hellen Raum weben oder sticken die Frauen und erledigen die Hausarbeit in Gesellschaft der übrigen Familienmitglieder. Der angrenzende Raum enthält für gewöhnlich eine in den Boden eingelassene offene Feuerstelle. Im obersten Stockwerk sind mehrere kleine Schlafzimmer und Kammern untergebracht.

Die Pfahlhäuser haben nur wenige Fenster; die Außenwände sind so zusammengefügt, dass frische Luft durch die Balkenritzen einströmt, um das Innere zu kühlen, Feuchtigkeit zu reduzieren und ebenso den Rauchabzug von der offenen Feuerstelle zu ermöglichen.

^ SOMMERKÜCHE
Nur im Sommer wird diese Kochstelle unter dem Dachüberhang neben einem der Pfähle genutzt.

^ HAUSWIRTSCHAFTSRAUM
Waschmaschine unter dem Haus. Die Wäsche wird wie die Reisbündel zum Trocknen unter den Traufen aufgehängt.

∨ DIE FASSADE
Außen ist das Haus mit naturbelassenen Planken verkleidet, die mit der Zeit dunkelbraun werden.

> BEOBACHTUNGSPOSTEN
Aus der dritten Etage hat das Mädchen einen guten Überblick über das Geschehen im Haus und auf dem Dorfplatz.

∧ REISTROCKNUNG
Nach der Ernte werden die Reisbündel unter dem Dachüberstand aufgehängt, um nach dem Trocknen gedroschen zu werden.

< WANDSCHRANK
Die Ständerbauweise des Hauses ermöglichte den Einbau dieses Wandschrankes, der aus der Außenwand vorragt.

< VIEHSTALL
Schweine ebenso wie Enten und Hühner werden im Stall zu ebener Erde unter dem Haus gehalten.

> HOLZBAUTEILE
Die Teile der Holzkonstruktion sind ineinandergefügt und durch dünne Holzstifte fest miteinander verbunden.

∧ TREPPE ZUR HAUSTÜR
Diese Holztreppe mit hohen Stufen führt zum Haupteingang des Hauses im ersten Stock.

DIELE
Die Eingangshalle ist ein rechteckiger Raum. Hier werden Schuhe und Hut abgelegt, bevor man den großen Wohnraum des Hauses betritt.

FEUERSTELLE
Im hinteren Zimmer der ersten Etage ist die Feuerstelle, auf der immer Wasser am Kochen gehalten wird. Sie steht für Solidarität und Kontinuität der Familie.

MUSIK- UND FERNSEHECKE
Die Wohnzimmerecke in bunten Farben dient der Unterhaltung. In vielen Dong-Haushalten ist dies heute der Mittelpunkt des Familienlebens.

> BEIM DRESCHEN
Hinter dem Haus wird der getrocknete Reis mit einer einfachen, fußbetriebenen Maschine gedroschen.

> KÜCHENBEREICH
Viele Dong-Häuser sind heute neben der offenen Feuerstelle auch mit elektrischen Reiskochern und Gaskochplatten ausgestattet.

v KRÄUTERKORB
Dong-Frauen flechten Bambuskörbe für Kräuter, Obst und Gemüse.

^ HÖLZERNER WEBSTUHL
Durch die Latten vor dem Fenster fällt genug Licht in den Wohnraum, damit die Hausfrau an ihrem Webstuhl arbeiten kann.

^ ZEIT FÜR EINEN PLAUSCH
Die alten Frauen des Dorfes versammeln sich auf dem Dorfplatz am Trommelturm, dem allgemeinen Treffpunkt und Festplatz.

< NEUJAHRSPLAKAT
Noch nach einem Jahr hängt im Wohnzimmer das bunte Plakat, mit dem das Jahr des Hahns begrüßt wurde.

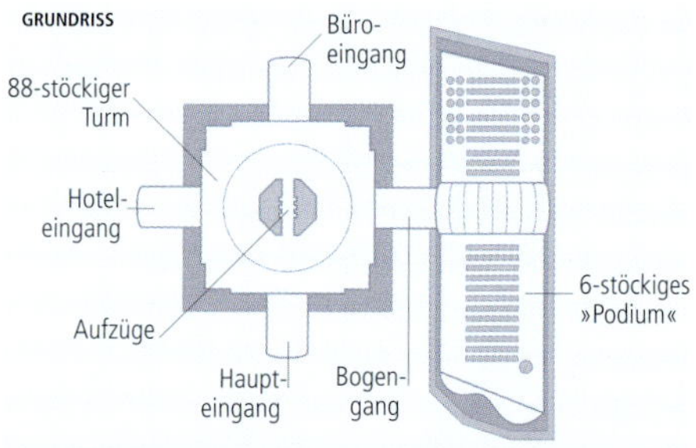

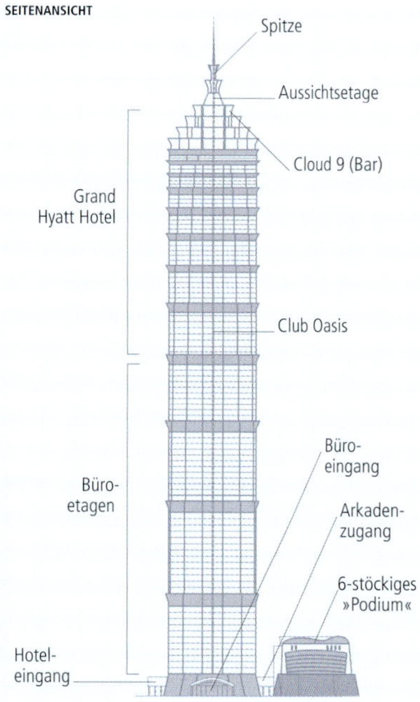

PAGODENARTIGER AUFBAU
Das Gebäude ist vertikal in 16 Segmente unterteilt, deren rhythmische Staffelung an die Form der traditionellen chinesischen Pagoden erinnert.

SKULPTURALE TURMSPITZE
Aus der Aussichtsetage im 88. Stock wächst wie eine Blume die gezackte Turmspitze, die nachts angestrahlt wird.

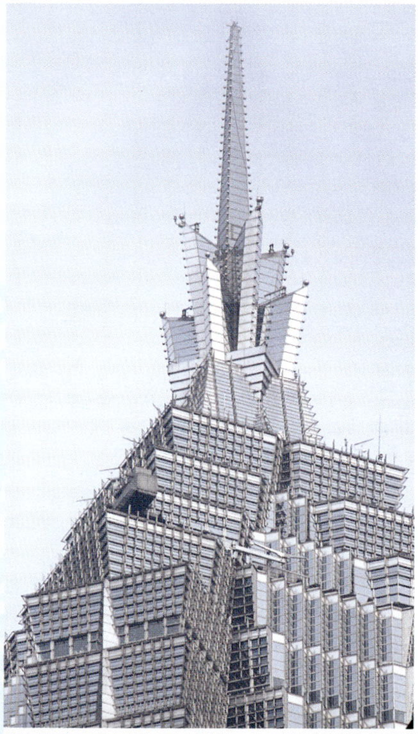

金茂大厦

Bis es 2008 vom 101-stöckigen Shanghai World Financial Center (dessen Fertigstellung sich verzögert) ausgestochen wird, ist der Jin Mao Tower im Pudong-Viertel von Shanghai Chinas höchster Wolkenkratzer. In weniger als 20 Jahren haben diese beiden herausragenden Gebäude zusammen mit dem Oriental Pearl Tower und vielen weiteren Hochhäusern die Silhouette Shanghais komplett verändert. Wo noch 1990 weites Agrarland mit ärmlichen Dörfern, alten Hafenanlagen und -speichern lag, ist heute eine futuristische Stadtlandschaft mit Banken, Hotels, Läden, Kinos, Sporthallen, Bürokomplexen, Grünanlagen und modernen Verkehrsmitteln entstanden – ein Zeichen für Chinas wachsenden Wohlstand.

Der Bau des 450 Meter hohen Jin Mao Tower ist eine chinesisch-amerikanische Kooperation unter Leitung des Chicagoer Büros Skidmore, Owings & Merrill. Er wurde1998 fertiggestellt, als Chinas Wettlauf um den höchsten Wolkenkratzer gerade begann. Der schlanke Turm soll ein Beispiel für den »traditionellen chinesischen Stil« sein und Shanghais Eintritt ins 21. Jahrhundert symbolisieren. Jin Mao bedeutet »goldene Fülle«. Anspielungen auf Wohlstand sind bei der Benennung chinesischer Gebäude und Gärten üblich.

Die Fassade des Jin Mao Tower ahmt die traditionellen Stufenpagoden aus Holz nach, die einst im ganzen Land in den Himmel ragten. Mit nach oben spitz zulaufender Form und dem achteckigen Betonkern klettert der Turm teleskopartig in 16 Etappen in die Höhe und wird von einer eindrucksvollen Zackenspitze bekrönt.

Fast alle Maße und Bauelemente haben etwas mit der Zahl Acht zu tun, die als Glück bringend gilt, weil das chinesische Wort für acht, ba, mit fa verwandt ist, was »Reichtum ansammeln« bedeutet. Das Hochhaus ist 88 Stockwerke hoch, das Verhältnis seiner Höhe zur Breite beträgt 8:1. Feng-Shui-Experten bestimmten Bauplatz, Ausrichtung und Form des Gebäudes, um umfassende Harmonie zu gewährleisten. Nach der Feng-Shui-Lehre fördert die Architektur des Jin Mao den Wohlstand und hält das Unglück ab. Aber sie befriedigt auch den Wunsch nach Modernität und Höhe in der am stärksten international geprägten Großstadt Chinas.

ABGETREPPTE FASSADE
Die rhythmisch bewegten Fassaden des Wolkenkratzers bestehen aus Glas, Stahl und Aluminium.

JIN MAO TOWER

88-STÖCKIGES HOTEL- UND BÜROHOCHHAUS, SHANGHAI

> GRAND HYATT HOTEL SHANGHAI
Das Fünf-Sterne-Hotel mit 555 Zimmern auf den Etagen 53 bis 87 ist über einen separaten Zugang erreichbar.

∨ ARKADENZUGANG
Die Büroetagen befinden sich im Hochhaus unterhalb des Hotels und sind über zwei Eingänge erreichbar, darunter diese Glasarkade.

< HOTELEINGANG
Wie durch ein riesiges Schlüsselloch gelangt man ins Foyer. Das Grand Hyatt bietet die höchstgelegenen Hotelzimmer der Welt.

< SEGMENTIERUNG
Alle Maße des Hochhauses sind durch die magische Zahl Acht teilbar. Nach oben verjüngt es sich stufenweise in 16 Segmenten, die jeweils um ein Achtel schmaler werden.

> ROHRTRÄGER
Das Tragwerk der Glasarkade besteht aus einem einfachen, aber eleganten Gitterfachwerk mit Rohrträgern aus rostfreiem Stahl.

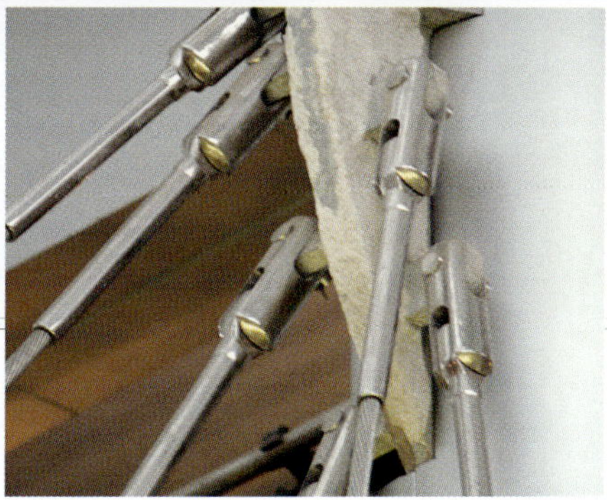

∧ ERDBEBENSICHERE KONSTRUKTION
Das Hochhaus wurde mit den Mitteln modernster Statik erdbebensicher und taifunresistent errichtet.

ROLLTREPPEN IM »PODIUM«
Die Treppen laufen an den Glaswänden in das sechsstöckige Gebäude am Fuße des Jin Mao Tower hinauf, in dem Kultur- und Freizeiteinrichtungen untergebracht sind.

SICHTBARE KONSTRUKTION
Im Inneren des »Podiums« wurde kein Versuch gemacht, die Stützkonstruktion zu verbergen. Dadurch wirkt das Interieur modern, metallisch und sachlich-funktional.

< **BLICK INS »PODIUM«**
Ganz aus schimmerndem Stahl und Glas, beherbergt das »Podium« das Hyatt-Konferenzzentrum, Bankettsäle, die Jin-Mao-Konzerthalle, Läden, Restaurants und Nachtclubs.

> **GLASBÖDEN**
Die Glasfliesen der hängenden Brücke im Einkaufszentrum des »Podiums« werden von unten beleuchtet.

^ **WENDELTREPPE**
Außer den Aufzügen verbindet auch diese edel schimmernde Wendeltreppe die sechs Etagen des »Podiums« miteinander.

^ **FAHRSTÜHLE**
Vom Hauptfoyer gelangen die Angestellten mit Aufzügen in die Büroetagen vom dritten bis zum 50. Stockwerk des Hochhauses.

^ **ATRIUM DES GRAND HYATT HOTELS**
Das runde Atrium des Hotels mit seinen Galerien und Balkonen ragt 115 Meter vom 54. bis zum 87. Stockwerk auf und ist damit einer der höchsten Lichthöfe der Welt.

> BLICK INS ATRIUM
Der Blick von einem der oberen Stockwerke in das zylindrische, von 28 Galerien sowie Treppen umrundete Atrium (Durchmesser 27 Meter) ist atemberaubend.

V PATIO LOUNGE
Blick in die elegante Hotelhalle mit Konzertflügel im 33-stöckigen Atrium.

Λ GRAND HYATT HOTEL: FOYER
Das obere Foyer des Hotels ist im Art-Déco-Stil ausgestaltet und umgibt den Gebäudekern. Schon von hier aus genießen die Gäste das Panorama.

< AUFZUGSLOBBY
Die Böden und Decken der Fahrstuhl-»Haltestelle« in jedem Stockwerk sind mit Granitplatten in markanten Schwarz-Weiß-Kontrasten gestaltet.

< EINLADENDER AUFZUG
Die Innenausstattung des Hotels vermittelt den Eindruck von Opulenz, so auch die Aufzugskabinen mit ihren goldfarbenen Wandelementen.

 CLOUD 9
Eine der vielen Bars des Hotels liegt im 87. Stockwerk, dem höchsten des Grand Hyatt. Von hier hat man einen 360-Grad-Rundblick auf Shanghai.

 DOPPELZIMMER
Jedes der geräumigen Hotelzimmer hat raumhohe Fenster und bietet herrliche Ausblicke auf die Stadt.

> POOL IN DEN WOLKEN
Das Hallenbad im 57. Stock ist das höchstgelegene Schwimmbad der Welt und Teil des Wellness- und Fitness-Bereichs.

PRIVATES GARTENPARADIES

QING-DYNASTIE, GARTEN EINES EHEPAARES, JIANGSU

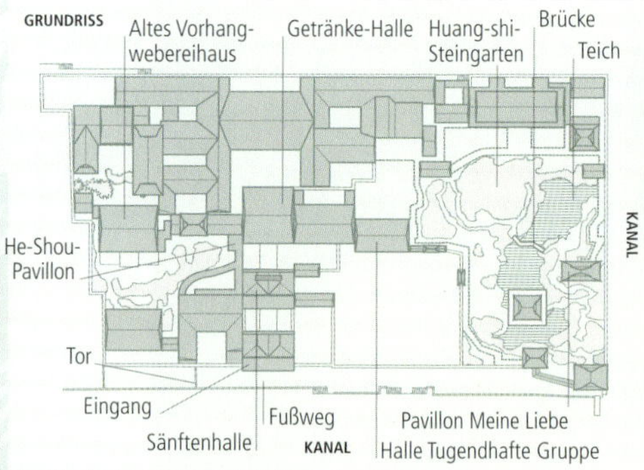

XIAOXIN-BRÜCKENGASSE Der Garten wird auf drei Seiten von Kanälen begrenzt. Der Eingang ist ein unauffälliges Tor in einer ruhigen Straße am Kanal.

ÜBERDACHTER ZUGANG Dieser schmale Flur neben der sogenannten Getränke-Halle führt den Besucher in den östlichen Gartenteil.

GITTERTÜREN Große Hartholztüren mit Gitterfenstern öffnen sich zu schmalen Höfen. Die Türflügel sind so angeschlagen, dass sie leicht und weit zu öffnen sind.

WESTLICHER HOF Dieser Brunnenhof im westlichen Garten ist durch Gebäude und weiß getünchte Mauern von den übrigen Räumen dieses Gartenteils abgetrennt.

藕园

Ob groß oder klein, formal oder nach der Natur gestaltet – chinesische Gärten sind kunstvolle Miniaturlandschaften von eleganter Einfachheit und bestimmt von einem Schönheitsempfinden, das auch die Dichtkunst und Malerei des Landes geprägt hat. Die Privatgärten von Suzhou, Hangzhou und Yangzhou gehören zu den schönsten in der fruchtbaren Gegend von Jiangnan am Unterlauf des Jangtse. Diese meist ummauerten Gärten enthalten sowohl symmetrisch geordnete als auch scheinbar wild belassene Bereiche. Jeder Garten hat einen Namen, und alle seine Teile sind mit einem der Literatur entlehnten Beinamen versehen.

Jeder Garten ist nach festgelegten Regeln angelegt und erhält je nach Grundstücksbeschaffenheit und Geschmack der Besitzer seine individuelle Note. Der Garten soll »natürlich« aussehen, weshalb Wasser und Felsen kunstvoll zu »Gartenkulissen« arrangiert werden. Felsblöcke sind mitunter einzeln platziert, öfter aber zu Steingärten arrangiert. Offene, überdachte Hallen und Gänge sowie Pavillons sind mit Bedacht angeordnet. Gitterfenster aus Holz oder Ziegelstein und Tore mit runden oder eckigen Öffnungen (»Mondtore«) locken Besucher von offenen in geschlossene Gartenräume und wieder zurück. Kalligrafien sind integraler Bestandteil des Gartendesigns.

Der Ou-Garten an der Xiaoxin-Brückengasse in Suzhou bietet alle Elemente eines klassischen Gartenrefugiums. Im späten 17. Jahrhundert angelegt, erhielt er seine jetzige Form im 19. Jahrhundert. Hinter hohen Mauern teilt das Wohnhaus den Garten in zwei unterschiedliche Bereiche. Der westliche wird seinerseits vom Alten Vorhangwebereihaus in zwei Höfe untergliedert. Ein kleiner Hof bildet den Zugang zum östlichen Garten, einem von einer weißen Mauer mit ornamentalen Fensterdurchbrüchen abgeschlossenen Hofraum, in dem auch ein »Mondtor« zum Eintritt in den nächsten Gartenraum einlädt. Überall schützen überdachte Gänge die Besucher vor Regen und Sonne und leiten sie durch die ganze Anlage. Hinter dem Garten gelangt man durch ein Tor zu einem von Suzhous zahlreichen Stadtkanälen.

Dieser Garten ist ein kleines Paradies und eine Oase der Ruhe für einen Gelehrten, die alle Sinne anspricht und voller Kunstgenüsse steckt.

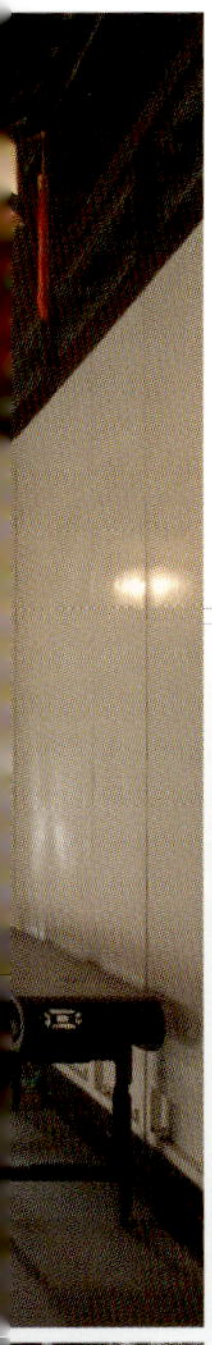

> HE-SHOU-PAVILLON
Durch die offenen Gittertüren strömt Tageslicht in den Pavillon und beleuchtet die Bildrollen an den Wänden sowie die Porzellanvasen auf langen Tischen.

^ PRACHTVOLLES TOR
Reich verzierte Tore wie dieses sind mit poetischen Namen benannt. Durch sie gelangen Besucher von einem Gartenteil in den andern.

< ÜBERDACHTER LAUBENGANG
Dieser schmale, überdachte offene Gang mit Holzgeländer auf der einen und Gittertüren auf der anderen Seite führt zum westlichen Garten.

^ SÄNFTENHALLE
Diese Halle ist mit Kalligrafien und Rollbildern an den Wänden und massiven Holzmöbeln ausgestattet. Sie diente als Empfangshalle.

ZICKZACKBRÜCKE
Kurze, schmale Steinplatten führen im Zickzack übers Wasser und bieten beim Überqueren wechselnde Blickwinkel.

FELSENWEG
Große Felsblöcke beidseits des Weges bilden die Tiefe Schlucht, wie die eingemeißelten Schriftzeichen an einem Felsen verraten.

GARTENHOF
Vor der Sänftenhalle liegt ein kleiner Gartenhof mit einem dekorativen Kiesboden, kleinwüchsigen Bäumen, Büschen und Felsbrocken in bizarren Formationen.

GITTER MIT »MONDTOR«
Dieser kreisrunde, von Holzgittern eingefasste Durchgang führt in ein kleines Arbeitszimmer mit einem Schreibtisch und einer mit Schnitzwerk und Marmorintarsien versehenen Holzbank.

SCHRÄGE BALUSTRADEN
Diese schräg gestellten Balustraden fungieren auch als Rückenlehnen, wenn sich der Passant im Schatten auf dem Mäuerchen ausruht und in den Garten blickt.

ÜBERDACHTER KORRIDOR
Der Korridor verläuft neben einem Kiesweg unter freiem Himmel, sodass Besucher je nach Wetterlage den einen oder den anderen Weg wählen können.

MASSWERKFENSTER
Die Öffnungen in dieser Wand sind durch Steinmetzarbeiten in geometrischen und floralen Mustern nur halb verschlossen. Je nach Wetter gelangt helles oder gedämpftes Licht hindurch.

»MONDTOR«
Dieser Durchgang führt in einen weiteren Gartenraum und rahmt die Komposition aus Felsen und Vegetation.

STEINSTELEN
Zwei spitz zulaufende Steinstelen scheinen wie die Bambusschößlinge daneben in den Himmel zu streben.

GITTERFENSTER
Dieses modern anmutende Holzgitterwerk passt hervorragend zur dahinter liegenden Pflanzenkulisse.

AUSGEWOGENE KOMPOSITION
Die Zickzackbrücke schafft eine harmonische Verbindung der Gartenelemente Wasser, Land, Gebäude, Vegetation und Felsen.

BEIJIAN-BRÜCKE

ÜBERDACHTE REGENBOGENBRÜCKE, ZHEJIANG

> TAUSENDFÜSSERBRÜCKE
Die Beijian-Brücke ähnelt einem Tausendfüßer, der den Fluss überschreitet – was ihr den entsprechenden Spitznamen eintrug.

V BOGEN AUS GERADEN BALKEN
Die Detailaufnahme zeigt, dass die Bogenform der Brücke von sich überschneidenden Schrägstreben und Balken gebildet wird. An beiden Seiten führen wenige Stufen hinauf.

GRUNDRISS

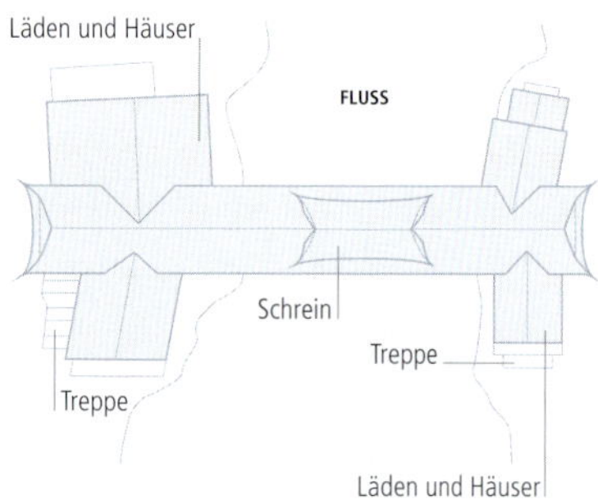

Die Beijian-Brücke ist ein schönes

北涧桥

Beispiel einer sogenanten Regenbogenbrücke, jenen historischen Brückentyp, der nur von einem Rollbild des 12. Jahrhunderts bekannt war und von dem man bis vor Kurzem annahm, es gebe ihn seit etwa 900 Jahren nicht mehr. In den letzten zehn Jahren sind jedoch 100 dieser Dach- und Häuserbrücken in ganz China wiederentdeckt und dokumentiert worden, die meisten im Süden der Provinz Zhejian und im nördlichen Fujian. In diesen Bergregionen überspannen sie tiefe Schluchten. Brücken dieses Typs gibt es nirgendwo sonst auf der Welt. Sie sind Zeugnisse für den Einfallsreichtum, das Know-how und die Geschicklichkeit chinesischer Zimmerleute und Baumeister.

Die Beijian-Brücke aus dem Jahr 1674 führt über einen Fluss im Kreis Taishun, Provinz Zhejiang. Sie ist etwa 50 Meter lang und fünf Meter breit. 1987 wurde sie restauriert und überstand 2005 eine Hochwasserkatastrophe, als der reißende Fluss sie zwar schwer beschädigte, aber nicht zerstörte.

Aufgrund der mit Latten verblendeten Konstruktion wirkt die Brücke aus der Ferne gesehen wie eine Bogenbrücke. Tatsächlich handelt es sich jedoch um eine Dachbrücke mit schrägen Stütz- und Strebebalken, die an beiden Ufern in Fundamenten verankert sind. Liegende Balken sind mit den diagonalen verstrebt und zusätzlich mit Rattanseilen befestigt. Die Aufbauten überdachen das Brückendeck; ihr Gewicht erzeugt die nötigen Druckkräfte, um die gesamte Konstruktion zu stabilisieren. Holzpfosten, Holzbalken und Dachziegel tragen ebenfalls dazu bei, dass die Brücke Wassermassen und Taifunen widerstehen kann.

Der Brückengang wird von Pfosten und Balken gebildet, die geschickt ohne Nägel, nur durch Mörtel, miteinander verbunden wurden. Dachüberstände schützen die hölzerne Brückenkonstruktion vor Regen.

Holzhäuser an beiden Brückenenden enthalten Läden und Wohnungen im Obergeschoss. In der Mitte der Brücke befindet sich ein Schrein mit Bildnissen lokaler Gottheiten. So dient das Bauwerk nicht nur der Flussüberquerung, sondern auch als Treffpunkt der Dorfgemeinschaft.

Λ GEDENKTAFEL
Die vier chinesischen Schriftzeichen bedeuten »Altes Baukulturdenkmal«. Die Beijian-Brücke ist über 300 Jahre alt.

> DACHBRÜCKE
Mit ihren 88 Holzpfeilern und den unzähligen Balken und Sparren im Dachstuhl ist die Brücke in Ständerbauweise konstruiert, ähnlich wie chinesische Häuser und Tempel.

> VERZIERTER PFEILERSOCKEL
Das in diesen Steinsockel eingemeißelte Motiv heißt *lingzi*. Es bedeutet wörtlich »Pilzschwamm der Unsterblichkeit« und soll Wünsche erfüllen.

PHÖNIX
Das Glück bringende Symbol, meist mit dem Drachen, bedeutet Süden und Sonne.

SINUOUS DRAGON
Der Drachen, eines von vier göttlichen Tieren, bedeutet Osten, soll Regen bringen und ist ein Fruchtbarkeitssymbol.

BRÜCKENGANG
Früher enthielten die drei kleinen Nischen Bildnisse von Göttern und Göttinnen, die zu zeremoniellen Anlässen hervorgeholt wurden.

FIGUR EINER GOTTHEIT
Blumenopfer vor der Porzellanfigur einer Gottheit aus dem buddhistischen Pantheon belegen, dass diese auch heute noch verehrt wird.

BRÜCKENPORTAL
Mit den nach oben gebogenen Dachkanten wirkt der westliche Zugang zur Brücke wie das Portalhaus eines Tempels.

GEDENKSTELEN
Blick vom westlichen Brückenzugang auf eine Reihe von Steinstelen, die an den Bau der Brücke und ihre späteren Rekonstruktionen erinnern.

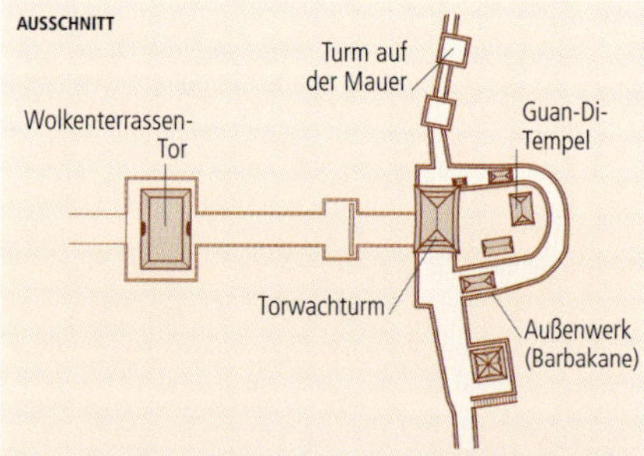

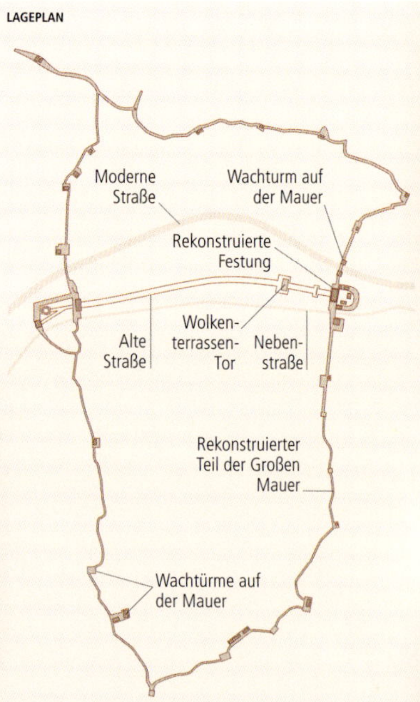

< REKONSTRUIERTE FESTUNG
Der restaurierte Komplex umfasst etliche von Aufbauten bekrönte Tore und ein U-förmiges Außenwerk.

V WOLKENTERRASSE
Der weiße Marmor-Torbogen war einst von drei pagodenförmigen Aufbauten bekrönt, die im 15. Jh. durch ein Erdbeben zerstört wurden.

Chinas größte Bauleistung ist die 2500 Kilometer lange Mauer, die zur Befestigung der nördlichen Landesgrenze errichtet wurde. Die frühesten Abschnitte sollen aus dem 7. Jahrhundert v. Chr. stammen. In den darauffolgenden Jahrhunderten führten verschiedene Machthaber den Bau der Mauer als Schutzwall gegen ihre Kriegsgegner fort, wobei sie häufig Mauerreste aus früheren Zeiten verwendeten. Als der erste Kaiser, Qin Shihuang, China im Jahr 22 v. Chr. vereinigte, befahl er, die Mauern der besiegten Länder an der Nordgrenze zu ergänzen und zu verstärken, um so eine durchgehend befestigte Grenze zu erhalten. Über 1500 Jahre sollten vergehen, bis China erneut Anstrengungen unternahm, die Mauer zu vollenden.

居庸关

Das Ziel der Ming-Dynastie (1368–1644) war es, die nördliche Grenzmauer bis auf etwa 6300 Kilometer zu verlängern. Sie wurde in neun Abschnitte unterteilt, jeder mit eigener Festung, Wachtürmen und strategisch platzierten großen Toren als Passierstellen.Von diesen sind heute noch ein Dutzend gut erhalten. Die berühmtesten sind das Shanhaiguan am Ostende der Mauer, Jiayuguan im Westen und Juyongguan 60 Kilometer nördlich von Beijing. Der Torbogen aus weißem Marmor, genannt Yuntai (Wolkenterrasse) entstand gegen Ende der Mongolenherrschaft, kurz vor Beginn der Ming-Periode.

Grundsätzlich waren die Mongolen gegen eine Barriere zwischen ihrer nördlichen Heimat und China. 1213 war es Dschinghis Khans Truppen nicht gelungen, Juyongguan zu stürmen. Da es in einem langen Tal liegt, mussten sie sich neu formieren, um aus einer anderen Richtung anzugreifen. Unter dem letzten mongolischen Kaiser entstanden hier zwischen 1343 und 1345 eine Pagode in tibetischer Bauart (später zerstört) und der 9,5 Meter hohe Torbogen der Wolkenterrasse mit drei Türmen darauf, die bis zum frühen 15. Jahrhundert erhalten blieben. Die Innenflächen des Torbogens sind mit Reliefs tantrisch-buddhistischer Gottheiten, buddhistischen Sutren sowie einer Inschrift in den sechs Hauptsprachen des Mongolenreichs geschmückt. Eine davon ist Tangut. Sie wurde im Xi-Xia-Königreich gesprochen, das Nordasien von 1028 bis zur Eroberung durch die Mongolen beherrschte.

Λ KREUZ AUS DONNERKEILEN
Dieses Relief an der Außenmauer symbolisiert die für den tantrischen Buddhismus bedeutenden Fünf esoterischen Buddhas.

> GÖTTLICHER WÄCHTER
Andere Reliefs stellen die Könige der vier Himmelsrichtungen dar. Einer von diesen ist hier abgebildet.

JUYONGGUAN

PASSIERSTELLE DER YUAN-ZEIT, GROSSE MAUER, BEIJING

< TORBOGENSTURZ
Das Relief über dem Torbogen stellt den König der Vögel dar, umgeben von Figuren und Tieren.

V TANTRISCHE GOTTHEITEN
An den Wänden des Tordurchgangs sind Reliefdarstellungen von Gottheiten aus dem tantrisch-buddhistischen Pantheon zu sehen.

V BARBAKANE-TEMPEL
Das U-förmige Außenwerk (Barbakane) des Juyongguan umfasst einen kleinen, dem Kriegsgott Guan Di geweihten Tempel.

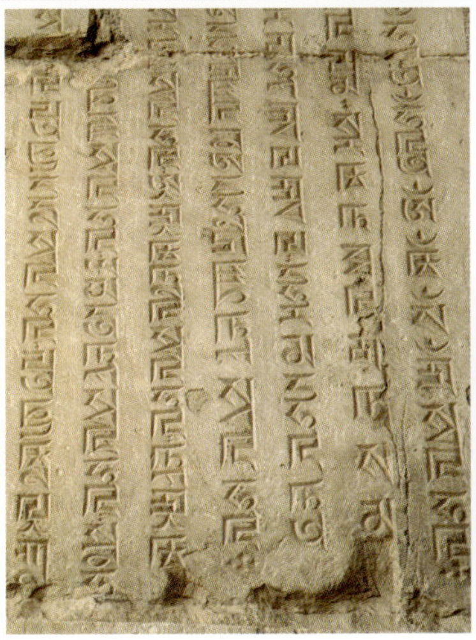

Λ BESCHWÖRUNGSFORMELN
Buddhistische Texte in den sechs Hauptsprachen und Schriften des Mongolenreiches: Chinesisch, Tibetisch, Sanskrit, Mongolisch, Uigurisch und Tangut.

Λ TORAUFBAU
Der mehrstöckige Aufbau auf dem Tor ist der »Erste große Pass unter dem Himmel« und ist von grauen Mauern mit mehreren kleinen Portalen geschützt.

< KLEINES TOR
Dieses kleine, mit wunderschönen glasierten Ziegeln gedeckte Tor führt in den äußeren Teil der Umfriedung (Barbakane).

TREPPENAUFGANG
Im gesamten Juyongguan-Komplex sind die verschiedenen Ebenen und einzelnen Räume durch überwölbte Treppen und Bogengänge miteinander verbunden.

BACKSTEIN UND HOLZ
Über den Zinnen des Torturms aus Ziegelmauerwerk erheben sich hölzerne Aufbauten wie dieser. Darin befanden sich die Quartiere der Wachsoldaten.

SIGNALTURM, INNENANSICHT
Hinter den dicken Backsteinmauern des Wachturms waren die Soldaten vor Angreifern ebenso geschützt wie vor den Unbilden des Wetters.

LUKEN
Durch kleine Öffnungen in den Mauern konnten die Wachleute die Landschaft ringsherum überblicken.

KLEINER SCHUPPEN
Die Festung Juyongguan brauchte auch Lagerräume wie diesen für Lebensmittelvorräte und Waffen. Man findet sie hier an vielen Stellen.

WEHRGANG
Der Wehrgang auf den Festungsmauern (hinter der Zinnen-Brustwehr) führt mehrfach über steile Treppen durch die Signaltürme.

SIGNALTÜRME
Die Signaltürme wurden am höchsten Punkt einer Festung errichtet und dienten der Übermittlung von Rauchzeichen.

DIE GROSSE MAUER
Die aus Erde, Natur- und Backstein errichtete Mauer ist an der Basis 7,5 m breit und verjüngt sich auf 4,5 m.

KLETTERNDE MAUER
Hier windet sich die Große Mauer zum Signalturm hinauf und von dort hinab in das schmale Tal hinter dem strategisch wichtigen Juyongguan-Pass.

SICH ANPASSENDE MAUER
Die Mauer folgt dem zerklüfteten Berghang. Einst schützte sie das chinesische Territorium vor Eindringlingen.

SICHERHEITSGELÄNDER
Heute helfen Handläufe den Touristen dabei, die steileren, unwegsameren Abschnitte der Großen Mauer zu erkunden.

DIE WEISSE PAGODE

DAI-KLOSTER MANFEILONG, YUNNAN

> **WÄCHTERSCHLANGEN**
Nagas sollen Treppen, Türen und andere Teile des Tempels beschützen. Dieser bewacht die Treppe zur überlebensgroßen Buddhastatue.

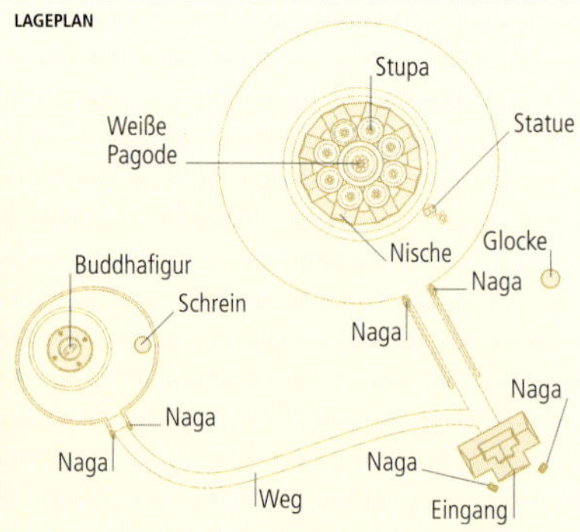

> **WANDBILDER**
Buddhas und buddhistische Motive sind in Schablonentechnik auf die roten Wände neben dem Klostertor gesprüht.

v **NAGAFIGUR**
Nagafiguren sind Darstellungen des mystischen Schlangenkönigs, der Buddha während der Meditation beschützt haben soll.

曼飞龙塔

Der Landkreis Jinghong liegt in der Autonomen Region Xishuangbanna im Süden der Provinz Yunnan am Ufer des Mekong, unweit der Grenze zu Birma. In diesem tropischen Gebiet liegen die Klöster der Dai, einer sinoburmesischen Volksgruppe, Anhänger des Theravada-Buddhismus.

Dai-Klöster stehen meist mitten im Dorf oder aber auf einer Anhöhe außerhalb des Dorfes. Den Mittelpunkt bildet stets die Buddhahalle; fast alle Klöster haben eine Pagode. Tore, Bibliotheken für die Schriften zur Lehre Buddhas (Sutren) und Häuser für die Mönche gehören ebenfalls typischerweise zu einem Dai-Kloster.

Dieses südlich des Dorfes Manfeilong gelegene Kloster wurde nach seinem berühmtesten Bau benannt, der Weißen Pagode. Dabei handelt es sich nicht um eine, sondern um eine Gruppe von neun weiß gekalkten Pagoden bzw. Stupas auf einer fast kreisrunden, drei Meter hohen Plattform. Das Ensemble ist eine Mischung südostasiatischer und volkstümlicher Dai-Architektur. Die neun Stupas sind massive Gebilde mit hoch aufragenden, bauchig-kugelig gegliederten Spitzen aus dekorativem Ziegelmauerwerk. Der dreistöckige Stupa in der Mitte ist 16,3 Meter hoch. An der Basis ist jeweils eine Nische mit einer Buddhafigur eingelassen. Die Nischen sind rot, gelb und grün ausgemalt und mit Holzschnitzereien ausgestattet. Jeder Stupa wird von einer mit Schellen bestückten Bronzespitze bekrönt. Die kleineren stehen im Achteck um den großen zentralen Stupa. Unter der Hauptplattform befindet sich ein Bildnis Shakyamunis, der einzigen von den Dai verehrten Gottheit. Die Vertiefung in einem nahe gelegenen Felsblock soll ihr Fußabdruck sein. Die Einheimischen nennen die Manfeilong-Stupas »Pagode der Bambusschößlinge«.

Die erste Weiße Pagode entstand 1203, angeblich nach dem Entwurf indischer Mönche unter der Führung eines lokalen Stammeshäuptlings. Der heutige Bau stammt wahrscheinlich aus dem 19. Jahrhundert. In der Nähe, in Damenglong, steht ihr Gegenstück, die 1204 erbaute, 18 Meter hohe Schwarze Pagode.

< **NAGAFIGUR, AUSSCHNITT**
Manche ähneln eher Drachen als Schlangen. Sie winden sich an Treppen und Dachkanten oder an Außenmauern entlang.

> **GOLDENE GLOCKE**
Ihr Klang ist eng mit buddhistischen Ritualen verbunden. Diese hier wird mit dem Holzklöppel darauf angeschlagen.

< **SCHREIN, AUSSCHNITT**
Schlanke Steinfiguren – etliche wie Blätter, andere wie Schlangen geformt – ragen auf dem Dach des plastisch verzierten Schreins in den Himmel.

^ **BUDDHASTATUE UND SCHREIN**
Die Buddhafigur hinter dem reich ornamentierten Schrein erhebt die rechte Hand in segnender Geste. Der kleine Schirm über seinem Kopf soll die Überlegenheit des Buddhismus darstellen.

^ **STUPA-ENSEMBLE**
Vom Weg zwischen Klostereingang und Pagode aus gesehen, wirken die Stupas, die sich um die Weiße Pagode gruppieren, äußerst eindrucksvoll.

^ **WEISSE PAGODE**
Ein Naga-Wächter überblickt das Ensemble aus acht um einen großen Stupa. Mit ihren Buddhabildnissen in den Nischen im Sockel bilden sie das Hauptheiligtum des Manfeilong-Klosters.

< **STUPASPITZEN**
Die Spitzen sind ähnlich geformt und geschmückt. Die Lotosblume (links) ist das Symbol der Reinheit.

> **STUPAKRONE**
Jede Stupaspitze wird von einer Wetterfahne, Glocken und einer »Windharfe« bekrönt.

< ∧ **NISCHENFRIES, AUSSCHNITT**
Geschnitzte mythische Figuren als Relief und Vollplastik schmücken die farbig gefassten Giebelkanten der Nischendächer.

BUDDHA IN EINER NISCHE
Vor der vergoldeten Buddhafigur im Lotussitz in der Wandnische eines der kleineren Stupas bringen die Gläubigen Blumen und andere Opfergaben dar.

BUNT BEMALTE FIGUR
Diese in leuchtenden Farben bemalte Frauenfigur bewacht ein Modell der Nischen, die am Sockel der Stupas eingelassen sind.

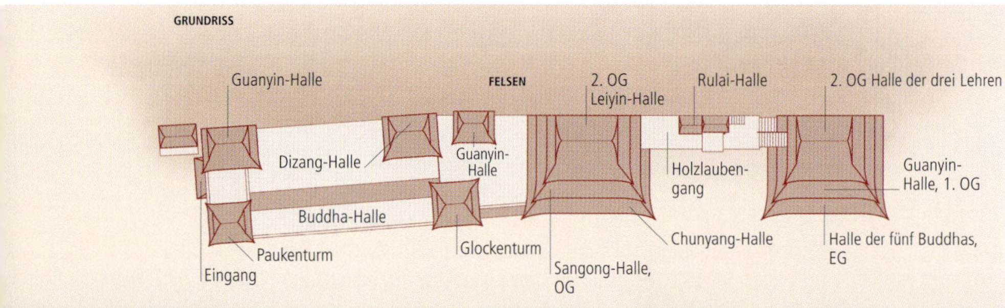

ETAGENDÄCHER
Goldene Walmdächer schützen die offenen Korridore der Tempelhallen und scheinen an der Felswand zu kleben.

IN DIE STEILWAND GEBAUT
Holzfassaden und Dächer schließen die in den Fels gehauenen Räume nach außen ab. Die Tempelhallen sind durch Laubengänge miteinander verbunden.

XUANKONG SI

HÄNGENDES KLOSTER, SHANXI

悬空寺

Xuankong Si heißt wörtlich übersetzt »In der Luft hängendes Kloster«. Es ist ein weltberühmtes Wunder der chinesischen Architektur and klammert sich geradezu an eine Steilwand des Berges Heng Shan nahe der Stadt Datong im Norden der Provinz Shanxi. Ursprünglich in den ersten Jahrzehnten des 6. Jahrhunderts errichtet, umfasst es heute über 40 Bauten, die sich von Norden nach Süden erstrecken. Sie sind durch Gänge und Brücken miteinander verbunden, die in die Felswand gehauen oder über Abgründen errichtet wurden. Natürliche Höhlen und Felsnischen wurden zu Tempelhallen erweitert und mit prächtigen Holzfassaden versehen. Die Klosterbauten werden durch Querbalken und Holzpfeiler gestützt. Trotzdem sehen sie so aus, als könnten sie jeden Moment abstürzen.

Die beiden dreistöckigen Hauptgebäude haben mehrstufige Walmdächer. Auf jeder Etage gibt es einen Tempelraum, der tief in den Felsen gehauen wurde. Insgesamat finden sich darin über 80 Buddha- und Götterfiguren aus Bronze, Eisen, Ton und Stein – Zeugnisse eines Synkretismus, bei dem sich in Xuankong Si Chinas drei Hauptreligionen verbanden – Buddhismus, Taoismus und Konfuzianismus.

Beim Gang durch die hölzernen Laubengänge beeindruckt die Stabilität der Konstruktion ebenso wie der Blick in die tiefe Schlucht. Das Kloster hat jede Menge Unwetter und sogar Erdbeben weitgehend ohne Schaden überstanden. Die Herrscher der nördlichen Wei-Dynastie (386–535) bauten als Erste hier, die Gebäude wurden aber seither immer wieder restauriert, vor allem unter den Jin (1115–1234), Yuan (1279–1368) und Ming (1368–1644).

Die Inschrift auf einer undatierten Stele erzählt, dass viele Baumeister beim Anblick der Felswand zurückschreckten, dass aber einer mit Namen Zhang fest davon überzeugt war, es werde ihm gelingen. Er ließ das Bauholz bis an den Fuß des Berges schaffen, wo es zugeschnitten wurde. Dann beförderten die Arbeiter sämtliche Bauteile, Werkzeuge und sich selbst an Seilen an der zerklüfteten Steilwand hinauf. Heute hat man nur eine blasse Ahnung von den Schwierigkeiten, die zu bewältigen waren, um etwas so Spektakuläres zu bauen. Auch heute noch wäre dies für jeden Bauingenieur eine enorme Herausforderung.

STÜTZPFEILER
Verschieden lange, schlanke Holzpfähle sind im Felsen verankert und stützen die Laubengänge und Klosterhallen ab.

GLASIERTE DRACHENFIGUREN
Die Firstziegel der Hauptgebäude sind mit Drachenfiguren aus glasiertem Ton bekrönt, weil diese mythischen Wesen im Fall eines Feuers Regen machen können.

TRAUFKANTENSCHMUCK
Die zwei sich aufwärtsschwingenden Dachüberstände der Hallen gehören zu den klassischen Elementen mehrstöckiger chinesischer Bauten.

PAUKENTURM UND LAUBENGANG
Schmale Korridore schmiegen sich an die Felswand. Dieser führt vom Paukenturm (links) zur Buddha-Halle (rechts).

TRAGKONSOLEN
Die mit Schnitzereien verzierten Tragkonsolen des Dachs über dem Korridor werden ihrerseits von Holzpfeilern abgestützt.

DACHZIEGEL
Blau und goldgelb glasierte Ziegel in Form von Löwen- und Phönixköpfen zieren die Traufkante.

˅ FARBENFROHES DACHGESTÜHL
Sämtliche Oberflächen der Klosterbauten, inklusive Dachbalken, Türrahmen, Säulen und Konsolen, sind reich verziert und farbenprächtig bemalt.

> DEKORATIVE TRAUFSTEINE
Die farbig lackierten Dachbalken sind mit runden und dreieckigen Formziegeln abgeschlossen und dienen als Tropfnasen für das Regenwasser.

< HÖLZERNER LAUBENGANG
Über diesen und weitere Laubengänge gelangt man in die verschiedenen Tempelhallen.

˄ BLICK INS DACHGESTÜHL
Zu immer kleineren Gevierten miteinander verstrebte Balken tragen das Pyramidendach des Paukenturms.

˄ BUDDHA- UND MÖNCHSFIGUREN
In der Halle der drei Lehren werden eine Buddha- und etliche Mönchsfiguren von prächtigen Holzschnitzereien eingerahmt.

< **STATUE EINES WEISEN**
In der Lelyin-Halle im 2. Obergeschoss des Klosterkomplexes bildet die große, farbig gefasste Figur eines Gelehrten den Mittelpunkt des Altarbereichs.

> **GÖTTERNISCHE**
Die Chunyang-Halle im Erdgeschoss hinter der Sangong-Halle enthält eine Reihe holzgerahmter Nischen mit kleinen Götterfiguren.

∧ **TIERFÖRMIGER KOPF**
Kopf eines Dämons mit tierischen Zügen auf einem Pfeiler in der Halle der drei Lehren

< **BUDDASTATUEN**
Diese Buddhabildnisse stehen in Nischen, die in die Felswände des Tempels gehauen wurden.

TIN-HAU-TEMPEL

SCHREIN DER HIMMLISCHEN KAISERIN, HONGKONG

> DACHSCHMUCK
Die geneigten Dachgrate sind mit mehrfarbig glasierten Keramikfiguren und Ornamenten im traditionellen Stil geschmückt.

GRUNDRISS

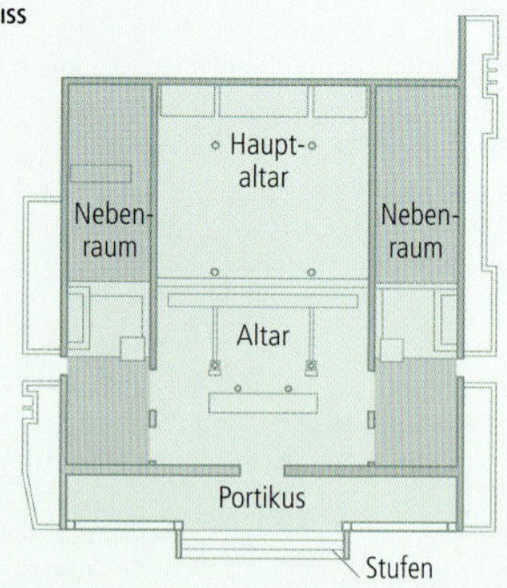

Die Himmlische Kaiserin (Tin Hau) gehört in Südostchina zu den wichtigsten Gottheiten. Sie wird in rund 60 Tempeln verehrt und ist auch als die mitfühlende, mütterliche Göttin Mazu bekannt. Als Schutzpatronin der Fischer wird Tin Hau seit jeher in den Tempeln der chinesischen Hafenstädte und Fischerdörfer an der Küste verehrt.

天后庙

Dieser Tin-Hau-Tempel steht jedoch in Causeway Bay, einem der am dichtesten bebauten Stadtbezirke im Norden der Insel Hongkong. Zur Bauzeit des Tempels – Anfang des 18. Jahrhunderts –, der von einer reichen Familie in Auftrag gegeben wurde, lag das Grundstück am Hafen. Im Zuge von Landgewinnungsmaßnahmen wurde dieser zugeschüttet und die Insel nach und nach um dringend gebrauchtes Neuland vergrößert. Deshalb steht der einstige Küstentempel heute mitten in einem Hochhausviertel. Der Vorplatz ist ein beliebter Treffpunkt des Stadtteils und Mittelpunkt des öffentlichen Lebens. Tagsüber halten sich die Menschen – vor allem Senioren – gerne hier auf, trinken Tee, essen eine Kleinigkeit, hören chinesische Opernmusik und konsultieren Wahrsager.

Der Tempel ist nicht sehr groß, enthält aber eine erstaunliche Fülle unterschiedlichster Ornamente, von denen sich viele unter den Dachüberständen, auf dem Dach und im dunklen Innenraum versteckt finden. Tonidole aus den weltberühmten Töpfereien von Shiwan, Provinz Guangdong, wo angeblich 60 Prozent aller weltweit produzierten Keramikwaren herstammen, zählen zu besonderen Schmuckstücken. Beim Betreten des Tempelhofes erhaschen Besucher einen Blick auf die in Rot gekleidete Statue Tin Haus im dunklen Innenraum und können die Malereien an der Unterseite der Dächer bewundern.

Neben zahlreichen Holzteilen bestehen die Säulen, Kragbalken und Türeinfassungen alle aus behauenem Stein. Fast alle sichtbaren Teile der Konstruktion sind mit Reliefs oder Malereien geschmuckt. Die gleichen Glück bringenden Motive finden sich auch in anderen Bauten Chinas, die meisten stehen in Verbindung mit den fünf wichtigsten Wünschen: Langlebigkeit, Wohlstand, Gesundheit, Tugendhaftigkeit und ein natürlicher Tod im hohen Alter.

V DACHKRONE
Prachtvolle farbige Keramikfiguren stellen die Geschichte Tin Haus dar; eine Sonne aus Mosaiksteinchen bildet die Spitze.

^ STÜTZKONSOLEN
Wo Steinträger auf Steinpfeilern ruhen, sorgen plastisch verzierte Kragkonsolen für zusätzliche Festigkeit.

^ FLEDERMAUSMOTIV
Das chinesische Wort für Fledermaus (*fu*) ist gleichlautend mit dem Wort für Glück, weshalb Fledermausornamente als Glücksbringer gelten.

< STIRNZIEGEL
Abwechselnd runde und dreieckige, reliefverzierte Stirnziegel bilden die Traufkante des Dachs.

> PORTALSCHMUCK
Mehrere kleine Löwenfiguren sitzen über dem Eingang. Dahinter sieht man gemalte Szenen mit Fischern, deren Schutzgöttin Tin Hau ist.

V MINIATURFIGUREN
Winzige geschnitzte und bemalte Figuren unter den Dachüberständen stellen die Legende der Göttin Tin Hau dar.

Λ GLÜCKSLAMPION
Papier- und Bambuslampions wie dieser hier schmücken zahlreiche Tempel in Hongkong.

Λ EINGANGSBEREICH
Frühmorgens ist der Hof vor dem Eingangsportal leer und still. Später am Tag drängen sich hier die Gläubigen.

> VOTIVNISCHE
Vor kleinen altarähnlichen Wandnischen rund um den Tempelbau richten Gläubige ihre Bitten an die Götter.

< RÄUCHERGEFÄSS
Die plastischen Ornamente auf diesem Gefäß für Räucherstäbchen stellen Schutzgeister dar. Die Farben Rot und Gold gelten als Glück bringend.

Λ LÖWENFIGUR
Dieser Steinlöwe ist einer von mehreren, die den Tempel als »Wächter« umgeben.

TORWÄCHTER
Zwei bunt bemalte Torwächterfiguren in kriegerischer Aufmachung bewachen das Eingangstor.

TIN-HAU-SCHREIN
Eine umfangreiche Sammlung von Porzellanfiguren der Himmlischen Kaiserin steht vor rot bestickten Wandbehängen in der Haupthalle des Tempels.

HAUPTHALLE
In Glück bringenden Rottönen ausgemalt, enthält der Hauptsaal Opfertische, Kästen mit Votivkerzen, Räucherstäbchen, Bronzegefäße und symbolträchtige Stickereien.

GLÜCKSSTÄBCHEN
Bambusbecher mit nummerierten Stäbchen. Nach kräftigem Schütteln wählt man einen aus und erhält Aufschluss über die eigene Zukunft.

BESCHÜTZER
Diese geschnitzte Figur, der manchen eher wie ein Dämon scheinen mag, zählt zu den vielen Beschützern der Gottheiten im Tempel.

STATUE VON TIN HAU
Die prächtig gekleidete, hell beleuchtete Figur der Himmlischen Kaiserin auf dem Ehrenplatz im Schrein.

RÄUCHERSCHLANGEN
Diese großen Räucherschlangen brennen tagelang und symbolisieren Lösung aller menschlichen, irdischen Bindungen.

HÄNGELATERNE
Glück bringende Münzen im Maul eines Drachen und zarte Frauenfiguren auf Seide gemalt machen diese Laterne zur Lichtqelle und zum Symbolträger.

RÄUCHERGEFÄSS
Bündel von aromatischen Räucherstäben stecken als Opfer für Tin Hau in diesem Bronzegefäß. Die Asche sammelt sich am Topfboden.

GUAN YU
Traditionell als rotgesichtiger Krieger dargestellt, ist Guan Yu eine Gottheit der Han-Dynastie, die Buddhisten wie Daoisten verehren.

LAGEPLAN

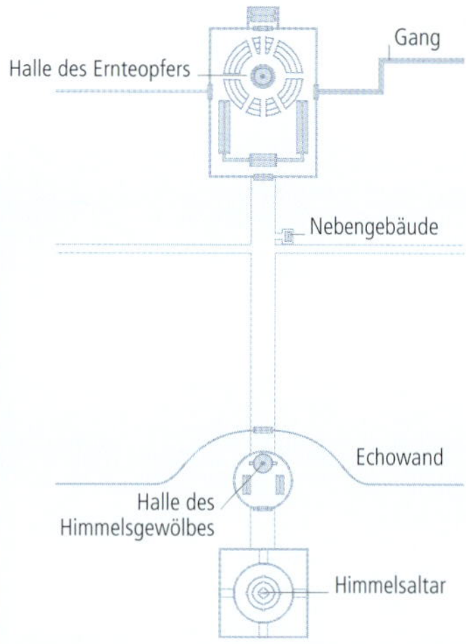

Die Anlage des Himmelstempels ist von einer hufeisenförmigen, fast 6,5 Kilometer langen Mauer umfasst. Hier hielt der Kaiser die beiden heiligsten Zeremonien des kaiserlichen China ab, die Wintersonnwendfeier und die Feier des ersten Vollmondes nach Neujahr. Die drei Haupthallen repräsentieren die zwei chinesischen Idealformen Kreis (Symbol für den Himmel) und Quadrat (Symbol für die Erde).

天坛

Seit dem ersten vorchristlichen Jahrtausend schrieben kultische Texte vor, dass die Himmelsanbetung südlich der Hauptstadt vollzogen werde. Der Ming-Kaiser Yongle (Regierungszeit 1402–1424) ließ den Himmelstempel also südlich der Stadtmauern errichten. Nach der Stadterweiterung von 1553 lag der Komplex dann allerdings nördlich der neuen Stadtmauern.

Der Kaiser betrat den Tempel nicht wie andere kaiserliche Bauten von Süden, sondern von Westen. Im Westabschnitt des Himmelstempels wurden rituelle Instrumente gelagert und Tiere geopfert. Hier fastete der Kaiser und vermied sorgfältig alle Tätigkeiten, die ihn von seinen religiösen Pflichten abgelenkt hätten. Mehrere Tage lang aß er nur vegetarisch und verzichtete auf weibliche »Begleitung« sowie andere Vergnügungen. Zur Wintersonnwendfeier begab er sich auf den Himmelsaltar, um den Göttern Bericht über die Ereignisse des vergangenen Jahres zu erstatten. Zur Feier des ersten Vollmondes nach Neujahr verneigte er sich in der Halle des Ernteopfers vor dem Himmel.

Der Himmelsaltar besteht aus drei kreisrunden, stufenförmig ineinander gelagerten Marmorterrassen. Die Anzahl der Steinplatten, mit denen sie belegt sind, ist jeweils durch die heilige Zahl Neun teilbar. Wenn der Kaiser zum Gebet auf dem obersten Stein kniete, verstärkten die Brüstungsmauern seine Stimme. Akustische Effekte wurden auch in die Halle des Himmelsgewölbes eingebaut. Die halbrunde Echowand trägt selbst ein Flüstern von einer Seite der Halle zur anderen.

Die vier größten der 28 Säulen, die die Halle des Ernteopfers stützen, stehen für die Jahreszeiten. Die sie umgebenden Säulen repräsentieren die zwölf Monate des chinesischen Mondkalenders, zwölf weitere die Einheiten der chinesischen Tageseinteilung.

∧ **HIMMELSALTAR**
Der Altar besteht aus drei, über vier Treppenanlagen zugänglichen Ringterrassen mit Brüstungen aus weißem Marmor.

> **BRÜSTUNGSPFEILER**
Die Anzahl der Balustradenpfeiler auf jeder Terrasse – 72, 108 und 180 – ist stets durch neun teilbar.

∨ **DRACHENKOPF**
Diese aus den Brüstungsmauern vorstoßenden Drachenköpfe dienen als dekorative Wasserspeier.

> **PFEILERKRONEN**
Die über den oberen Brüstungsrand des Himmelsaltars aufragenden Pfeilerabschnitte sind mit sich windenden Drachen plastisch verziert.

HIMMELSTEMPEL

TEMPELANLAGE DER MING-ZEIT, BEIJING

AUSBLICK NACH NORDEN
Die vier Treppenaufgänge des Himmelsaltars weisen in die vier Himmelsrichtungen. Nach Norden blickt man zur Halle des Himmelsgewölbes.

GOLDENE SCHRIFTZEICHEN
Auf der Tafel über dem Eingang prangen die Zeichen für *huang qiong yu*: Halle des Himmelsgewölbes.

HALLE DES HIMMELSGEWÖLBES
Auf einer Mamorplattform erhebt sich diese Rundhalle mit Holzgitterpaneelen. Das Dach ist mit blau glasierten Ziegeln und einer goldenen Kugel geschmückt.

BEMALTE DECKE IN EINEM NEBENGEBÄUDE
Kultgegenstände und Bildnisse verschiedener Gottheiten wurden in prächtig geschmückten Bauten neben der Gebetshalle aufbewahrt.

STEINPLATTENBELAG
Der runde Stein in der Mitte der obersten Terrasse ist von konzentrischen Steinplattenringen umgeben. Der innerste besteht aus neun, der äußerste aus 81 Platten.

IM INNEREN DES HIMMELSGEWÖLBES
Die üppig ausgemalte Kuppel dieser Tempelhalle ruht auf acht dicken Säulen. Zeremonielle Tafeln schmücken die Wände.

GEBETSHALLE
Die dreistöckige Halle des Ernteopfers ist Mittelpunkt und Krönung einer kreisrunden dreistufigen Plattform.

NAMENSSCHILD
Jeder bedeutende Bau trägt in China ein Schild mit seinem Namen. Hier lesen wir *qi nian dian*.

GELÄNDER MIT STEINSTELEN
Die Halle des Ernteopfers und die Halle des Himmelsgewölbes sind von kreisrunden Balustraden umgeben, bekrönt von Reliefstelen.

GITTERFENSTER
Filigrane Gitter zwischen blauen Ziegeln und lackierten Sturzbalken lassen Licht und Luft in die Halle des Ernteopfers.

MARMORRELIEF-RAMPEN
Der Kaiser wurde über die eingemeißelten Wolken und Drachen – Symbole für den Weg zum Himmel – hinaufgetragen.

DECKENMUSTER
Die vielfarbig bemalte Decke der Halle des Ernteopfers ruht auf 18 Meter hohen, glanzlackierten Säulen.

LACKIERTE SÄULEN
Die Holzsäulen wurden mit mehreren Lackschichten versehen, in die dann kunstvolle Muster geschnitzt wurden.

MEHRFARBIGES STUFENDACH
Die vertikalen Flächen des Ringpultdachs auf der Halle des Ernteopfers, des einzigen mit drei Stufen in ganz China, sind in leuchtenden Farben bemalt.

ALTAR DER HALLE DES ERNTEOPFERS
Dieser Hauptaltar enthält Gedenktafeln kaiserlicher Ahnen, einer der Nebenaltare die Kultgegenstände zur Verehrung des Himmels selbst.

LONGXING SI

BUDDHISTISCHES KLOSTER, SONG-DYNASTIE, HEBEI

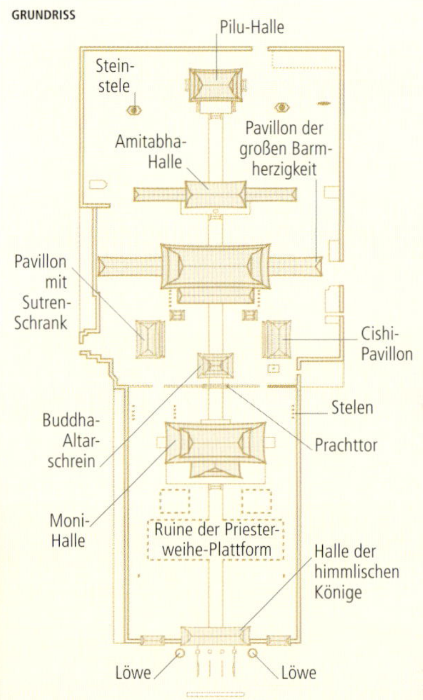

> GLASIERTES FLIESENRELIEF
Dieses Relief aus grün glasierten Fliesen findet sich an einer Wand neben der Halle der himmlischen Könige (ganz links).

∨ RELIEFBÖGEN
Gemeißelte Steinbögen und Gittertore schmücken die Fassade der Halle der himmlischen Könige. Sie bilden den Eingang zum Klostergelände.

∧ WÄCHTERLÖWEN
Dieser Löwe steht zusammen mit der Löwin auf der anderen Seite Wache am Klostertor.

> MONI-HALLE
Die dem Buddha Sakyamuni geweihte Moni-Halle gilt vielen als der eleganteste Bau der Song-Zeit.

隆兴寺

Das Longxing-Kloster in Zhengding, Provinz Hebei, ist das bedeutendste noch erhaltene buddhistische Kloster aus der Song-Periode (960–1279) und wurde 586 gegründet. Vier der hervorragenden Bauten des 10. und 11. Jahrhunderts sind noch erhalten.

Der Zugang führt durch ein Marmortor, das wahrscheinlich heute noch genauso aussieht wie vor 1 000 Jahren. Direkt dahinter stand früher die Halle für den 6. Patriarchen des Buddhismus, in der Nähe befindet sich die Moni-Halle, der einzige bekannte kreuzförmige Bau Chinas aus der Antike, ein Ständerbau mit 6 × 6-Stützenraster und einem Portikus auf jeder Seite.

In der Song-Periode befand sich hinter der Moni-Halle eine nur als Ruine erhaltene Plattform, auf der Priesterweihen vollzogen wurden. Flankiert ist sie auf einer Seite vom Cishi-Pavillon, der dem Bothisattva Maitreya geweiht ist, auf der anderen von einem äußerlich identischen Pavillon mit einer komplizierten Holzkonstruktion, der einen einzigartigen drehbaren Schrank enthält. Darin werden heilige buddhistische Schriften (Sutren) aufbewahrt. Der Schrank ist ein Meisterwerk der Möbeltischlerei. Das Pavillondach ruht auf einer Konsolkonstruktion, die nur bedeutenden Bauten vorbehalten war, zum Beispiel denen des Song-Kaiserpalastes. Dass ein derart exquisites Haus als Bibliothek diente, verweist auf die hohe Bedeutung des geschriebenen Wortes im Buddhismus.

Der letzte Bau der Song-Periode ist die Halle der großen Barmherzigkeit, die 971 im Auftrag des ersten Song-Kaisers Taizu (Regierungszeit 960–975) errichtet wurde. Dahinter befand sich einst eine Vortragshalle. Die Größe und Pracht dieser Halle wurde zu Ehren des Kaisers als Schirmherr des Klosters errichtet, wie auch für die ursprünglich 24 Meter hohe Bronzestatue der Guanyin (Göttin der Barmherzigkeit).

Die Skulptur und die Innenausstattungen aller Song-Bauten des Klosters sind im Lauf der Jahrhunderte restauriert bzw. erweitert worden. Die hervorragenden Reliefs mit Darstellungen des heiligen Berges Sumeru und seiner Gottheiten wurden in der Ming-Periode an den Wänden der Moni-Halle angebracht. In den letzten zehn Jahren ist das gesamte Kloster aufwendig restauriert worden.

< **HALLE DER HIMMLISCHEN KÖNIGE**
Die Schriftzeichen *tian wang dian* gleich hinter dem Klostertor nennen den Namen der Tempelhalle.

V > **HIMMLISCHE WÄCHTER**
Die vier himmlischen Könige (auch Wächter des Himmels) schützen, paarweise an zwei Seiten der Halle, Buddha und sein Reich.

^ **GRATFIGUREN UND GLOCKEN**
Auf den Graten der unteren Dachstufe der Moni-Halle stehen je vier Fabeltiere und eine Drachenfigur. An den Traufkanten hängen Glocken.

< **WANDTAFEL, AUSSCHNITT**
Innen ist die Moni-Halle mit prachtvollen Tonreliefs mit Szenen aus dem Leben des Buddhas Sakyamuni geschmückt.

> **PRACHTTOR**
Blick von der Moni-Halle nach Norden auf das Prachttor, hinter dem sich die Stufendächer der anderen Bauten erheben.

PRACHTTOR
Der gewaltige, mit glasierten Ziegeln gedeckte Dachaufbau des Tores wird von dicken Säulen getragen und durch Schrägstreben stabilisiert.

BUDDHA-ALTARSCHREIN
Diesen Schrein nutzten die Mönche früher für Lesungen. Heute enthält er eine januskopfige Statue des Heilenden Buddha (Yaoshi) Bhaishjyaguru.

GEBETSFAHNEN AM ALTARSCHREIN
Gläubige hängen Mantras, Beschwörungen und Symbole an den Schrein, damit der Wind die Bitten zum Himmel trägt.

BUDDHA-ALTARSCHREIN, SEITENANSICHT
Das dreistufige Pagodendach ruht auf Säulen, die den Schrein auf allen Seiten einrahmen.

BUDDHA AUF DEM LOTUSTHRON
Vielarmig, und mit seinen zwei Gesichtern nach vorn und nach hinten blickend, sitzt Yaoshi, der Heilende Buddha, auf dem Altar.

STELEN MIT INSCHRIFTEN
Jede dieser hohen, schmalen Steintafeln steht auf einer Steinschildkröte und berichtet von Ereignissen aus der langen Geschichte des Klosters Longxing.

< **DREHBARER SUTREN-SCHRANK**
Dieser Bücherschrank lässt sich von zwei Personen drehen und diente der Aufbewahrung heiliger Schriften. Der Mittelpfosten ist mit Eisen verstärkt.

> **PAVILLON DER GROSSEN BARMHERZIGKEIT**
Der Pavillon hat einen großen Vorplatz für religiöse Zeremonien.

> **PAVILLON MIT SUTREN-SCHRANK**
Der zweistöckige Bau hat eine interessante Konstruktion aus geschwungenen Balken, Zierkonsolen und Diagonalverstrebungen.

∧ **CISHI-PAVILLON**
Dieser Bau gegenüber des Pavillons für den Sutren-Schrank beherbergt eine Statue des Maitreya-Bodhisattva.

> **STELE UND PAVILLON DER GÜTE**
Der mehrstöckige Cishi-Pavillon (auch Pavillon der Güte) steht mit seinen Schrifttafeln auf einer leicht erhöhten Plattform.

< **MAITREYA**
Die 7,4 m hohe Statue ist aus einem einzigen Baumstamm geschnitzt. Sie stellt den Bodhisattva Maitreya (Gottheit der Zukunft) mit segnender Gebärde dar.

PAVILLON DER GROSSEN BARMHERZIGKEIT
Im Inneren des gewaltigen dreistöckigen Baus mit fünfstufigem Pagodendach wird eine Guanyin-Statue (Göttin der Barmherzigkeit) verehrt.

MARTIALISCHE FIGUR
Diese Kriegerfigur aus grün glasierter Keramik sitzt auf einer reich verzierten Dachkante des Pavillons der großen Barmherzigkeit.

BRÜCKE ZWISCHEN DEN HALLEN
Diese Brücke aus geschwungenen Balken verbindet die beiden Hallen des Pavillons der großen Barmherzigkeit.

STATUE DER GUANYIN
Die Statue der vielarmigen Guanyin, deren lange Beine von den Falten ihres Gewandes bedeckt sind, berührt fast schon die Dachbalken des Pavillons.

RÜCKANSICHT DER GUANYIN
Bei einem Blick von hinten auf die Statue, die unmittelbar an das rot lackierte Gebälk reicht, erscheint sie umso riesenhafter.

DIENER GUANYINS
Von der gewaltigen Größe der Guanyin in den Schatten gestellt, wirkt diese mannshohe Dienerfigur zu Füßen der Göttin fast wie eine Miniatur.

< ROTE DRAPERIEN
Von vielen Querbalken des Dachgestühls hängen lange rote Tücher herab und winden sich um die Bronzestatue der Guanyin.

V BRONZESTATUE DER GUANYIN
Die 22 m hohe Statue hat 42 Arme und hält in ihren Händen Sonne, Mond, Schwert, Stock und diverse Musikinstrumente.

Λ GALERIE
Eine Holztreppe im Pavillon der Guanyin führt zu einer Galerie, von der aus Besucher Kopf und Oberkörper der Statue näher betrachten können.

< STEINSTELE
In der Nordwestecke des Klostergeländes steht eine achteckige Steinstele, die sich nach oben leicht verjüngt und in einer Spitze endet.

V PILU-HALLE
Die ehemalige Haupthalle des Chongyin-Tempels in Zhengding wurde 1959 nach Longxing versetzt. Er enthält eine Statue des Buddha Vairocana, der personifizierten Weisheit und Gelehrsamkeit.

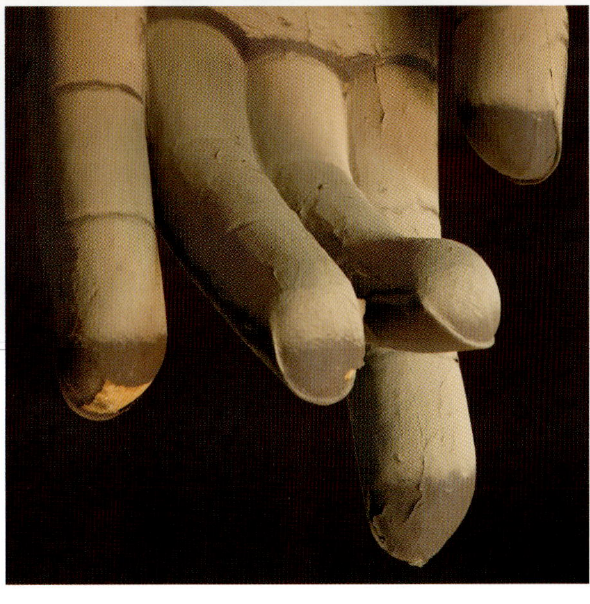

> MUDRAS
Diejenigen Hände der Guanyin, die keine Gegenstände halten, zeigen symbolische Gesten *(mudras)*.

ID-KAH-MOSCHEE

ISLAMISCHER SAKRALBAU, XINJIANG

LAGEPLAN

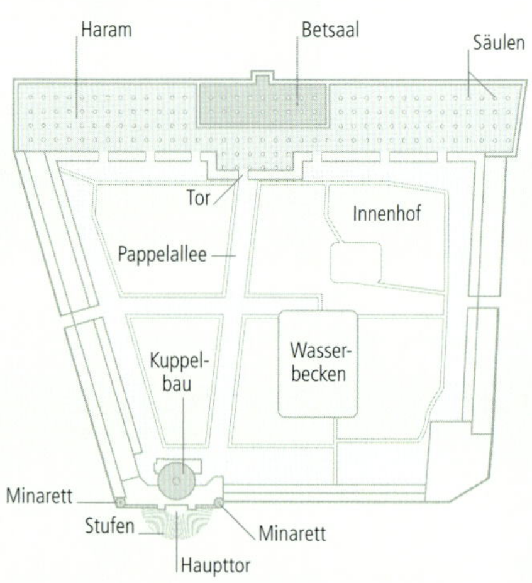

In China gibt es weit über 34 000

清真寺

Moscheen, von denen über 10 000 von der nationalen Minderheit der Hui genutzt werden, die in allen Provinzen verstreut lebt. Die Mehrzahl der übrigen Moscheen steht in der Autonomen Region Xinjiang (früher Chinesisch-Zentralasien oder Chinesisch-Turkestan) und von diesen wiederum über 100 in der Stadt Kashgar nahe den Grenzen zu Kirgistan, Usbekistan, Tadschikistan, Afghanistan und Pakistan. Ihre Bevölkerung besteht vor allem aus Uiguren, die als Muslime enge Beziehungen mit Vorderasien pflegen.

Aus gelben Ziegeln erbaut, die den Farben der Steppenlandschaft entlehnt scheinen, ist die Id Kah (oder Aidika'er) die größte Moschee in Kashgar und der gesamten Region Xinjiang. Sie ist außerdem einer der schönsten uigurischen Bauten in China. Der Name Id Kah ist eine Mischung aus Arabisch und Persisch und bedeutet in etwa »Ort der Anbetung an einem Festtag«. Schon unter der Ming-Dynastie (1368–1644) wurde an diesem Ort der Islam gepredigt; der heutige Bau entstand allerdings erst ab 1798 und wurde 1838 erweitert. Den zentralen Innenhof betritt man durch ein acht Meter hohes Backsteintor in der ansonsten niedrigen Umfassungsmauer mit zwei Eck-Minaretten. Diese sind zwar gleich hoch, aber nicht gleichförmig. An das dickere Minarett schließt sich eine kurze, schlichte Mauer an, zwischen dem schlankeren Minarett und dem Haupttor liegen zwei Spitzbogennischen in einer etwas längeren Mauer.

Der Hof hinter dem Haupttor ist wie ein Garten angelegt; ein von Bäumen gesäumtes Wegekreuz teilt ihn in vier Räume. Er ist umgeben von den Bereichen für rituelle Waschungen, den Räumen der Koranschule, der Wohnung des Imams und den Unterkünften der Koranschüler. Auf einer Seite wird er vom gewaltigen, 38 Jochfelder überspannenden Moscheebau begrenzt, der sich in Vorhalle (Haram) und inneren Betsaal mit der Gebetsnische (Mihrab) in der Quiblawand teilt.

Der Innenhof der Id Kah fasst mehrere Tausend Gläubige. Der riesige Platz vor dem Haupttor ist Treffpunkt der Muslime und Straßenhändler von Kashgar. Die Verkaufsbuden entlang der Außenmauern tragen zum Unterhalt der Moschee bei.

FLANKIERENDE MINARETTE
Zwei asymmetrisch platzierte Minarette flankieren das Haupttor. Sie sind von einer Laterne bekrönt, auf deren Kuppeldach der Halbmond prangt.

MINARETTWAND, AUSSCHNITT
Die Minarette sind reich mit Formziegeln, Steinreliefs und dekorativen Ziegelverbänden geschmückt.

HAUPTEINGANG ZUR MOSCHEE
Vor der Moschee liegt ein großer Platz. Der elegante Torbogenbau besteht aus gelbem Backstein mit Zierkanten aus Gipsputz.

< **DEKORATIVE TAFEL**
Arabische Kalligrafie und geometrische Muster bilden eine dekorative Komposition auf der Holztafel über dem Tor.

∨ **FORMZIEGELFRIES**
Der Torbogen wird von übereinander und nebeneinander angeordneten Spitzbogennischen eingerahmt. Darüber verläuft ein Fries aus Formziegeln.

< ∧ **ZWEIFLÜGELIGES TOR**
Das Haupttor der Moschee ist breit genug, um großen Menschenmengen raschen Zugang zu gewähren. Das Tor ist mit massiven Eisennägeln und Ringgriffen beschlagen.

< **FLORALER SCHMUCK**
Fein gearbeitete florale Steinreliefs, einige davon farbig bemalt, schmücken das Tor.

˅ EINGANG ZUR MASJID
Ein paar Stufen führen in die Säulenvorhalle (Haram) des Betsaals (Masjid), der sich über die gesamte westliche Seite des Innenhofs erstreckt.

˂ SCHATTIGE ALLEE
Im schattigen Innenhof befinden sich ein Wasserbecken und kleine Alleen. Diese hier führt vom Haupttor zum Betsaal.

˅ HARAM
Durch die Säulenhalle (Haram) – das längste Querhaus in ganz China – gelangt man in den Betsaal der Moschee mit der Gebetsnische (Mihrab) gen Mekka.

˄ VERWITTERTES HOLZTOR
Wegen des trockenen Klimas im Südwesten von Xinjiang blättert die Farbe von dem großen Holztor ab, durch das man in den Innenhof der Moschee gelangt.

˃ SÄULENBASIS
Das Flachdach der Säulenvorhalle ruht auf 140 schlanken, achteckigen, grün lackierten Holzsäulen, deren Basis jeweils mit Schnitzwerk verziert ist.

VERZIERTE NISCHEN
Die Spitzbogennischen und der Mihrab im Betsaal sind mit floralen und geometrischen Fliesenmustern ausgeschmückt.

TORDETAIL
Die Griffe und Türbeschläge gehören zu den wenigen typisch chinesischen Stilmerkmalen der Id-Kah-Moschee. Architektur und Anlage folgen sonst dem arabischen und vorderasiatischen Vorbild.

GRÜNE TÜR
Diese zweiflügelige Holztür trennt den Außenbereich, die Säulenvorhalle, vom inneren Betsaal.

DECKE DER SÄULENVORHALLE
Über der Gebetsnische (Mihrab) ist ein reich verziertes Paneel eingelassen.

DER BETSAAL
Der Predigtstuhl (Minbar) des Imams steht neben der Gebetsnische (Mihrab) im inneren Betsaal.

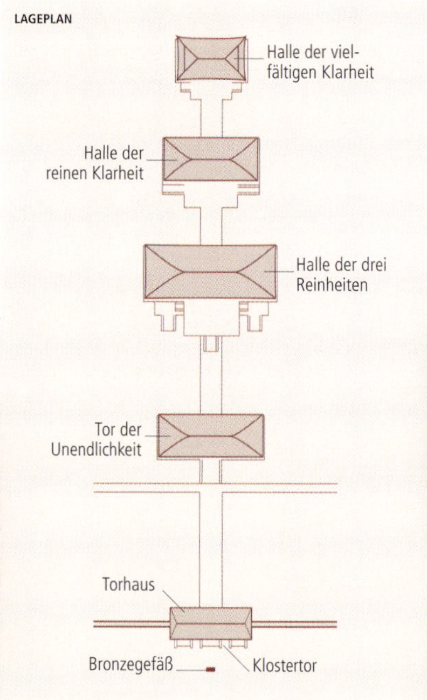

∨ HAUPTACHSE MIT BRONZEGEFÄSS
Durch die Gärten des Klosters führt eine schnurgerade Pflasterstraße.

> DEKORATIVE TRAGKONSOLEN
Einige der prächtig verzierten Konsolen unter den Dachüberständen des Tors der Unendlichkeit sind rein dekorativ.

∧ SCHLANKE STÜTZEN
Die inneren Pfeiler dieses Säulengangs auf der Rückseite des Tors der Unendlichkeit stehen auf Sockeln in Form von Schildkröten.

> DEKORATIVES MAUERWERK
Die Klostermauer, die das Ensemble umgibt, besteht aus Ziegelmauerwerk mit dekorativen, teils erhabenen geometrischen Mustern.

Das daoistische Kloster der ewigen

永乐宫

Freude weit im Süden der Provinz Shanxi ist einzigartig: Es weist vier Bauten aus der Yuan-Periode (1279–1368) auf – mehr als alle anderen Gebäudeensembles in China. Sie stellen den Höhepunkt der chinesischen Architektur des 9. bis 14. Jhs. dar. Yongle Gong ist so bedeutend, dass es beim Bau des Sanmenxia-Staudamms nicht zerstört wurde, sondern 1959–1963 Stück für Stück ab- und in Ruicheng im Landkreis Yongji wieder aufgebaut wurde.

Man betritt den Klosterkomplex durch einen eher schlichten Torbau *(s. o.)*. Die vier Yuan-Bauten liegen hintereinander auf der vom Tor ausgehenden Nord-Süd-Achse. Der erste, das Tor der Unendlichkeit, wurde 1294 errichtet. Dahinter steht die Krönung der Yuan-Architektur, die Halle der drei Reinheiten, 1247–1362 erbaut und 1324/25 ausgemalt. Die Decke über dem schmalen Altar ist die einzige mit drei Kassettenfeldern, die aus dieser Zeit erhalten ist. Mit Ausnahme des Altars ist die 28 × 15 Meter große Halle leer. So bietet sich ein freier Blick auf die Wandbilder mit Darstellungen daoistischer Gottheiten.

Die Götter in der Halle der drei Reinheiten wurden von der Quanzhen-Sekte verehrt, die unter der Jin-Dynastie (1115–1234) in der Provinz Shanxi gegründet wurde. Ihre Ursprünge sollen bis in die Tang-Periode (618–907) zurückreichen. An den Wänden der Halle der reinen Klarheit ist das Leben von Lü Dongbin, einem der Unsterblichen des Daoismus, in 52 Szenen dargestellt (1358 gemalt).

Auch die Halle der vielfältigen Klarheit gehört zu den yuanzeitlichen Bauten. Die Wandbilder zeigen Szenen aus dem Leben von Wang Zhe (Herrscher der Jin-Dynastie), Begründer des Quanzhen-Daoismus. Die Architektur der zweiten und dritten Halle ist weniger großartig als die der Halle der drei Reinheiten. Sie alle verfügen über große Plattformen vor den Eingängen, die wahrscheinlich für religiöse Rituale genutzt wurden.

Yongle Gong ist eine von Hunderten Tempelanlagen, die vor dem 14. Jahrhundert überall in der Provinz Shanxi entstanden. Seine Bauten sind spektakulär und nicht zuletzt wegen ihrer 500 m² Wandmalereien in ganz China unübertroffen.

YONGLE GONG

DAOISTISCHES KLOSTER DER EWIGEN FREUDE, SHANXI

< DACHSCHMUCK
Die grün glasierte Drachenfigur schmückt ein Firstende auf dem Tor der Unendlichkeit.

> NAMENSSCHILD
Über dem Durchgang hängt die Holztafel mit den Schriftzeichen *wuji zhi men*: Tor der Unendlichkeit.

∧ EINFACHE KONSOLEN
Die Holzkonstruktion des Tors der Unendlichkeit ist sehr einfach und trägt doch zu der großartigen Wirkung des Baus bei.

< TOR DER UNENDLICHKEIT
Der fünf Jochfelder breite Torbau hat ein flaches, nach außen und oben schwingendes Walmdach aus glasierten Klosterziegeln.

∨ VERBINDUNGSWEG
Der Blick vom Tor der Unendlichkeit zur Halle der drei Reinheiten zeigt deutlich, dass sich der Verbindungsweg als schnurgerade Mittelachse durch die Gebäude fortsetzt.

∧ LÖWEN ALS TORWÄCHTER
Am hinteren Durchgang des Tors der Unendlichkeit wachen zwei Steinlöwen, die sich auf ihren Sockeln zusammengerollt zu haben scheinen.

KASSETTENGEWÖLBEDECKE
Das Innere der Halle der drei Reinheiten wird von drei kassettierten Kuppeln überdacht, die abgebildete mit einem sich windenden Drachen in der Mitte.

KRAGKONSOLEN
Die Pfeiler an den Außenecken der Halle der drei Reinheiten tragen ornamentale, mehrfach verzweigte Konsolen, auf denen der Dachstuhl ruht.

STEINZYLINDER
Dieser Steinzylinder auf einer Holzstütze, eigentlich ein konstruktives Element der Halle der drei Reinheiten, ist mit seinen Reliefs zum Schmuckstück geworden.

LÖWENWÄCHTER
Steinlöwen als Wächterfiguren finden sich überall im Kloster in verschiedenen Posen, fast alle paarweise.

HALLE DER DREI REINHEITEN
Diese prachtvolle Tempelhalle ist ein Ständerbau mit sieben mal vier Jochfeldern. Die Fassaden bestehen aus Gittertüren, die Licht und Luft ins Innere lassen.

< ACHTECKKASSETTE
Bemalte Kassette in der Decke der Halle der reinen Klarheit; Szenen aus dem Leben von Wang Zhe schmücken die Wände.

∨ DEKORATIVE KONSOLEN
Diese reich verzierten, farbenprächtigen Konsolen sind Teil der Ständerkonstruktion, die das Dach der Halle der drei Reinheiten trägt.

< HALLE DER REINEN KLARHEIT
Diese Halle ist dem Unsterblichen Lü Dongbin gewidmet und wie die der vielfältigen Klarheit (siehe unten) fünf Jochfelder breit und vier tief.

∨ DIE SIEBEN VOLLENDETEN
Diese kleinen Figuren der Sieben Vollendeten befinden sich in der Halle der vielfältigen Klarheit.

< ALTARFIGUR
Eine von drei Statuen der Reinheit auf einem Altar in der Halle der drei Reinheiten. Götter des daoistischen Pantheons zieren die Wände.

< LÜ DONGBIN
Statue von Lü Dongbin in der Halle der reinen Klarheit. Die Wandbilder beschreiben sein Leben im Sinne des Dao (Weg).

∧ HALLE DER VIELFÄLTIGEN KLARHEIT
Sie ist dem geistlichen Führer Wang Zhe, dem Begründer des Quanzhen-Daoismus, geweiht.

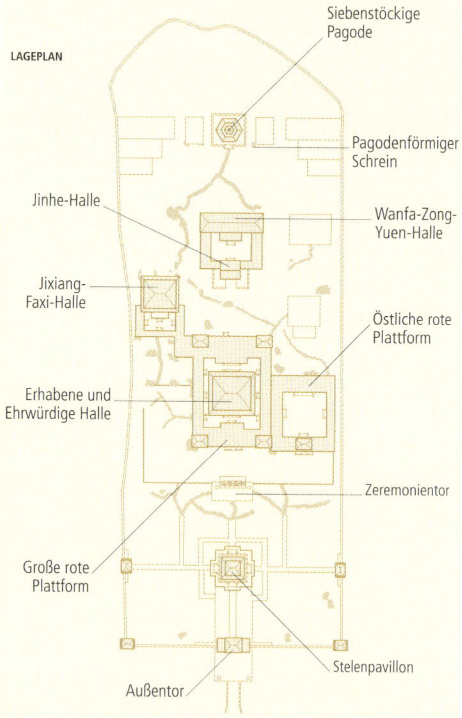

> AUSSENTOR
Das bescheidene Torhaus lässt nicht auf die prachtvollen Tempel dahinter schließen.

∨ WÄCHTERLÖWE
Zwei Löwen – ein Löwe und eine Löwin – bewachen das Tempeltor. Der Löwe stützt eine Tatze auf eine Kugel.

须弥福寿庙

Die Stadt Chengde, ehemals Rehe, liegt in einer herrlichen Berglandschaft etwa 250 Kilometer nordöstlich von Beijing. Im Jahr 1703 begann Kangxi (Regierungszeit 1661–1722), zweiter Kaiser der Qing-Dynastie (1644–1911), mit dem Bau eines Sommerpalastes mit Gärten und Tempeln. Er nannte ihn Bishushanzhuang (Erholungsort in den Bergen, um der Hitze zu entkommen). Erst 1792, unter Kangxis Enkel Qianlong (Regierungszeit 1736–1796) wurde er vollendet.

In ihrem Sommerpalast proklamierten die Qing-Kaiser symbolisch die Einheit der Völker unter ihrer Herrschaft. Die acht äußeren Tempel ahmten die Baustile der verschiedenen chinesischen Völker nach. Der Puren-Tempel, als erster 1713 im Stil eines mongolischen Tempels erbaut, repräsentierte die Treue der mongolischen Stammesfürsten gegenüber dem Qing-Kaiser. Der Stil des Puyou-Tempels ist chinesisch-tibetisch; sein Vorbild war ein Tempel in Yili in West-Xinjiang. Der Pule-Tempel wurde den Bauten der Han und des Lamaismus nachempfunden, um die Kasachen und Kirgisen an den Kaiser zu binden, und der Putuozong-cheng-Tempel war quasi ein Nachbau des Potala-Palastes in Lhasa. Der zuletzt errichtete Xumifushou-Tempel wurde 1780 anlässlich Qianlongs 70. Geburtstag fertiggestellt, und zwar für den 6. Panchen Lama, der übrigens eigens für die Feier anreiste. Stilistisch folgte der Bau dem Kloster des Panchen Lama in Tashi Lhumpo in Tibet.

Das Hauptgebäude liegt auf der Symmetrieachse, die vom Vordertor ausgeht. Dahinter befinden sich ein Stelenpavillon, ein Torbau mit drei Durchgängen, gefolgt von der Großen roten Plattform und einem Gebäudeblock mit vier Ecktürmen, der sich über drei Stockwerke auf einer hohen Plattform erhebt. Er umschließt und verdeckt die Erhabene und Ehrwürdige Halle, in der der Panchen Lama den Kaiser lehrte. Vergoldete Ziegel decken das doppelstöckige Dach. Auf der angrenzenden Östlichen roten Plattform lauschte der Kaiser den Predigten.

Das letzte Gebäude ist die spektakuläre siebenstöckige, verglaste, achteckige Pagode – der am ausgeprägtesten chinesische Bau. Typisch tibetisch ist die gestaffelte Anlage der Gebäude an einem Berghang.

< STELENPAVILLON
Der Stelenpavillon vom Außentor aus gesehen. Er enthält Tafeln mit Inschriften, die an den Bau des Tempels erinnern.

> RÄUCHERGEFÄSS
Ein gewaltiges Räuchergefäß aus Bronze beherrscht den Eingangsbereich des Pavillons. Nach rituellen Regeln wurden hier Räucherstäbchen abgebrannt.

XUMIFUSHOU MIAO

KLASSISCH-TIBETISCHER TEMPEL, HEBEI

< **GLASIERTE FLIESEN**
Grün und goldfarben glasierte Fliesen über dem Zeremonientorbogen kontrastieren mit zinnoberroten am Sockel.

∨ **ZEREMONIENTOR**
Der majestätische Torbau mit drei Durchgängen bildet den passenden Zugang zur Großen roten Plattform und dem Zentrum der Tempelanlage.

< **DRACHEN ALS DACHSCHMUCK**
Früher waren Drachen das Symbol für kaiserliche Macht und zierten die Flagge der Qing-Dynastie. Sie galten auch als Glücksbringer.

< **WÄCHTERELEFANTEN**
Zwei große Steinelefanten bewachen den Eingang. Sie sind Symbole für Geisteskraft und eine Anspielung auf die Ursprünge des Buddhismus in Südasien.

> **STEINRELIEFS**
Steinreliefs mit Arabesken und floralen Motiven rahmen die drei Torbögen, durch die man in den zentralen Bereich der Tempelanlage gelangt.

^ **GROSSE ROTE PLATTFORM**
Durch die Öffnungen des Zeremonientors erschließt sich der Blick auf die prachtvolle Große rote Plattform, ein dreigeschossiger Blockbau mit Ecktürmen auf einem hohen Podest.

> ERHABENE UND EHRWÜRDIGE HALLE
Durch die Große rote Plattform gelangt man in diese Tempelhalle mit Bildnissen Shakyamunis, des Begründers der Gelbmützensekte der tibetischen Lamas.

∧ ECKTURM DER GROSSEN ROTEN PLATTFORM
Mit ihren rot lackierten Pfeilern und vielfarbigen Gebälk lassen die vier Ecktürme das hohe Gebäude noch höher erscheinen.

∨ > EINGANG
Der Eingang zur Großen roten Plattform wird von Pfeilern auf Steinsockeln und dekorativen Fliesen eingerahmt. Rautenförmige Reliefs mit floralen Mustern schmücken die Pfeiler.

∧ GROSSE ROTE PLATTFORM
Von außen ahnt man nichts vom großen Innenbereich des Gebäudes. Nur das goldfarbene glasierte Dach der Erhabenen und Ehrwürdigen Halle ragt heraus.

> IN DER GROSSEN ROTEN PLATTFORM
Zwischen dem Baukörper der Plattform und der Erhabenen und Ehrwürdigen Halle erlaubt ein Wandelgang das meditative Umrunden des Heiligtums.

< DRACHEN MIT FÜNF KLAUEN
Acht vergoldete Drachenfiguren zieren die Dachgrate der Erhabenen und Ehrwürdigen Halle. Jeder wiegt über eine Tonne.

∨ PAGODE UND TEMPEL
Vom Himmel aus gesehen, sollen der achteckige Steinsockel und die achteckige Halle wie ein riesiges Mandala – Symbol für den Kosmos – wirken.

< ∧ BUDDHA-BILDNISSE
Buddha-Darstellungen in prachtvollen Nischen mit Reliefoberflächen und Bemalung zieren die Innenwände am Sockelbau der Pagode.

< DIE PAGODE
Die achteckige, mit glasierten Fliesen verkleidete Pagode erhebt sich über einer Tempelhalle mit roten Säulen.

∧ SCHREINVEREHRUNG
Buddha-Bildnisse, Gebetsfahnen und Mani-Steine mit buddhistischen Mantras vor einem kleinen Schrein.

REGISTER

索引

Eintragungen in **fetter Schrift** beziehen sich auf Haupteinträge.

DANK UND BILDNACHWEIS

Dorling Kindersley dankt folgenden Personen und Institutionen für die Reproduktionsgenehmigung:

(Abkürzungen: o = oben; u = unten; m = Mitte; l = links; r = rechts; go = ganz oben; gu = ganz unten)

2 China Span/Keren Su: (gor). **8–9 Masterfile:** Jochen Schlenker. **10–11 Photolibrary:** Panorama Media (Beijing) Ltd/Suichu Ru. **12–13 ChinaStock:** Liu Liqun. **14-15 Photolibrary:** Panorama Media (Beijing) Ltd/Weixiong Liu. **16–17 Panoramic Images:** Peter Weld. **18–19 Photolibrary:** Panorama Media (Beijing) Ltd/Zhinong Xi. **20–21 Lonely Planet Images:** Bradley Mayhew. **22–23 Photolibrary:** Panorama Media (Beijing) Ltd. **24–25 China Span/Keren Su. 26–27 ChinaStock:** Liu Liqun. **28–29 Photolibrary:** Panorama Media (Beijing) Ltd/Qianshun Cui. **30–31 Photolibrary:** Panorama Media (Beijing) Ltd/Qitao Yang. **32–33 Panoramic Images:** Peter Weld. **34–35 Jiang Ping/798 Photo Gallery. 36–37 ChinaStock:** Liu Liqun. **38–39 Photolibrary:** Panorama Media (Beijing) Ltd. **40–41 Fotolibrary:** Panorama Media (Beijing) Ltd. **42–43 Photolibrary:** Panorama Media (Beijing) Ltd/Xueliang Li. **44–45 Gil Azouri. 46-47 4Corner Images:** SIME/Giovanni Simeone. **48–49 China Span/Keren Su. 50–51 Gil Azouri. 52–53 Ding He. 54–55 China Span/Keren Su. 56–57 Photolibrary:** PanoramaStock. **58–59 FLPA:** Cyril Ruoso\Jh Editorial/Minden Pictures. **60–61 Photolibrary:** Panorama Media (Beijing) Ltd/Xueying De. **62–63 Photolibrary:** Panorama Media (Beijing) Ltd/Jin Chen. **64–65 Alamy Images:** Jon Arnold Images/Michele Falzone. **66–67 Getty Images:** Peter Adams. **68–69 4Corner Images:** SIME/Pignatelli Massimo. **70–71 China Foto Press:** Song Chunhui. **72–73 Getty Images:** Yann Layma. **74–75 4Corner Images:** SIME/Hans-Peter Huber. **76–77 Alamy Images:** Robert Harding Picture Library Ltd/Sylvain Grandadam. **80 China Foto Press:** (m). **Dalian Media Service Co. Ltd:** (ul). **Réunion des Musées Nationaux Agence Photographique:** Musée Guimet, Paris – Musée National des Arts Asiatiques/Richard Lambert (mr). **81 The Art Archive:** Beijing Institute of Archeology/Laurie Platt Winfrey (ur). **The Bridgeman Art Library:** People's Republic of China, Lauros/Giraudon (ml). **China Foto Press:** (ul) (mr). **82 The Bridgeman Art Library:** Bibliothèque Nationale, Paris, Frankreich, Lauros / Giraudon (um). **Dalian Media Service Co. Ltd:** (m). **DK Images:** The British Museum (ul). **83 Ancient Art & Architecture Collection:** R. Kawka (um). **The Art Archive:** Jan Vinchon Numismatist Paris / Dagli Orti (ul). **China Foto Press:** (gom). **Corbis:** Asian Art & Archaeology, Inc. (gol). **DK Images:** The British Museum (gur). **84 Ancient Art & Architecture Collection:** R. Kawka (um). **British Library:** (gol). **84–85 Photolibrary:** Imagestate Ltd/Steve Vidler. **85 akg-images:** Laurent Lecat (ur). **86 Ancient Art & Architecture Collection:** Uniphoto (ul). **DK Images:** The British Museum/David Gower (gom). **Werner Forman Archive:** Yang-tzu-shan, Sichuan (ur). **87 The Art Archive:** Genius of China Exhibition (mru; ur). **DK Images:** The British Museum/David Gower (l). **Getty Images:** Ira Block (gor). **88 Art & Architecture Collection:** Uniphoto (gol). **China Tourism Photo Library:** (ul) (gor). **89 akg-images:** (gol). **Ancient Art & Architecture Collection:** Uniphoto (ur). **Réunion des Musées Nationaux Agence Photographique:** Musée Guimet, Paris – Musée National des Arts Asiatiques/Robert Asselberghs (ul). **Science & Society Picture Library:** (gor). **90 Ancient Art & Architecture Collection:** Uniphoto (ur). **Jon Arnold:** Demetrio Carrasco (ml). **The Bridgeman Art Library:** Museum of Fine Arts, Boston, Massachusetts, USA, Special Chinese and Japanese Fund (mr). **China Foto Press:** (um). **91 Corbis:** Christophe Boisvieux (gol); Royal Ontario Museum (u). **TopFoto.co.uk:** Museum of East Asian Art/HIP (gol). **92 The Art Archive:** Bibliothèque Nationale Paris (gol) **DK Images:** The British Museum/Geoff Brightling (um). **92–93 Corbis:** Dean Conger. **94 Alamy Images:** Eddie Gerald (mr). **The Art Archive:** British Library (mu). **China Photo Press:** (gol). **95 China Photo Press:** Museum der Geschichte der Provinz Shaanxi (um). **Christie's Images Ltd:** (gor). **Corbis:** Craig Lovell (ul). **TopFoto.co.uk:** Museum of East Asian Art/HIP (gol). **Werner Forman Archive:** Art Gallery of New South Wales, Sydney, Australien (gom). **96 The Art Archive:** Genius of China Exhibition (gol). **Corbis:** Asian Art and Archaeology, Inc. (br); Werner Forman (m). **Photo Scala, Florenz:** The Metropolitan Museum of Art/Art Resource (mlu). **TopFoto.co.uk:** British Library / HIP (um). **97 Corbis:** Dean Conger (mu). **Dalian Media Service Co. Ltd:** (gol). **DK Images:** British Library (gor). **98 The Trustees of the British Museum:** (gor). **China Foto Press:** (gol). **Corbis:** Asian Art & Archaeology, Inc. (ul); Burstein Collection (ur). **99 China Foto Press:** (gol). **Corbis:** Richard Cohen (r). **Science & Society Picture Library:** (um). **100 Alamy Images:** Tibor Bognar (u). **China Foto Press:** (mr). **101 The Art Archive:** British Library (gol). **The Bridgeman Art Library:** (mr) Museum of Fine Arts, Boston, Massachusetts, USA/Special Chinese and Japanese Fund (ur). **China Tourism Photo Library:** (ul). **Corbis:** Lowell Georgia (gor). **102 The Art Archive:** Genius of China Exhibition (um). **British Library:** (ul). **China Foto Press:** (go). **The Wellcome Institute Library, London:** (ur). **103 The Bridgeman Art Library:** (um). **The Trustees of the British Museum** (l). **Werner Forman Archive:** vormals Gulistan Imperial Library, Teheran (gor). **104 De Agostini Editore:** (gor). **Philadelphia Museum of Art, Pennsylvania:** Schenkung John T. Dorrance, 1977 (m). **105 akg-images:** François Guenet (ul). **Corbis:** Jon Hicks (mr); Liu Liqun (gom). **106 The Art Archive:** British Museum (gol). **Photo Library:** Panorama Media (Beijing) Ltd/Weibiao Hu (ur). **106–107 China Tourism Photo Library. 108 The Art Archive:** Galerie Ananda Louvre des Antiquaires / Dagli Orti (ur). **The Bridgeman Art Library:** (ml). **China Tourism Photo Library:** (go). **The Wellcome Institute Library London:** (ul) (gul). **109 The Bridgeman Art Library:** Bibliothèque Municipale, Poitiers, Frankreich; Giraudon (gor). **The Trustees of the British Museum:** (um). **Réunion des Musées Nationaux Agence Photographique:** Musée Adrien Dubouché, Limoges/Jean-Gilles Berizzi (ur). **Werner Forman Archive:** Privatsammlung (ul). **110 Art Resource, NY:** Adoc-photos (um). **The Bridgeman Art Library:** Privatsammlung/The Stapleton Collection (gor) (ur). **111 The Bridgeman Art Library:** Privatsammlung/Roy Miles Fine Paintings (ul). **British Library:** (ur). **ChinaStock:** Liu Liqun (gom). **V&A Images:** (gor). **112 akg-images:** Erich Lessing (ml). **Corbis:** Michael Freeman (gom); Sean Sexton Collection (ur). **113 The Art Archive:** School of Oriental & African Studies / Eileen Tweedy (ul). **The Bridgeman Art Library:** Peabody Essex Museum, Salem, Massachusetts, USA (gor); Privatsammlung (gom). **Réunion des Musées Nationaux Agence Photographique:** MuCEM, Paris, Musée des Civilisations de l'Europe et de la Méditerranée/Jean-Gilles Berizzi (gor). **114 Corbis:** B.L. Singley (gol). **114–115 Corbis:** Jose Fuste Raga. **115 The Bridgeman Art Library:** The Illustrated London News Picture Library, London, UK (ur). **116 akg-images:** (gor). **The Art Archive:** Privatsammlung/Laurie Platt Winfrey (ul). Corbis: (gol). **Imagechina:** Yu Guiyou (mr). **117 China Tourism Photo Library:** (gor). **Corbis:** Bettmann (gol; ul; m). **118 The Bridgeman Art Library:** Privatsammlung/Archives Charmet (mr). **Corbis:** Bettmann (ul). **119 Corbis:** (gor); Bettmann (u). **120 akg-images:** (gol). **The Bridgeman Art Library:** Privatsammlung. **Corbis:** Bettmann (gor). **Imagechina:** (um). **121 The Bridgeman Art Library,** Privatsammlung. **Corbis:** Bettmann (gor) (ul). **122–123 Imagechina. 123 Getty Images:** AFP (ur). **124 Corbis:** Swim ink (ul); Peter Turnley (gor). **Getty Images:** AFP/Toru Yamanaka (ur). **125 akg-images:** (um). **China Foto Press:** Fan Jiwen (ul). **The Kobal Collection:** Beijing New Picture/Elite Group (gor); Guanxi Films (ur). **126 Corbis:** Reuters/Sergio Moraes (gol). **126–127 Corbis:** Reuters/Andrew Wong. **127 Corbis:** Ho/epa (ur). **128 Corbis:** Gideon Mendel (om); Reuters/Bobby Yip (ml). **Imagechina:** Jiang Ren (gor). **128–129 ChinaStock:** Liu Liqun. **129 China Foto Press:** Jiang Xin. **Corbis:** Li Gang (go). **Imagechina:** Shen Yu (mru). **130–131 Yann Layma. 205 Camera Press:** Laif/Michael Wolf (gol; um; mlu; mru; glum). **206 Camera Press:** Laif/Michael Wolf (go). **232–233 China Foto Press. 234: Corbis:** Christie's Images. **235 China Tourism Photo Library:** (gor). **China Span/Keren Su:** (u). **236 The Wellcome Institute Library, London. 237 China Tourism Foto Library:** (gor). **238 China Tourism Photo Library. 239 Christie's Images Ltd.:** (ul). **The Bridgeman Art Library:** Museé Guimet, Paris/Giraudon (r). **240 Alamy Images:** ImageState (u). **China Tourism Photo Library:** (gor). **241 The Wellcome Institute Library, London:** (r). **242 Palastmuseum, Beijing. 243 The Trustees of the British Museum. 244 Ancient Art & Architecture Collection:** Uniphoto Japan (ul). **Palastmuseum, Beijing:** (r). **245 China Span/Keren Su. 246 Getty Images:** Walter Bibikow (ul). **247 V&A Images:** Seligman-Nachlass (r). **248 The Art Archive:** British Museum. **249 Alamy Images:** Neil McAllister (ur); Urbanmyth (gol). **250 The Trustees of the British Museum. 251 The Bridgeman Art Library:** Privatsammlung, Archives Charmet. **252 Réunion des Musées Nationaux Agence Photographique:** Dist Guimet/Ghislain Vanneste. **253 Werner Forman Archive:** Nationales Palastmuseum, Taipeh (gor). **254–255 China Foto Press. 256 China Foto Press. 257 Christie's Images Ltd.:** (ur). **Corbis:** Archivo Iconografico, S.A. (m). **258–259 China Foto Press. 260 The Bridgeman Art Gallery:** Museum of Fine Arts, Boston, Massachusetts, USA, John Ware Willard Fund (gor). **Palastmuseum, Beijing:** (ul; um; ur). **261 Alamy Images:** tbkmedia.de. **262–263 China Span/Keren Su. 263 The Art Archive:** Privatsammlung, Paris /Dagli Orti (gol). **265 Heritage Images:** British Library (ur). **Palastmuseum, Beijing:** (l). **266 Corbis:** Asian Art & Archaeology, Inc. **267 Sotheby's Hongkong. 268 China Foto Press:** (ul). **Corbis:** Asian Art & Archaeology, Inc. (gor). **269 China Tourism Photo Library. 270 China Tourism Photo Library:** (ul). **Sotheby's Hongkong:** (go). **271 China Tourism Photo Library:** (u). **Corbis:** Gérard Rancinan/Sygma (go). **273 The Bridgeman Art Library:** Privatsammlung. **274 The Bridgeman Art Library:** Allans of Duke Street, London, UK. **275 akg-images:** Privatsammlung (u). **Corbis:** Peter Guttman (gor). **276 China Foto Press. 277 China Foto Press:** (ur). **Imagechina:** (go). **278 China Foto Press:** Ma Hailin. **279 China Foto Press:** BJCB. **280–281 Getty Images:** Yann Layma. **288 Robert Powell:** (gol). **300 Masterfile:** F. Lukasseck (gol). **301 Grand Hyatt Schanghai:** (gol). **306 Grand Hyatt Shanghai:** (ml). **VRX Studios:** (ul). **307 Grand Hyatt Schanghai:** (m) (mu). **330 Corbis:** Randy Faris (ul). **232 Photolibrary:** Panorama Media (Beijing) Ltd/Weibiao Hu (gol). **334 Photolibrary:** Panorama Media (Beijing) Ltd (r). **SuperStock:** Age Fotostock (gor). **335 Alamy Images:** Dennis Cox (l). **Getty Images:** Richard Nowitz (gor). **SuperStock:** age fotostock (mr). **342 Hedgehock House, Neuseeland:** Colin Monteath (gol). **350 Alamy Images:** Jon Arnold Images/James Montgomery (gol). **354 China Tourism Photo Library:** (mr) (ur). **355 China Tourism Photo Library:** (gol).

Umschlagfotos: Gil Azouri (vorn)

Der Verlag hat sich bis Produktionsschluss intensiv bemüht, alle Rechteinhaber ausfindig zu machen. Personen und Institutionen, die möglicherweise nicht erreicht wurden und Rechte, auch an verwendeten Übersetzungen, beanspruchen, werden gebeten, sich nachträglich mit dem Verlag in Verbindung zu setzen.

DK dankt: Sandra He und Zhi Ping von DK Beijing; Iris Chan und Pandy-Qinghe Li für all ihre Hilfe und ihren Rat; dem London Institute of Chinese Medicine; Cathy Brear für die Landkarten-Illustration auf den Vor- und Nachsatzpapier; Yukki Yaura für die Kalligrafie auf Schmutztitel sowie Vor- und Nachsatzpapier; Lin Tao, Terry Jeavons, Philip Parker und Steve Setford für zusätzliche Unterstützung.

中國